U0329979

2035中国教育发展战略研究

丛书主编　袁振国

面向2035教育经费投向研究

陈纯槿　著

华东师范大学出版社

图书在版编目(CIP)数据

面向2035教育经费投向研究/陈纯槿著. —上海：华东师范大学出版社，2019
(2035中国教育发展战略研究)
ISBN 978-7-5675-9750-1

Ⅰ. ①面… Ⅱ. ①陈… Ⅲ. ①教育经费—研究—中国
Ⅳ. ①G526.72

中国版本图书馆CIP数据核字(2019)第275039号

2017年上海市文教结合"高校服务国家重大战略出版工程"资助项目

2035中国教育发展战略研究
面向2035教育经费投向研究

著　　者　陈纯槿
项目统筹　阮光页
责任编辑　白锋宇　王冰如
审读编辑　张梦雪
责任校对　张　筝　时东明
装帧设计　高　山

出版发行　华东师范大学出版社
社　　址　上海市中山北路3663号　邮编200062
网　　址　www.ecnupress.com.cn
电　　话　021-60821666　行政传真021-62572105
客服电话　021-62865537　门市(邮购)电话021-62869887
地　　址　上海市中山北路3663号华东师范大学校内先锋路口
网　　店　http://hdsdcbs.tmall.com

印 刷 者　上海盛隆印务有限公司
开　　本　787×1092　16开
印　　张　13.75
字　　数　209千字
版　　次　2020年2月第1版
印　　次　2020年2月第1次
书　　号　ISBN 978-7-5675-9750-1
定　　价　46.00元

出 版 人　王　焰

2035中国教育发展战略研究编委会

总　序

这是一个史无前例的大变革时代。

科学技术迅猛发展，国际关系急剧变化，社会生产方式、生活方式深度变革，毫无疑问，教育方式和学习方式也面临着重大转型发展的历史挑战和前所未有的改善机遇。

自互联网、大数据、云计算取得突破性进展以来，教育的转型发展已初见端倪，随着人工智能、物联网、脑科学等的新突破，这种转型发展将更快、更强烈：

教育的形态，从以教为重心向以学为重心转移，从固定人群在固定地点、固定时间、学习固定内容的学校教育，向任何人在任何地点、任何时间、学习任何内容的泛在教育转型；

教育的功能，从以知识传授为中心向以能力培养为重心转移，尤其注重责任能力、思维能力、学习能力、沟通能力、创新能力、解决复杂问题能力的培养；

教育的内容，从以知识体系为主线的分科性的学科教育为主，向以核心素养为主导的综合性、问题性教学为主转型；

教育的评价和要求，从班级授课制背景下的统一化、标准化，向瓦解班级授课制的多样化、个性化、选择性的因材施教转型；

教育的形式，从以教定学，教什么学什么、怎么教怎么学，向以学定教，学什么教什么、怎样学就怎样教转型；

教育的手段，从以黑板粉笔为主要工具的线下教育，向基于互联网、物联网、人工智能的线上线下融合教育转型；

教育的生涯，从一次受教终身受益，向不间断的终身教育转型；

……

与此同时，未来社会对人才的数量、质量和类型不断提出新的要求。教育不断变革才能适应社会要求的不断变化，才能为受教育者奠定成功和幸福的基础。

关注 2030、关注未来教育形态，已经成为国际热点。2015 年 11 月，联合国教科文组织发布《教育 2030 行动框架》，指出：必须在当今发展的大背景中来审视“教育 2030”，教育系统必须相互关联，回应迅速变化的外部环境，如变革的劳动力市场、技术的更新换代、城镇化的兴起、政治环境的不稳定、环境恶化、自然风险与灾难、对自然资源的争夺、人口压力、全球失业率的攀升、贫穷的困扰、不平等的扩大以及和平与安全所面临的更多威胁。

经济合作与发展组织（OECD）在其发布的“2030 年教育计划”中写道：“2030 年，世界将会更加复杂，易于波动，不确定因素增多，形势不定。全球化、数字化、气候变化、人口结构变动以及其他重大趋势不仅创造了机会，而且给个人和社会带来了挑战，需要人们积极应对。下一代人需要掌握一种全新的、不同于以往的技能，才能取得成功，为有序社会作出贡献。虽然到 2030 年还有一段时间，但是现在开始读小学的孩子们将会在 2030 年踏入职场。”

中国经过改革开放 40 多年的发展，已经迅速发展为教育大国，并不断向教育强国迈进。面对快速发展、充满不确定性的未来，必须学会以不变应万变，以超常思维谋划未来，谋划适应和引领未来的教育。为此，华东师范大学教育学部和华东师范大学出版社联合申报了上海市文教结合“高校服务国家重大战略出版工程”项目，组织业内专家撰写“2035 中国教育发展战略研究”丛书。

丛书从“服务国家重大战略”出发，希望对未来一二十年中国教育必将面临的重大挑战，对教育改革的重点领域和关键环节，进行整体思考、系统回应；从服务上海科创中心和教育综合改革试点出发，对上海如何贯彻先一步、高一层、领先发展的战略思想作出回答。丛书的指导思想是：第一，以 2035 年作为参照点，选取当前国家教育现代化战略推进过程中必然遇到的重大理论和实践问题，对下一阶段中国教育发展方向、问题和路径进行战略性、前瞻性和富有针对性的探讨；第二，以各级各类教育为经，以重大问题、趋势为纬，勾画未来教育蓝图；第三，以前瞻性、可操作性和实证性作为基本写作要求；第四，重视方法手段的变革，更注重制度性创新。

丛书的第一批作品包括：《新时期学前教育发展研究》（华东师范大学姜勇教授等）、《延长义务教育年限研究》（中国人民大学刘复兴教授等）、《“双一流”建设突破研究》（中国教育科学研究院刘贵华教授等）、《高考改革深化研究》（华东师范大学袁振国教授等）、《民办学校分类管理推进策略研究》（上海市教育科学研究院董圣足研究员等）、《面向 2035 教育经费投向研究》（华东师范大学陈纯槿副教授）、《未来教育重塑研究》（北京大学尚俊杰研究员）、《教育舆情演变与应对研究》（中国教育科学研究院田凤副研究员）、《高等教育赋能上海科技创新中心建设研究》（华东师范大学朱军文教授等）、《为了人的更高发展：国际社会谋划2030年教育研究》（华东师范大学彭正梅教授等）、《OECD教育指标引领教育发展研究》（华东师范大学黄忠敬教授等）。

谋定而后动。社会发展越快，超前研究、多元研究越是重要。希望这套丛书能为我国未来教育改革发展提供战略性参考，也能激发广大从事和关心教育的读者的丰富思考。

袁振国

2019年9月

目 录

前言/ 1

第一章　导论/ 1

第一节　教育经费投入的需求与供给/ 1

第二节　数据来源和研究方法/ 10

第三节　研究内容和研究意义/ 12

第四节　本书的特色及创新之处/ 14

第五节　全书结构 / 15

第二章　国际视角下的教育经费投入规模与配置结构/ 17

第一节　教育经费投入规模的跨国比较/ 17

第二节　教育经费配置结构的国际比较 / 25

第三章　我国教育经费投入规模与配置结构/ 37

第一节　我国教育经费投入长期变动趋势/ 37

第二节　我国学前教育经费投入规模与配置结构变化趋势/ 54

第三节　我国义务教育经费投入规模与配置结构变化趋势/ 69

第四节　我国高中阶段教育经费投入规模及变化趋势/ 79

第五节　我国高等教育投资收益及其变动趋势/ 84

第六节　我国特殊教育经费投入规模与配置结构变化趋势 / 106

第四章　走向 2035，未来可期/ 123

第一节　学龄人口变动对教育经费配置的影响/ 123

第二节 地区教育经费投入规模预测——以上海为个案 / 155

第五章 提高教育经费配置效率性和公平性的建议与展望/ 182

第一节 面向 2035 教育经费投向研究的基本论断/ 182

第二节 促进教育经费配置效率性与公平性的政策建议/ 185

第三节 进一步研究的展望 / 187

参考文献 / 189

附录 / 194

图表目录

图 1.1　1978—2018 年我国教育经费投入规模的变动趋势　/ 2
图 1.2　全国教育经费总投入与国内生产总值的关系　/ 3
图 1.3　1992—2018 年国家财政性教育经费支出占 GDP 比重　/ 4
图 1.4　1992—2018 年国家财政性教育经费支出的变动趋势　/ 4
图 1.5　1992—2018 年国家财政性教育经费支出增量的变动趋势　/ 5
图 1.6　国家财政性教育经费支出与国内生产总值的关系　/ 5
图 1.7　改革开放以来我国出生人口数和出生率的变动趋势　/ 7
图 1.8　改革开放以来我国出生人口增量及其变动趋势　/ 7
图 1.9　我国各省份人口出生率和人口自然增长率(2017)　/ 8
图 1.10　2000—2016 年各级各类学校国家财政性教育经费支出比例　/ 9
图 1.11　分地区各级各类学校生均教育经费支出　/ 10
图 1.12　研究技术路线图　/ 13
图 2.1　2017 年世界各国经济与人口关系图　/ 18
图 2.2　2015 年公共财政教育经费占公共财政支出比例　/ 20
图 2.3　2015 年公共财政教育经费占公共财政支出比例的变化趋势　/ 21
图 2.4　主要经济体国家财政性教育经费占 GDP 比重　/ 22
图 2.5　2015 年公共财政教育经费占 GDP 比例　/ 23
图 2.6　公共财政教育经费占 GDP 比例的变化趋势(2011—2015)　/ 24
图 2.7　2015 年高等教育和基础教育公共财政支出占 GDP 比例　/ 25
图 2.8　各级教育生均经费支出结构(2015)　/ 27
图 2.9　各级教育生均经费差异比较(2015)　/ 28
图 2.10　高等教育公共支出与私人支出占 GDP 比例(2015)　/ 29

图2.11 经常性支出占公共财政教育经费的比例(2015) / 30
图2.12 高等教育经常性支出与资本性支出结构比例(2015) / 30
图2.13 高等学校人员经费占经常性支出比例(2015) / 31
图2.14 高等学校生均研发支出及其比例(2015) / 32
图2.15 各国受高等教育劳动力占总体劳动力比例(2015) / 33
图3.1 1991—2017年公共财政教育经费支出占公共财政支出比例 / 38
图3.2 公共财政教育经费支出增长率和公共财政支出增长率比较(1992—2017) / 39
图3.3 国家财政性教育经费占GDP比重(1991—2017) / 41
图3.4 国家财政性教育经费与GDP增长率变化趋势(1992—2017) / 42
图3.5 各级各类学校国家财政性教育经费支出比例(2000—2016) / 43
图3.6 全国各级学校生均一般公共预算公用经费支出及其变化趋势(2004—2017) / 44
图3.7 全国各级学校生均一般公共预算教育事业费支出及其变化趋势(2004—2017) / 44
图3.8 全国教育经费收入来源及其变化趋势(1991—2016) / 45
图3.9 国家财政性与非财政性教育经费支出比例(1991—2017) / 46
图3.10 公共财政教育经费与公共财政支出省际差异(2004—2017) / 47
图3.11 义务教育生均公共财政预算教育事业费省际差异(2004—2017) / 48
图3.12 义务教育生均公共财政预算公用经费省际差异(2004—2017) / 49
图3.13 高中阶段教育生均公共财政预算教育事业费省际差异(2004—2017) / 50
图3.14 高中阶段教育生均公共财政预算公用经费省际差异(2004—2017) / 51
图3.15 普通高等学校生均公共财政预算教育事业费省际差异(2004—2017) / 51
图3.16 普通高等学校生均公共财政预算公用经费省际差异 / 52
图3.17 我国幼儿园与普通中小学生均教育经费支出比较 / 59
图3.18 我国普通中小学与学前教育生均教育经费增长率比较 / 60
图3.19 2000—2016年我国幼儿园生均教育经费指数 / 61
图3.20 我国地方幼儿园生均教育经费省际差异变动趋势 / 64
图3.21 我国东中西部地区幼儿园生均公用经费支出比例 / 65

图 3.22 我国农村幼儿园生均教育经费省际差异 / 66
图 3.23 我国农村幼儿园生均教育经费支出比例 / 67
图 3.24 我国各级教育生均教育经费支出比较 / 72
图 3.25 城镇中小学教师年平均工资与公务员工资比较 / 75
图 3.26 我国各省份城镇中小学教师年平均工资与公务员工资比较 / 76
图 3.27 我国各省份教师年平均工资与人均地区生产总值的关系 / 77
图 3.28 我国高中阶段国家财政性教育经费支出比例 / 83
图 3.29 我国中等教育与高等教育生均教育经费支出比较 / 84
图 3.30 我国中央与地方普通高校生均公共财政预算教育经费变动趋势 / 85
图 3.31 我国中央与地方高校生均公共财政预算教育经费差值 / 86
图 3.32 我国中央与地方高校生均公共财政预算教育经费比值 / 87
图 3.33 我国中央与地方普通高校生均预算内人员经费与公用经费比值 / 87
图 3.34 我国地方普通高校生均教育经费的省际比较 / 88
图 3.35 我国中央与地方普通高校生均预算内经费省际差异系数 / 88
图 3.36 中央属普通高等学校生均公共财政预算教育经费省际差异 / 89
图 3.37 地方普通高等学校生均公共财政预算教育经费省际差异 / 89
图 3.38 全国及东中西部地区地方高校教育经费支出变动趋势 / 92
图 3.39 全国地方普通高校生均教育经费变动趋势 / 92
图 3.40 全国及东中西部地区实际地区生产总值变动趋势 / 92
图 3.41 地方高校教育投资对地区经济发展的影响 / 96
图 3.42 地方高校生均教育经费支出对人均地区生产总值的影响 / 96
图 3.43 向量误差修正模型检验 / 97
图 3.44 地方高校生均教育经费支出与人均地区生产总值的脉冲响应图 / 100
图 3.45 地方高校教育投资对地区经济增长的贡献率 / 101
图 3.46 我国特殊教育学校与普通学校生均教育经费支出比较 / 111
图 3.47 我国特殊教育学校与普通小学和初中生均教育经费增速比较 / 112
图 3.48 2006—2016 年我国特殊教育学校生均教育经费指数 / 113
图 3.49 我国特殊教育学校生均教育经费与人均 GDP 的关系 / 117
图 3.50 我国特殊教育学校生均教育经费省际差异变动趋势 / 118
图 3.51 我国东中西部地区特殊教育学校生均公用经费支出比例 / 118
图 4.1 联合国人口司对中国人口总量的预测方案 / 124

图4.2 联合国人口司对中国人口总量的6个预测方案 / 125
图4.3 中国与不同经济发展水平国家的总和生育率比较 / 125
图4.4 联合国人口司对中国总和生育率预测值 / 126
图4.5 我国男性与女性人口平均预期寿命 / 127
图4.6 我国男性与女性人口预期寿命 / 128
图4.7 2000—2015年我国男性与女性人口性别比：分年龄同期群 / 129
图4.8 不同生育政策下我国总人口数变动趋势 / 130
图4.9 “全面二孩”政策下我国出生人口数变动趋势 / 131
图4.10 不同生育政策下的总抚养比 / 132
图4.11 不同生育政策下的少年抚养比 / 133
图4.12 1990—2018年我国总抚养比、少年抚养比及老年抚养比变动趋势 / 134
图4.13 三种预测方案下全国3—5岁学前学龄人口数 / 135
图4.14 三种预测方案下全国6—11岁小学学龄人口数 / 136
图4.15 三种预测方案下全国12—14岁初中学龄人口数 / 136
图4.16 三种预测方案下全国15—17岁高中阶段学龄人口数 / 137
图4.17 三种预测方案下全国3—17岁人口数 / 138
图4.18 2000年全国第五次人口普查分性别人口数 / 138
图4.19 2010年全国第六次人口普查分性别人口数 / 139
图4.20 2015年全国1%人口抽样调查分性别人口数 / 139
图4.21 1978—2017年我国幼儿园在园幼儿数及其增量变化 / 141
图4.22 2020—2035年我国学前教育在园幼儿数估计 / 141
图4.23 1978—2017年我国小学在校生人数及其增量变化 / 142
图4.24 2020—2035年我国普通小学在校生人数估计 / 143
图4.25 1978—2017年我国初中在校生数及其增量变化 / 143
图4.26 2020—2035年我国普通初中在校生人数估计 / 144
图4.27 1978—2017年我国普通高中在校生数及其增量变化 / 145
图4.28 2005—2017年我国中等职业学校在校生数及其增量变化 / 145
图4.29 1978—2017年我国普通高等学校在校生数及其增量变化 / 147
图4.30 2007—2018年我国各级教育生均经费指数 / 148
图4.31 2020—2035年我国各级教育生均公共财政预算教育经费预测 / 150
图4.32 2020—2035年幼儿园教育经费需求预测 / 152

图 4.33 2020—2035 年小学教育经费需求预测 / 153
图 4.34 2020—2035 年初中教育经费需求预测 / 154
图 4.35 2020—2035 年高中教育经费需求预测 / 154
图 4.36 2020—2035 年教育经费需求预测 / 154
图 4.37 上海市常住人口及其增量变化趋势 / 156
图 4.38 上海市常住人口、户籍人口及外来人口变动趋势 / 157
图 4.39 上海市幼儿园在园幼儿数量及其变化趋势 / 158
图 4.40 上海市普通小学招生数量及其变化趋势 / 159
图 4.41 上海市普通小学在校生数量及其变化趋势 / 159
图 4.42 上海市普通初中招生数量及其变化趋势 / 160
图 4.43 上海市普通初中在校生数量及其变化趋势 / 161
图 4.44 上海市普通高中招生数量及其变化趋势 / 161
图 4.45 上海市普通高中在校生数量及其变化趋势 / 162
图 4.46 上海市普通中学在校生数及变化趋势 / 162
图 4.47 上海市中等职业学校在校生数及变化趋势 / 163
图 4.48 1978—2018 年上海市户籍人口预期寿命 / 164
图 4.49 上海市 3—17 岁人口规模及变化趋势 / 167
图 4.50 上海市 3—5 岁学龄人口规模及变化趋势 / 168
图 4.51 上海市 6—10 岁学龄人口规模及变化趋势 / 169
图 4.52 上海市 11—14 岁学龄人口规模及变化趋势 / 169
图 4.53 上海市 15—17 岁学龄人口规模及变化趋势 / 170
图 4.54 2010 年上海市人口普查各年龄段人口分布图 / 171
图 4.55 2035 年上海市各年龄段人口分布图 / 171
图 4.56 2020—2035 年上海市幼儿园教育经费支出需求预测 / 179
图 4.57 2020—2035 年上海市小学教育经费支出需求预测 / 179
图 4.58 2020—2035 年上海市初中教育经费支出需求预测 / 180
图 4.59 2020—2035 年上海市高中教育经费支出需求预测 / 181
附图 1 生均教育经费支出与人均 GDP 的关系 / 198
附图 2 生均教育经费支出与人均 GDP 的关系 / 198
表 1.1 PADIS-INT 人口预测系统人口参数设定 / 11
表 2.1 世界主要国家和地区经济与人口总量及比例(2017) / 19

表 3.1　不同经济发展时期我国教育经费支出增长率　/ 40

表 3.2　2006—2016 年我国学前教育经费收入来源及其结构　/ 56

表 3.3　2006—2016 年我国学前教育国家财政性教育经费投入比例　/ 58

表 3.4　我国学前教育经费支出结构及其变化趋势　/ 61

表 3.5　我国学前教育事业性经费支出结构及其变化趋势　/ 63

表 3.6　我国地方幼儿园生均教育经费省际差异比较　/ 64

表 3.7　我国农村幼儿园生均教育经费省际差异比较　/ 67

表 3.8　2006—2016 年我国义务教育经费收入来源及其结构　/ 70

表 3.9　2006—2016 年我国义务教育国家财政性教育经费投入比例　/ 71

表 3.10　义务教育生均公共财政预算公用经费省际差异比较　/ 73

表 3.11　2007—2016 年我国各省份城镇中小学教师年平均工资比较　/ 74

表 3.12　2006—2016 年我国各省份教师年平均工资比较　/ 78

表 3.13　2007—2016 年我国高中阶段教育经费收入来源及其比例　/ 81

表 3.14　2007—2016 年我国高中阶段教育国家财政性教育经费支出比例　/ 82

表 3.15　主要变量描述性统计　/ 91

表 3.16　面板数据的单位根检验　/ 94

表 3.17　地方普通高校教育经费支出与地区生产总值协整检验结果　/ 95

表 3.18　地方普通高校生均教育经费支出与人均地区生产总值协整检验结果　/ 95

表 3.19　基于 Bootstrap 面板格兰杰因果关系检验结果　/ 98

表 3.20　面板数据随机效应估计结果(分地区)　/ 102

表 3.21　面板数据随机效应估计结果(分民族省区)　/ 103

表 3.22　面板数据随机效应估计结果(分经济带)　/ 103

表 3.23　2006—2016 年我国特殊教育学校经费收入来源及其结构　/ 109

表 3.24　2006—2016 年我国特殊教育学校国家财政性教育经费及其比例　/ 110

表 3.25　我国特殊教育学校教育经费支出结构及比例　/ 113

表 3.26　我国特殊教育学校人员经费支出结构及比例　/ 115

表 3.27　我国特殊教育学校生均事业性经费省际差异比较　/ 116

表 4.1　2020—2035 年中国总人口数三种预测方案　/ 130

表 4.2　2020—2035 年中国出生人口数三种预测方案　/ 132

表 4.3　2007—2018 年我国各级教育生均经费指数　/ 148

表 4.4　教育经费支出需求预测　/ 150
表 4.5　上海市户籍学龄人口和外来学龄人口的变动情况　/ 157
表 4.6　基础数据质量评估表　/ 163
表 4.7　联合国人口司编制的预期寿命增长模型　/ 165
表 4.8　2020—2035 年上海市人口预期寿命预测　/ 166
表 4.9　上海市各学段学龄人口预测　/ 172
表 4.10　上海市生产总值和人均生产总值预测　/ 174
表 4.11　上海市基础教育生均教育经费预测　/ 175
表 4.12　上海市基础教育经费支出需求预测　/ 176
附表 1　各国公共财政教育经费占公共财政支出比例　/ 194
附表 2　各国公共财政教育经费占国内生产总值比例　/ 196

前　言

纵深推进教育改革发展，促进教育公平，提高教育质量，须臾离不开充足的教育经费提供必要的物质基础和财力保障。自2012年实现“国家财政性教育经费支出占国内生产总值的比重应达到4%”的目标以来，国家财政性教育经费支出比例已连续七年保持在4%的水平线上，标志着中国教育发展正式迈入“后4%时代”。在跨入“后4%时代”以后，如何切实保障与我国教育改革发展需求相适应的经费投入规模，以及如何在教育系统内部改善和优化教育经费配置结构，这些问题的解决对于持续推动我国教育与经济协调发展尤为重要，是关涉中国教育改革发展能否面向2035持续推进的关键性问题。

完善教育经费投入机制是国家教育事业发展“十三五”规划提出的战略任务，也是面向2035全面推进中国教育现代化进程的客观要求。在从大国迈向强国的历史进程中，中国经济持续发展主要依赖于产业转型升级、技术创新活力、人才红利释放等改革路径。这些改革路径的转变都离不开教育的智力支持和人才保障，由此对我国教育投入水平也提出了更高的时代要求。然而，在中国经济增速总体趋缓的背景下，大幅增加国家财政性教育经费的可能性明显降低。在这种宏观环境下，我国公共财政教育经费应当优先投向何处，教育经费投入总量与结构能否适应未来较长一段时间中国经济社会发展的需求，成为当前我国教育政策制定者需要审视的战略问题。

本书立足于当前我国进入教育事业发展“十三五”规划时期的时代背景，着重从教育经费的“投入规模”与“配置结构”两个维度出发，重点考察和分析学前教育、义务教育、高中阶段教育、高等教育等各级各类教育的经费总量及配置结构。本书由问题廓清、实证考察、预测研究以及政策建议等部分组成，重点关注时下我国教育经费投入机制所面临的突出问题，力求客观描述和分析中国教育财政政策的实践路径及其经验启示。

基于此，本书以第六次全国人口普查数据为基础，综合运用《中国教育经费统计年鉴》、《中国教育统计年鉴》等全国层面的时间序列数据以及省级层面的面板数据，面向2035对未来十几年国家财政性教育经费投入规模与配置结构问题进行实证研究。通过构建计量经济学模型，预测未来我国教育财政投入规模、各级教育投资比例以及生均定额拨款标准，力图在计量模型建构、预测技术应用等方面有所突破和创新。通过预测研究揭示我国教育财政经费投入的长期变动趋势，并基于数据的分析提出相应的政策建议，以期为“后4%时代”制定科学的教育财政拨款政策和完善我国教育财政保障体系提供有益的实证依据，为教育部门和相关决策机构合理配置各级教育财政投入比例和制定生均定额标准提供科学的决策参考。

研究表明，当前我国财政性教育经费支出占国内生产总值(GDP)的比例已接近中等偏上收入国家平均水平，但与发达国家相比仍存在较大差距。在经费配置结构上，我国学前教育财政性经费支出比例偏低，高等教育经常性支出尤其是人员经费支出比例严重偏低。在跨入“后4%时代”以后，教育财政政策的制定一方面要确保我国教育经费总投入稳定增长，逐步提高各级教育生均经费基准，重点提升乡村、中西部贫困地区的学前教育、义务教育和高中阶段教育普及水平，深入推进城乡义务教育一体化改革进程。另一方面，要逐步改善和优化教育经费配置结构，提高人员经费和研发经费支出比例，提高教育经费产出效率，形成经常性支出与资本性支出结构合理的教育投入机制，实现从以物为主投入向以人为主投入的转变，充分释放人才红利。在保障教育资源充足性和公平性的基础上，改革经费拨付和发放办法，创设富有效率和活力的教育体制机制，保证教育经费在推进教育现代化进程中充分发挥基础性和支撑性的作用。这是经济新常态下推进我国教育领域深化改革的战略选择，也是2035年迈向现代化教育强国的必由之路。

本书在教育经费投入机制的理论和实证研究方面都进行了一些有益的探索，具有以下几方面的特点：

第一，前瞻性。本书运用国际上前沿的计量模型和统计分析工具，采用相比以往研究更为精密的预测技术和计量模型。以往研究大都运用简单描述性统计对教育经费投入总量和使用状况进行粗略刻画，大多忽视了经费配置结构，而在不考虑结构性问题的情况下，则会导致出现经费具体流向和路径不清晰的问题。为了克服上述问题，本书从投入规模与配置结构两个维度来综合考察教育经费的使用状况。与同类著作相比，本书在此方面具有拓展性的现实意义和价值。

第二，科学性。本书基于《中国教育经费统计年鉴》、《中国教育统计年鉴》等全国层面的时间序列数据和省级面板数据进行系统探查和分析，力图全面、准确地刻画我国教育经费投入总量与结构及其长期变动趋势，为准确理解和把握我国教育财政政策体系提供了新的视角和路径。

第三，开拓性。本书将教育经费问题放置在“后4%时代”背景下，丰富和充实了我国教育财政研究领域的实证探索。在此基础上，本书提出了面向2035与中国教育财政政策改革路径相适应的理论和实证分析框架，因此在研究内容上与同类主题著作相比具有一定的开拓性和创新性。

感谢华东师范大学教育学部袁振国教授、柯政教授等各位同仁的支持，他们对本书提出了富有建设性的意见。本书系全国教育科学规划国家青年项目（CFA140139）和上海市高峰学科建设项目的重要成果，希望本书能够为进一步优化我国教育财政政策提供可靠的实证依据，为健全和完善我国教育经费保障机制提供有益的决策参考，以及为读者了解我国教育财政政策提供多维的经济学视角。

陈纯槿

2019年9月6日

第一章　导　　论

展望2035,我国教育经费应当优先投向何处？这一问题的回答,不仅直接关系到教育经费具体流向和教育系统的有序运作,而且深刻地影响着未来教育改革发展的战略重点、关键领域,更进一步深入影响国家和地区的核心竞争力。面向2035,教育经费的投入规模应当与未来人口变动相适应,与地区经济发展水平及经济发展需求相适应;教育经费的分配应当有所侧重,优先投向教育发展的薄弱环节,优先满足人民群众日益增长的享有更加公平、更高质量教育的需求,优先回应人民群众对教育的重大关切和期待,这是答好人民关切题,交出一份让广大人民群众满意的答卷的应有之义。本书的研究价值和意义就在于此。

本章共分为五节,第一节基于改革开放40多年来的时间序列数据,从经济学视角审视我国教育经费投入的需求与供给问题,在此基础上提出主要的研究问题;第二节介绍本书所使用的数据来源,构建衡量教育经费投入规模与配置结构的计量经济学模型;第三节简要介绍研究的主要内容,阐明研究的理论价值和现实意义;第四节介绍本书的特色及创新之处;最后一节旨在勾勒本书的基础研究框架。

进入"后4%时代"以来,随着党中央、国务院对教育事业重视程度不断加深,我国教育经费投入力度逐年持续加大,值得关注的是,当前我国教育经费投入总量是否完全充足,教育经费配置结构是否较为完善,教育资源在城乡、区域、学校之间的分配是否渐趋均衡？这些问题的回答对于深化我国教育财政政策,健全教育经费保障机制,促进教育更加公平、更有效率、更高质量发展,加快推进教育强国建设尤为重要。在此背景下,本节首先探讨教育经费投入的需求与供给问题,并基于时间序列数据对本书试图回答的问题进行剖析。

第一节　教育经费投入的需求与供给

一、教育经费投入与地区经济发展的需求相适应

回瞻改革开放40多年来的教育改革和时代变迁,中国教育经历了从"穷国办大教

育”走向“大国办强教育”的历史性转变。教育经费的飞跃式变动是洞察这一历史性转变的“重要窗口”。图 1.1 所示为 1978—2018 年改革开放 40 年来我国教育经费投入规模的变动趋势。从图 1.1 的数据可以看出，1978 年，全国教育经费总投入仅为 94 亿元，国民生产总值为 3 678.7 亿元，人均国民生产总值约为 385 元。在经济发展水平较低的情况下，全国教育经费投入占国民生产总值的比例不足 3%。尽管改革开放之初我国教育发展面临经费严重不足的困境，但是在经历了艰辛曲折的摸索实践后，开辟了一条中国特色社会主义教育的发展道路，创造了“穷国办大教育”的伟大奇迹。

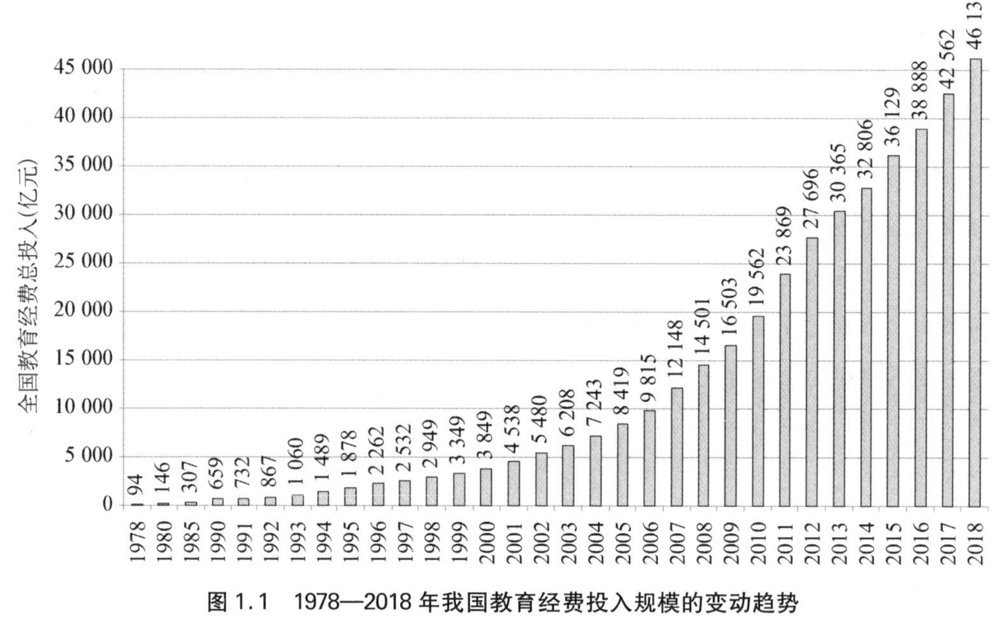

图 1.1　1978—2018 年我国教育经费投入规模的变动趋势

注：数据来源于历年《中国教育经费统计年鉴》和教育部历年发布的“全国教育经费执行情况统计公告”。

随着我国经济发展水平不断提高，国家对教育投入力度也在逐年增加。自 1992 年实行经济体制改革以来，我国经济实力显著增强。与之相伴的是，教育经费总投入从 1992 年的 867 亿元增至 2018 年的 46 135 亿元，教育经费投入的大幅提高，为加快推进教育强国建设奠定了坚实的物质基础。

从教育投资与经济增长的内在关系来看，我国教育经费投入水平与经济发展水平是紧密相连的。基于 1978—2018 年时间序列数据的分析可以发现，国家教育经费总投入与国内生产总值之间呈现出极其显著的强相关关系，两者相关系数高达 0.999 2，P 值在 0.001 的水平下通过统计意义上的显著性检验，判决系数为 0.997。（见图 1.2）回归系数进一步显示，全国教育经费总投入每增加 1%，将带动国内生产总值提高 0.847 个百分点。综合以上数据可以看出，加大教育经费投入对推动中国经济增长有着极为显著的正向推动作用。

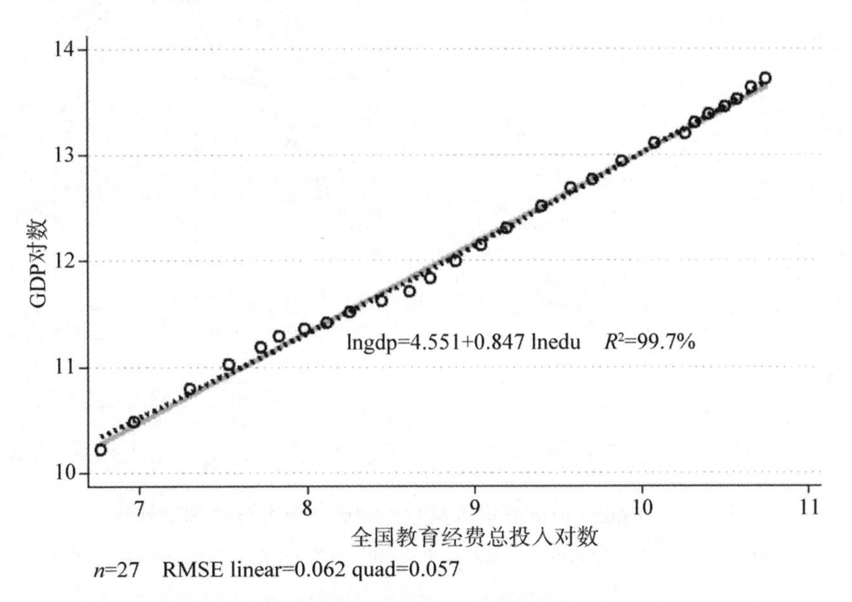

图 1.2 全国教育经费总投入与国内生产总值的关系

注：国内生产总值数据来源于《中国统计年鉴 2019》。

为满足经济发展对高质量教育的需求，同时又保障财政性教育经费的充足供给，1993 年发布的《中国教育改革和发展纲要》中提出“到本世纪末，国家财政性教育经费支出占国内生产总值的比重应达到 4%”的目标。“4%”这一数字不仅反映了国家教育财政拨款力度及其对教育事业的重视程度，也是国际社会用于衡量国家或地区教育发展水平的关键性指标。从本质上看，确立国家财政性教育经费支出比例是一种客观的、需求导向的投资行为，这就需要从要求视角来分析。

图 1.3 所示为 1992—2018 年国家财政性教育经费支出占 GDP 比重的变化趋势。可以看出，国家财政性教育经费支出占 GDP 比重在 2007 年之前一直处在 3%以下，2007—2011 年间呈现快速上升的趋势，但这一比例仍处在 3%～4%之间的较低水平。直至 2012 年，国家财政性教育经费支出占 GDP 比重首次突破了 4%，并连续 7 年维持在 4%的水平线上，至此，我国教育经费投入正式跨入“后 4%时代”。

与全国教育经费总投入的变化趋势一致，1992—2018 年期间国家财政性教育经费支出整体呈现逐年稳步上升的态势。(见图 1.4)从教育经费支出的增量来看，1992—2007 年间国家财政性教育经费支出增量一直处于相对平稳的状态，年平均增

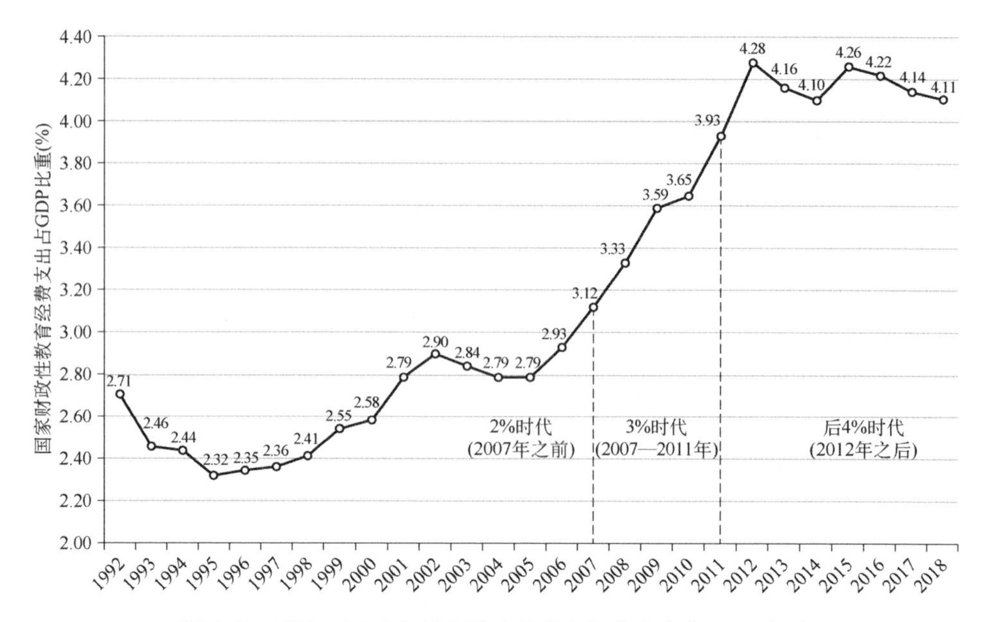

图1.3 1992—2018年国家财政性教育经费支出占GDP比重

注：数据来源于历年《中国教育经费统计年鉴》和“全国教育经费执行情况统计公告”。

长率达17.8%；而在2008—2018年间转而快速上升，其后略有回落，但仍保持较高增量。相比较而言，2010—2018年间国家财政性教育经费支出的增量明显高于1992—2009年间的增量变动，且持续保持较快增长速度。（见图1.5）

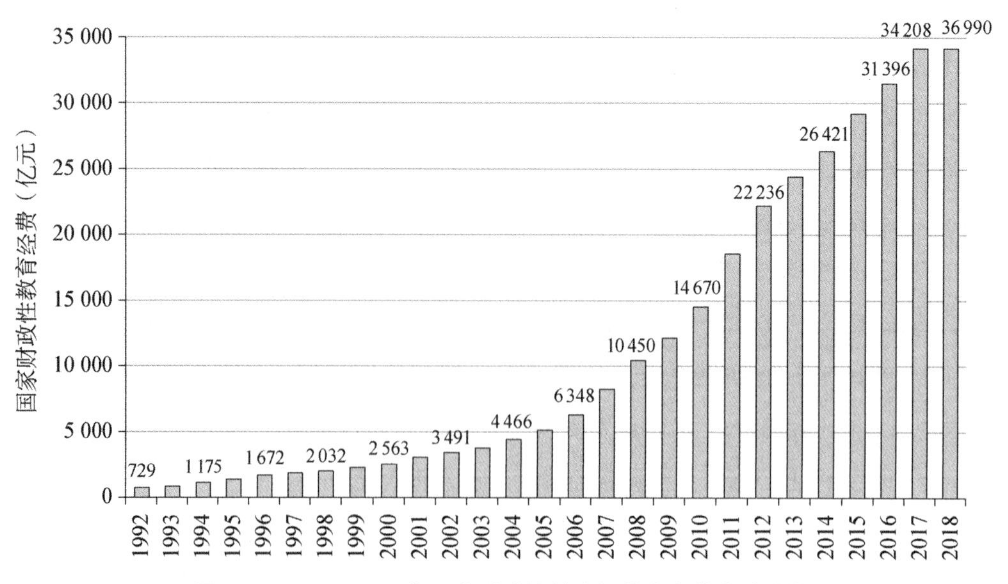

图1.4 1992—2018年国家财政性教育经费支出的变动趋势

注：数据来源于历年《中国教育经费统计年鉴》。

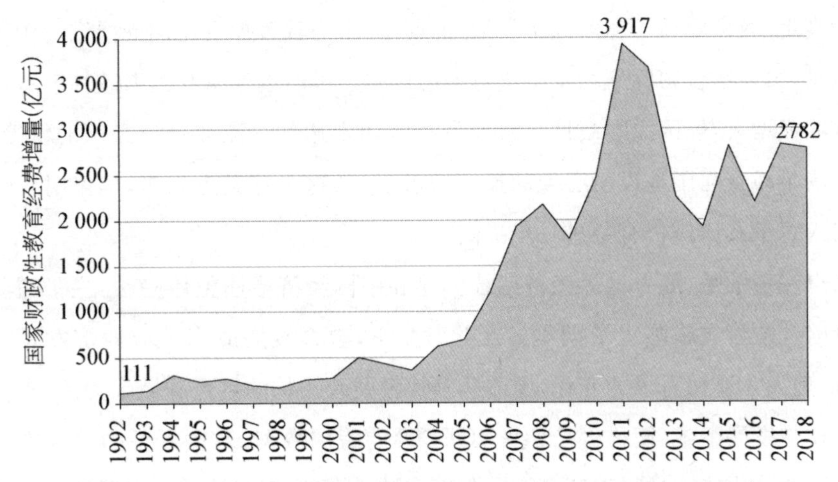

图 1.5 1992—2018 年国家财政性教育经费支出增量的变动趋势

注：数据来源于历年《中国教育经费统计年鉴》。

基于 1992—2018 年全国层面的时间序列数据分析发现，国家财政性教育经费支出与国内生产总值之间呈现高度相关关系，两者相关系数达到 0.997，$P<0.001$，判决系数达到 0.996，说明国家财政性教育经费支出与国内生产总值之间存在强相关关系。回归系数显示，国家财政性教育经费支出每增加 1%，将带动国内生产总值明显提高上升 0.829 个百分点。因此，国家财政性教育经费支出增加对于刺激我国经济增长有极为显著的正向影响作用。（见图 1.6）

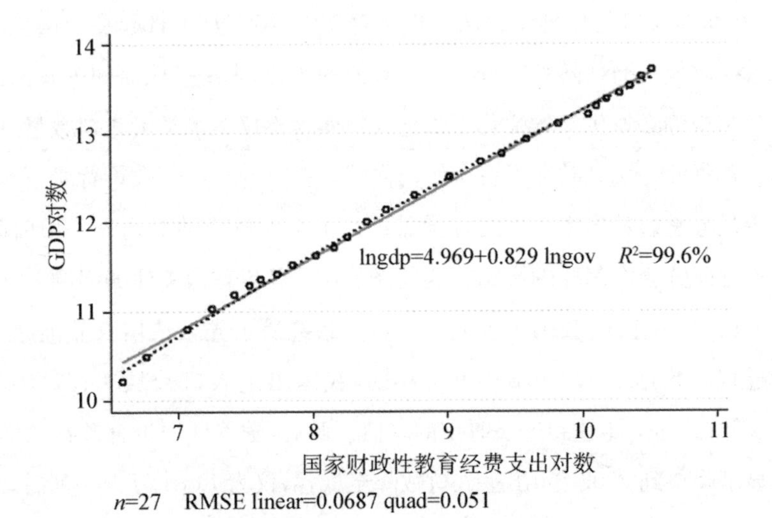

图 1.6 国家财政性教育经费支出与国内生产总值的关系

注：数据来源于历年《中国教育经费统计年鉴》和《中国统计年鉴》。

为满足“教育要适当超前经济发展”的要求，未来教育投资比例既要结合中国经济发展水平，又要结合国际平均水平进行动态调整。虽然近年来我国财政性教育经费投入力度明显增大，但国家财政性教育经费投入尚未达到一流教育所必须的供给水平，也尚未满足教育强国建设所必须的投入需求。[①] 从这个意义上来讲，国家财政性教育经费投入总量及比例仍有待进一步提高。

值得注意的是，随着世界经济持续低迷和中国经济增速整体趋缓，主张超前投入的教育财政政策实施陷入了困境。在此背景下，教育发展应当适应经济发展对高素质、技能型人才迫切需求的变化，亟需明确教育财政拨款的重点领域。为此，本书基于经济合作与发展组织（简称经合组织，OECD）的跨国数据，对世界各国教育经费投入总量及配置结构特征进行实证考察和分析，并对比我国现有的教育经费投入与资源配置状况，分析其中存在的教育资源供需矛盾，以期为健全和完善我国教育经费保障机制提供有益的国际借鉴。

二、教育经费投入与人口变动的需求相适应

人口是教育经费投入需求的主体，学龄人口的变动对教育财政政策的制定和实施有着基础性、长期性、全局性的影响。为应对低生育率、少子化和人口老龄化并存的严峻形势，2015 年 10 月，党的十八届五中全会公报明确提出了“全面实施一对夫妇可生育两个孩子政策”（以下简称“全面二孩”政策）；同年 12 月 27 日，全国人大常委会修正《中华人民共和国人口与计划生育法》，提出自 2016 年 1 月 1 日起在全国范围正式实施“全面二孩”政策。而伴随着“全面二孩”政策的实施，未来一段时间内我国出生人口数量和人口结构势必发生新的变化。出生人口变动不仅关乎学龄人口数量，而且会进一步影响教育资源特别是教育经费资源的供给。在“全面二孩”政策背景下，现有的经费投入是否足够承载新出生人口的入学需求？出生人口变动对未来一段时间内我国教育经费资源配置会有怎样的影响？这是当前社会各界普遍关注的问题。

改革开放 40 多年来，我国出生人口数量大致经历了先较快增长后渐趋下降又缓慢回升的过程。数据显示，1978—1987 年间，我国出生人口数从 1 757 万人攀升到 2 550 万人，并在 1987 年达到这一时期的峰值。此后，随着计划生育政策的实施，出生人口数明显下降。到 2006 年，出生人口数降至低谷，仅为 1 584 万人。其后，出生人口数相对平稳。直至 2016 年，随着“全面二孩”政策效应的释放，出生人口数有所回升，

---

① 王善迈.公共财政框架下公共教育财政制度研究[M].北京：经济科学出版社，2012：248—249.

达到 1 786 万人。与之变迁趋势一致的是,我国人口出生率从 1978 年的 18.25‰增至 1987 年的 23.33‰,此后呈现不断下降趋势。直至 2017 年,人口出生率降至 12.43‰。(见图 1.7)相应地,出生人口增量呈负向变动。(见图 1.8)

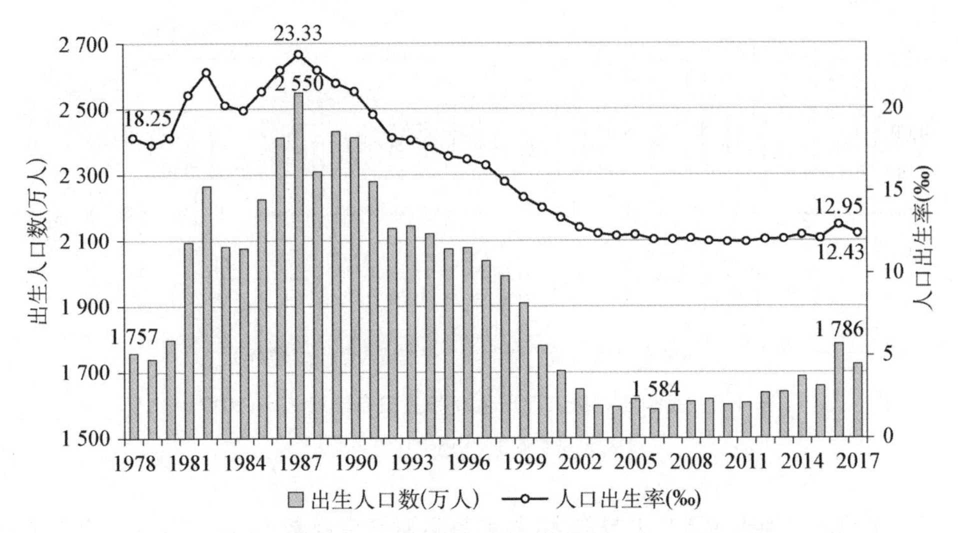

图 1.7 改革开放以来我国出生人口数和出生率的变动趋势

注：数据来源于历年《中国统计年鉴》。

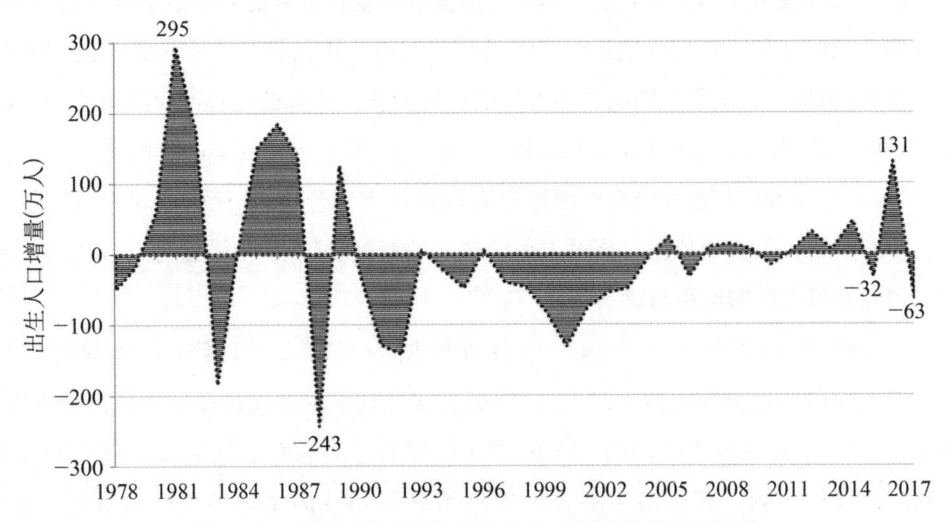

图 1.8 改革开放以来我国出生人口增量及其变动趋势

注：数据来源于历年《中国统计年鉴》。

从我国境内各省份的人口出生率和人口自然增长率来看,省际差异尤为突出。截至 2017 年,人口出生率最高的省份为山东,达到 17.54‰,最低的省份为黑龙江,仅为 6.22‰。相应地,山东人口自然增长率达 10.14‰,黑龙江则为−0.41‰。(见图 1.9)

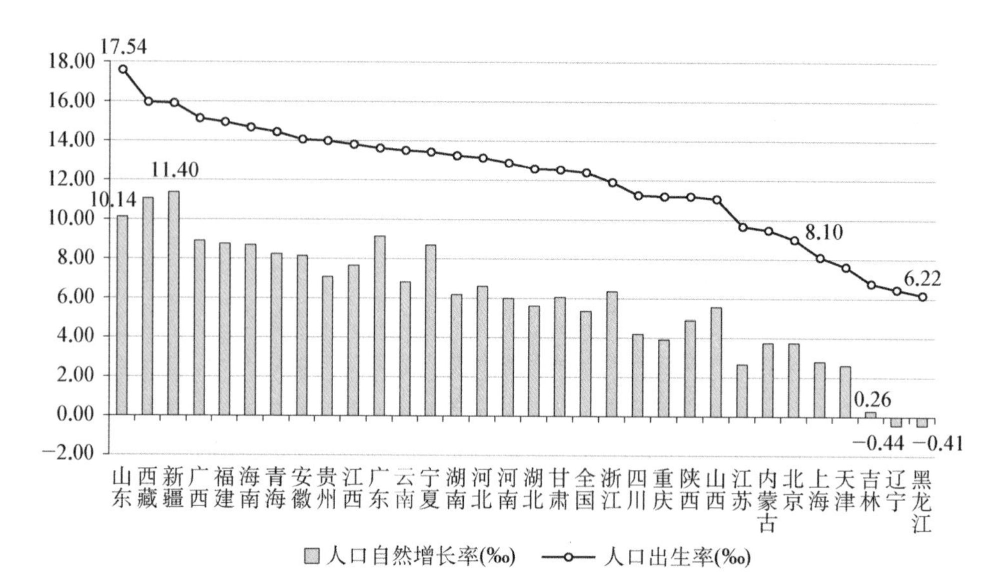

图1.9 我国各省份人口出生率和人口自然增长率(2017)

注：数据来源于《中国统计年鉴》。

由于地区之间出生人口差异较大，如果盲目对教育经费进行投放，可能会出现投入不足或投入冗余现象，造成教育资源分配不当，从而无法满足教育发展的实际需求，导致教育资源浪费或不足等问题。如果对出生人口变动带来的问题不予以厘清，对教育资源合理配置和宏观教育规划而言将是一大阻碍。由于新的生育政策引起的学龄人口变动，将对未来一段时期我国教育经费在内的各类资源的配置产生深刻影响。因此，“全面二孩”政策实施以后，亟需对教育领域受到出生人口变动的影响进行实证考察，对未来学龄人口与教育经费资源配置需求进行实证分析，从而为宏观教育决策和教育战略规划提供参考依据。这对于科学制定教育财政政策，积极应对人口变动对教育资源配置带来的影响极具现实意义。

基于此，本书以第六次全国人口普查数据为基础，运用国际人口预测系统(PADIS-INT)作为学龄人口预测工具，根据总和生育率水平设计高、中、低三种方案，对2020—2035年我国学前、小学、初中、高中阶段和高等教育阶段学龄人口数量及其变化趋势进行预测。并根据学龄人口预测结果和相应的生均经费配置标准，测算2020—2035年的教育经费方面的资源需求，进而提出应对人口变动合理配置教育资源的具体措施，为宏观教育规划和教育决策提供有益的实证依据和决策参考。

三、教育经费配置的充足性、均衡性与公平性

面向2035，教育经费资源的供给特别是国家财政性教育经费，在不同经济发展水

平地区、不同层级教育之间应如何既富有效率又更加公平地分配？各级各类学校的生均教育经费又应当如何均衡配置？针对上述问题，本书侧重从教育经济学的视角探讨教育经费的配置结构。

教育经费配置结构一般分为外部配置结构和内部配置结构两类。外部配置结构是指教育经费在不同地区、不同学校之间的支出结构，内部配置结构是指教育经费在地区、学校内部的支出结构。教育经费投入总量侧重关注经费的“充足性”问题，教育经费配置结构则偏向于反映经费分配的“均衡性”、“公平性”问题。基于此，本书的内容将围绕教育经费配置结构问题展开实证分析。

图 1.10 所示为我国各级各类学校国家财政性教育经费支出占总投入的比重。通过对比分析可以发现，除学前教育以外，各级各类学校尤其是小学、初中和高中阶段教育，国家财政性教育经费的占比总体上呈现上升趋势，说明财政性投入在小学、初中和高中阶段教育投入体系中占据了绝对主导地位。进一步分析发现，我国各级各类学校国家财政性教育经费配置结构尚未达到优化状态，这种结构不合理集中体现在不同层级教育的财政性经费拨款比例有着较大差异。

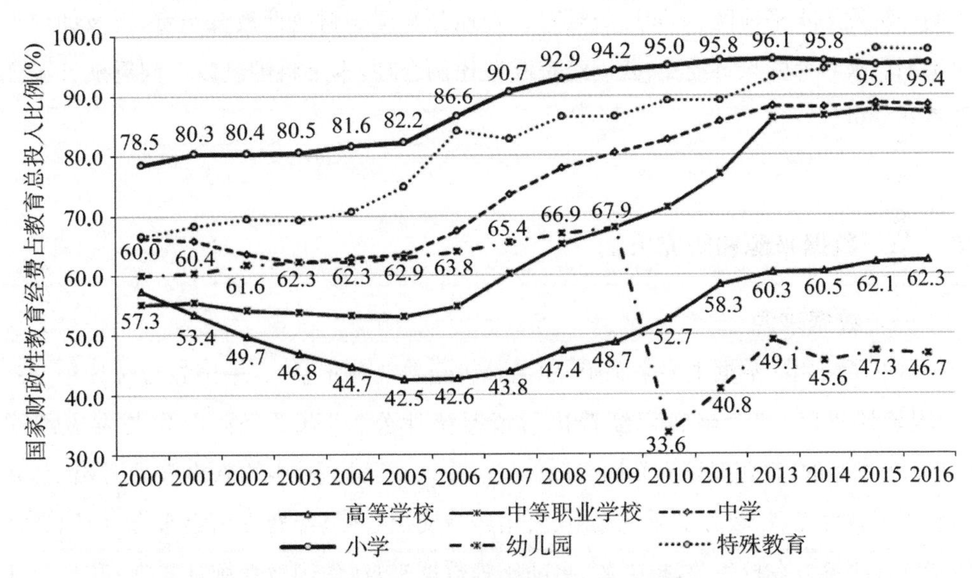

图 1.10 2000—2016 年各级各类学校国家财政性教育经费支出比例

注：数据来源于历年《中国教育经费统计年鉴》。

教育经费的配置结构与城乡、区域、学校的经费拨款模式紧密相联。现行的拨款模式使得我国不同地区在生均教育经费支出方面有着较为明显的差异，呈现“东部高，中部塌陷，西部低”的特征，而且各级各类学校的生均经费水平也存在较大差异。(见图 1.11)

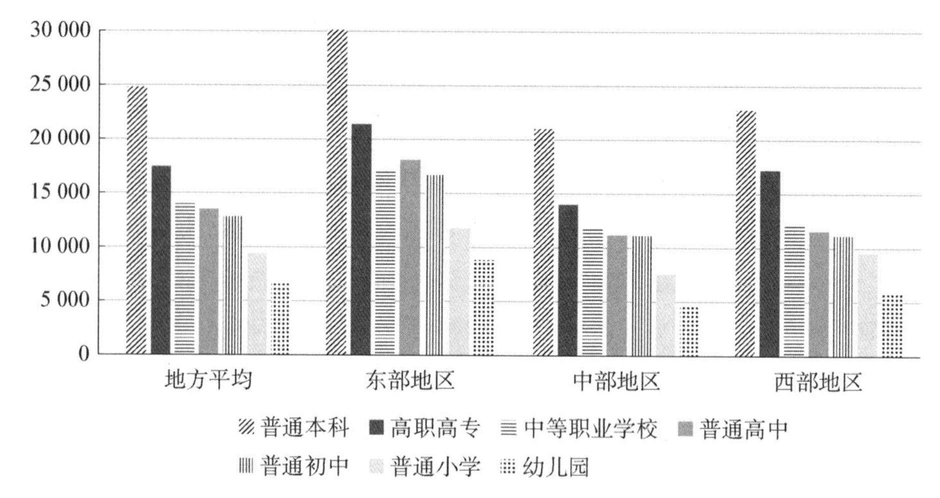

图 1.11 分地区各级各类学校生均教育经费支出

注：数据来源于《中国教育经费统计年鉴》。

测度不同区域、不同层级教育经费配给的“充足性”、“均衡性”、“公平性”，是优化教育经费配置结构的关键。因此，根据我国目前的经济发展水平和经济结构，如何在不同经济发展水平地区、不同层级教育合理地分配国家财政性教育经费，以及如何确保不同层级教育的人员经费、公用经费配置比例合理，本书将围绕以上问题展开实证考察和分析。

第二节 数据来源和研究方法

一、数据来源

本书所使用的数据主要来源于《中国教育经费统计年鉴》、《中国教育统计年鉴》、《中国统计年鉴》、“全国教育经费执行情况统计公告”以及经济合作与发展组织(OECD)发布的《教育概览》(Education at a Glance)。其中，生均教育经费支出、公共财政预算教育经费、教育事业费支出、公用经费支出、人员经费支出等来自《中国教育经费统计年鉴》；在校生数、招生数、生师比等数据来自《中国教育统计年鉴》和教育部官方公布的统计数据；生均公共财政预算事业费及其增长率、生均公共财政预算公用经费及其增长率等数据来自“全国教育经费执行情况统计公告”；国内生产总值、人均国内生产总值(GDP per capita)、城镇居民人均收入等数据来自《中国统计年鉴》；各国国内生产总值、公共财政支出、公共教育支出比例等数据来自联合国教科文组织(UNESCO)的教育统计数据库。

二、研究方法

1. 队列要素预测法

学龄人口的预测方法和计量模型有很多种，归纳起来主要有队列要素预测法、年龄移算法、矩阵方程、人口发展方程和指数方程等。本研究采用队列要素预测法，这是根据人口自身变动要素和人口学原理的分要素预测方法，不仅可以预测人口的规模，还可以预测人口结构，是人口预测中使用最为广泛的方法。

人口出生、死亡、流动和迁移等现象，总是处于不断变化之中。大量的人口变动事实说明，当一个区域的人口达到较大规模时，其不同性别、不同年龄组人口随时间的变化一般都具有较为稳定的特性。根据队列要素法进行人口预测的基本原理和思路，就是利用这一特性，对预测区域的每一年龄组的人口，设定其将来某一期间的变化率，据此分别计算其将来该期间内的死亡数和净迁移数，将其与期初的人口数相加减，从而得出要预测的年龄组人口。

国际人口预测系统(PADIS-INT)以队列要素预测法为基础，其预测结果包含单岁组和五岁组的人口数。根据单岁组的人口数，可以计算出 3—5 岁学龄人口数、6—11 岁小学学龄人口数、12—14 岁初中学龄人口数、15—17 岁高中阶段学龄人口数，以及 18—22 岁高等教育学龄人口数。

PADIS-INT 是在联合国人口司的指导下，由中国人口与发展研究中心按照队列要素预测法研发的国际化人口预测软件，具有功能强大、技术先进、方便快捷、准确率高、可视化效果好、输入简单、输出结果丰富等特点，目前已在全球多个国家得到应用推广，并获得联合国、美国人口普查局、普林斯顿大学等机构的高度认可。

使用 PADIS-INT 人口预测软件，需要设置的 8 组参数如表 1.1 所示。

表 1.1 PADIS-INT 人口预测系统人口参数设定

人口预测系统	人口参数	人口参数描述
PADIS-INT 人口预测模型	a. 起始人口	基年分年龄(按 5 岁组距分组)、分性别的人口数
	b. 预期寿命	预测期间的死亡水平，即分性别平均预期寿命
	c. 生命模型	模型生命表的选取
	d. 生育水平	预测期间的生育水平，即总和生育率
	e. 生育模式	设定育龄妇女的生育率水平
	f. 出生性别比	预测期间出生人口性别比
	g. 迁移水平	预测期间人口迁移水平
	h. 迁移模式	预测期间人口迁移模式

注：参数设定参照 PADIS-INT 软件的基本设置进行排列。

2. 生均经费指数法

综观以往的研究，对教育经费投入需求的预测方法，大致上可以分为以下两种：一是根据历史数据预测各级教育的生均经费指数，用之乘以学龄人口，即可预测到所需的经费投入总量；二是基于计量模型运用人均受教育年限的期望值与公共教育投资比例进行测算。其中，生均经费指数法的应用更加广泛。

生均经费指数法是指在预测各级教育学龄人口数的基础上，明确各级教育的生均经费支出标准，用之乘以学龄人口，即可得到所需的经费投入总量。生均经费支出标准的确定，需要结合生均教育经费指数，即某级生均教育经费占人均国内生产总值的比例。其一般表达式为：

生均教育经费指数＝生均教育经费÷人均国内生产总值

在对学前、小学、初中、高中阶段以及高等教育各级教育实际的生均经费支出进行分析的基础上，结合教育发展目标，按照“财政义务教育经费法定增长”的法定要求，测算出人均GDP和生均经费指数。

第三节 研究内容和研究意义

一、研究内容

（一）教育财政投入规模与配置结构的国际比较

本书首先从国际比较的视角出发，对我国教育财政投入规模与发达国家以及经济发展水平相近的国家进行比较分析，以观测发达国家以及经济发展水平与我国相似的国家对教育财政的投入水平及其变动趋势，分析发达国家以及与我国经济、文化相似的发展中国家对教育投入政策、教育发展以及经济发展的影响，保证我国预测值不低于相似经济发展水平国家的投资比例平均水平。

在此基础上，梳理我国中央、地方两级政府有关教育财政投入规模和拨款方式，考察教育财政投入规模与经济发展水平、财政供给能力的关联性，剖析教育财政投入需求与供给的影响因素，阐释教育财政投入规模的约束条件；并对教育财政投入外部配置与内部配置原则进行分析，比较不同国家拨款模式的优劣，分析我国目前实施的财政拨款模式的优势与缺陷，提出改进现有拨款模式的思路，为其后的实证研究提供国际参照。

（二）教育财政投入规模与配置结构的实证研究

本部分采用跨国调查数据建立教育财政投入规模预测模型，根据我国国内生产总值和公共财政支出增长率的预测，给出2020—2035年我国国内生产总值和公共财政支出的预测值，进而给出教育投入比例和规模的预测值。同时，基于我国教育发展规模和经济发展水平，从教育发展适应经济发展需求的角度建构教育财政投入比例的上限预测模型。然后，基于投资比例预测值和经济发展水平预测值，给出2020—2035年我国教育财政投入规模的预测值。

对于教育财政投入比例的合理预测应当具有一定弹性，因为教育财政投入规模既需要考虑经济发展水平和财政能力的约束，也需要考虑教育发展适应经济发展速度的需求。然而，教育发展对经费拨款的需求与政府财政能力支出能够提供的教育财政经费往往存在一定的差距，而且通常后者要低于前者。由此，本书从供给侧改革和经济发展需求的角度构建教育财政投入规模与投资比例的预测模型。

本书的基本思路按照以实证研究为中心的逻辑行文，具体如图1.12所示。

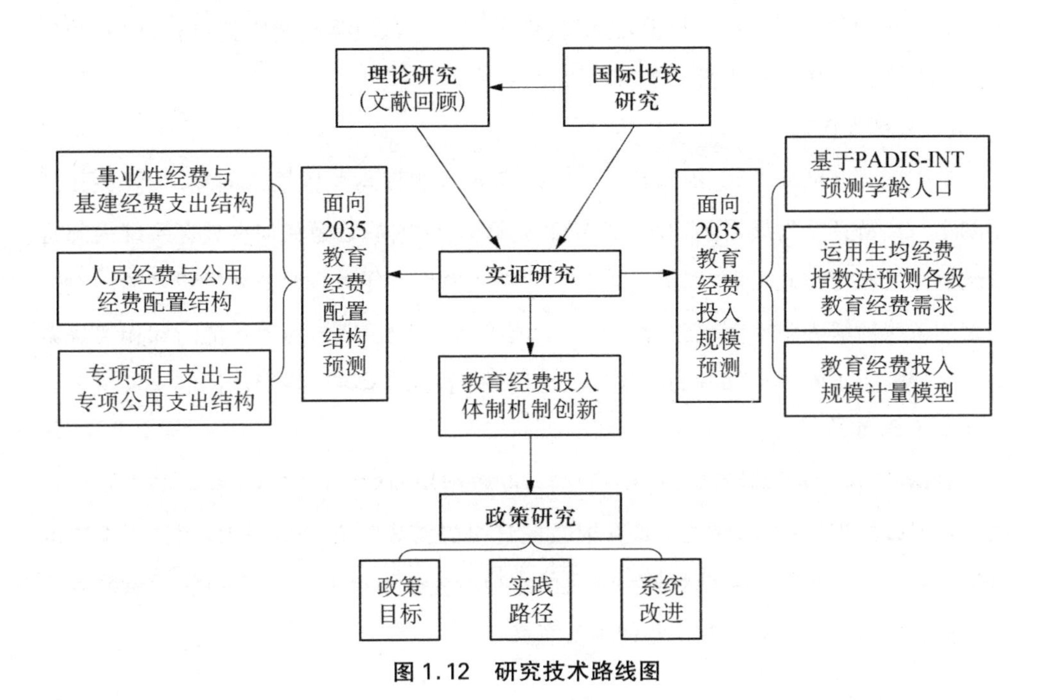

图1.12 研究技术路线图

基于我国各省市面板数据建立计量经济模型，本书旨在面向2035对我国教育财政投入规模与配置结构进行预测。具体目标包括：

1. 揭示世界各国教育经费投入状况与发展趋势，分析发达国家与发展中国家教育财政政策、拨款模式及其实践做法，提出改进我国现有教育财政拨款模式的思路。

2. 考察教育财政投入规模与经济发展水平、财政供给能力的关联性，分别从国家财政供给能力的角度、教育发展适应经济发展需求的角度建构教育财政投入计量经济模型,预测2020—2035年我国教育经费的投入规模。

3. 估测不同经济水平地区的生均财政拨款的最低标准和师均拨款的最低标准,拟定不同地区学生的生均综合定额拨款标准的调整系数。

4. 估测不同层级教育生均经费配置比例。

二、研究意义

(一) 理论意义

教育财政投入规模和配置结构的研究一直是国内外教育经济学研究的关键领域,对上述问题的探究不仅影响教育事业的发展与社会公平的改善,还影响国家人力资源的积累和国家在国际社会中的竞争力水平。本书基于我国各省市面板数据的计量分析来预测我国教育财政投入规模,各级教育投资比例以及生均定额拨款标准,基于计量模型建构以及仿真技术方法进行积极探索。

(二) 实践意义

本书聚焦于面向2035中国教育财政经费投入规模与配置结构问题,主要关注如何制定与经济社会发展需求相适应的教育财政投入规模,以及如何在教育系统内部合理配置公共教育财政资源,以提高教育资源利用效率和促进教育公平优质发展。上述问题的解决能够为政府制定教育财政拨款政策提供实证依据,为教育部门和相关决策机构合理配置不同类型学校的财政投入比例、制定不同学科生均定额标准提供备选方案和决策参考。

总体而言,对我国教育财政投入规模与配置结构问题的研究不仅拓展和丰富了我国教育财政的理论研究,完善了教育财政的计量经济模型和分析技术,而且更重要的是为政府进一步改进和完善对教育财政的宏观调控政策提供了实证依据,对保障我国教育事业的可持续发展具有重要的现实意义。

第四节 本书的特色及创新之处

第一,研究具有重要的现实意义。在教育财政跨入"后4%时代"的背景下,政府如何制定与我国经济社会发展相适应的教育财政投入政策以及如何在教育系统内部优化财政资源配置结构,是关涉到教育改革发展能否顺利推进的重要问题,也是教育经济学研究领域十分紧迫的课题。但目前对于我国教育财政投入规模和配置结构的系统研究尚付阙如，本书将对此展开较为全面系统的探究。

第二，计量模型与分析技术有所创新。基于全国时间序列数据和省级面板数据，采用分布滞后模型（Distributed Lag Model，简称DLM）预测我国教育财政投入规模及投资比例的上限和下限，是对国内现有研究的计量模型与方法的改进。国内已有研究大多采用截面数据，而且鲜有估测公共财政教育投入占国内生产总值比例的上限和下限。这种基于截面数据得出的预测值，难以完整地反映时间变量对投资规模或投资比例的影响，而且前一年的投资规模也会影响下一年的投资总量，经济发展和财政供给能力对教育投入规模的影响具有滞后性，由此，本书将采用自回归分布滞后模型来预测教育财政投入规模及比例，以保证计量经济模型预测的精度。

第三，研究的政策应用性强。当前我国施行的教育财政拨款模式是以生均综合定额和专项资助为基础的，忽视了学校内部人员经费配置结构问题，而且不同地区、不同类型学校生均定额拨款系数仍是尚未解决的关键问题。对上述问题的解决将有利于调整我国教育财政的配置结构，在不同地区、不同层级教育之间合理配置教育财政资源。本书将采用计量经济模型预估不同地区、不同层级教育的生均综合定额标准，同时，基于时间序列模型测算不同经济发展水平地区、不同类型学校拨款标准，将有助于完善目前我国教育财政拨款模式。因此，对上述问题的研究不仅可以为政府进一步改进和完善教育财政政策提供实证依据，而且对促进和保障我国教育事业可持续发展具有重要的现实意义。

第五节 全书结构

本书共分为五章，章节结构如下所述。

第一章为导论，分为五节。第一节提出主要的研究问题，简要介绍“后4%时代”我国教育财政体制改革的背景，回顾新世纪以来我国教育财政政策的实践路径，在此基础上提出研究的主要问题。第二节介绍本书使用的数据来源，给出衡量教育经费投入规模与配置结构的计量模型。第三节阐明教育经费保障政策研究的内容和意义。第四节简要介绍本书在内容和方法上的创新之处。最后一节旨在廓清本书的基本结构框架。

第二章为世界各国教育经费投入规模与配置结构的跨国研究。本章基于经济合作与发展组织发布的各国教育经费统计数据，从国际比较的视角出发，对世界各国的教育经费投入规模与配置结构进行跨国比较。本章重点观察发达国家和发展中国家教育经费投入水平及其长期变动趋势，比较不同国家教育财政投入的变化，分析发达国家以及与我国经济、文化相似的发展中国家教育经费投入政策及其对经济发展的影响，以保证我国预测值不低于同等经济发展水平国家的投资比例。

第三章为我国教育经费投入规模与配置结构的实证研究。本章基于《中国教育经费统计年鉴》数据，对不同发展时期、各级各类教育经费投入总量与结构特征进行分析，并系统回顾20世纪90年代以来我国各级各类教育经费投入的长期变动趋势。在此基础上，本章进一步考察我国财政性教育经费投入的影响因素，结合国内生产总值和财政支出等变量，构建教育经费投入规模与结构比例的计量模型，探讨经济、社会、文化、人口等因素对教育经费投入规模的影响及其作用机制。

第四章为教育经费投入总需求预测。本章基于全国第六次人口普查数据，运用国际人口预测系统（PADIS-INT），构建学龄人口预测模型，结合总和生育率等关键指标设计了高、中、低三种人口预测方案，面向2035预测未来我国各级各类教育的学龄人口规模。在此基础上，运用生均经费指数法，进一步探讨财政性教育经费供给的可能性，从教育发展适应人口与经济发展需求的角度出发，对各级教育的生均经费水平进行测度和分析。最后，结合前面的学龄人口规模、生均经费水平预测值，估算2020—2035年我国财政性教育经费投入的总需求及其变动趋势。

第五章是本书的最后一章。本章对前面的实证研究结果进行归整和分析，并在此基础上提出相应的政策建议。这一章在分析我国各级各类教育经费投入机制的基础上，从学前教育、义务教育、高中阶段教育以及高等教育经费支出需求切入，探讨面向2035完善我国教育经费投入机制的改革方向。

综上所述，本书立足于我国国情和教情的现实情况，从教育投入水平适应经济社会发展需求的角度出发，考察我国教育经费投入需求与供给的影响因素，阐释我国教育经费来源和投入规模受经济发展水平和财政能力的约束条件，分析我国教育财政拨款模式的优势与缺陷，提出改进现有拨款模式的思路，为完善我国教育经费投入机制提供有益的实证依据和决策参考。

第二章　国际视角下的教育经费投入规模与配置结构

从宏观政策上调整我国教育经费投入水平，需要准确了解和把握我国教育经费投入程度在国际上的相对位置，瞄准国际一流教育的"坐标"，并立足中国国情和教情，确立国家教育投资发展战略。基于经济合作与发展组织（OECD）新近发布的各国教育经费统计数据，本章从教育经费的投入规模和配置结构两个维度出发，对世界各国教育经费投入总量与结构特征进行实证考察和分析。

研究发现，当前我国财政性教育经费支出占国内生产总值的比例已接近中等偏上收入国家平均水平，但与高收入国家相比仍存在明显差距。在经费配置结构上，我国高等教育经常性支出尤其是人员经费支出比例严重偏低。因此跨入"后4%时代"以后，既要确保我国教育经费总投入不断增长，逐步提高各级教育生均经费水平，又要完善和优化教育经费配置结构，提高人员经费和研发经费支出比例，形成经常性支出与资本性支出结构合理的教育投入机制，实现从以物为主投入向以人为主投入的转变，充分释放人才红利。

第一节　教育经费投入规模的跨国比较

综观已有文献，国内有关世界各国教育经费投入规模与配置结构的研究并不多见①。基于此，本节利用经济合作与发展组织新近发布的各国教育经费统计数据②，结合《中国教育经费统计年鉴》数据③，从教育经费投入规模与配置结构两个维度加以实证考察，进而分析不同经济发展水平国家的教育投入水平及其长期变动趋势，并揭示世界各国教育投入机制的基本特征，以期为调整和优化各级教育财政经费配置结构提

---

① 相关研究文献可参考：陈纯槿，郅庭瑾. 世界主要国家教育经费投入规模与配置结构[J]. 中国高教研究，2017(11)：77—85.
晏成步. 高等教育公共支出的国际比较分析——兼议高等教育财政制度转型[J]. 中国高教研究，2017(5)：76—81.
杜鹏，顾昕. 中国高等教育生均教育经费：低水平、慢增长、不均衡[J]. 中国高教研究，2016(5)：46—52.
胡玉玲，申福广. 国际视野中的我国教育经费层级配置结构[J]. 教育发展研究，2013(5)：13—18.
岳昌君. 中国高等教育财政投入的国际比较研究[J]. 比较教育研究，2010(1)：77—81.

② OECD. Education at a Glance 2018：OECD Indicators [R]. Paris：OECD Publishing，2018.

③ 教育部财务司，国家统计局社会科技和文化产业统计司. 中国教育经费统计年鉴(2017)[M]. 北京：中国统计出版社，2018.

供决策参考和国际经验借鉴。

基于世界银行(World Bank)“世界经济发展与人口统计”数据,对全球 200 多个国家和地区国内生产总值(GDP)与人口数量进行跨国比较,结果见图 2.1。

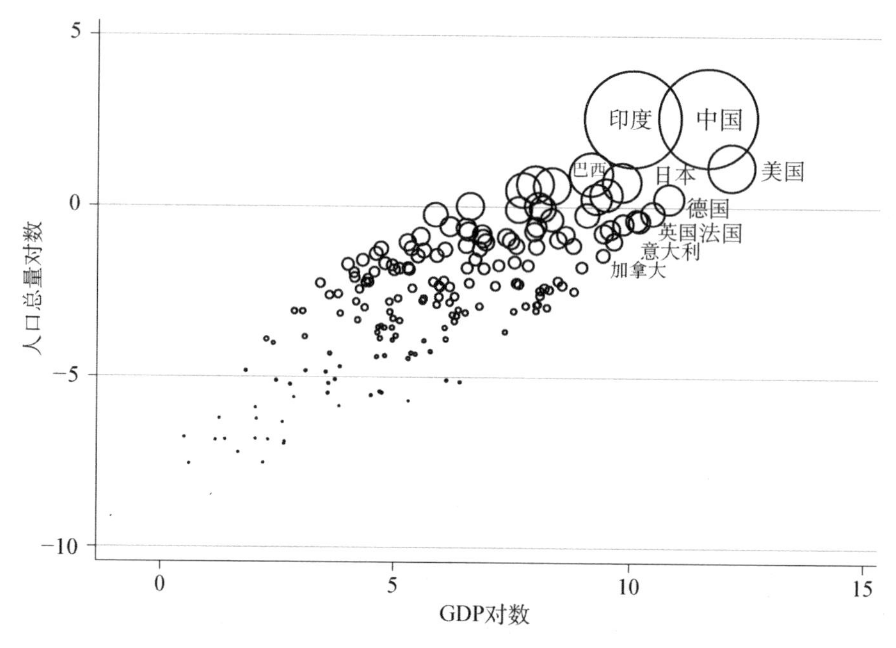

图 2.1 2017 年世界各国经济与人口关系图

注:数据来源于“世界经济发展与人口统计”数据库。

图 2.1 绘制了世界各国经济与人口关系,可以看出,2017 年 GDP 位居前 10 位的国家依次为美国、中国、日本、德国、英国、印度、法国、巴西、意大利和加拿大,这些国家的经济总值占世界经济总量的 66.46%。人口统计数据显示,中国、印度、美国、巴西、日本、德国均为 1 亿人以上的人口大国,英国、法国和意大利的人口数量均超过八千万人,这些国家的人口总数占世界人口总量的 49.14%。从地理位置看,既包括美国、加拿大等北美国家,又包含中国、日本、印度等亚洲国家,以及德国、英国、法国、意大利等欧洲国家。描述性统计结果见表 2.1。

基于以上分析,当前世界各国主要包括美国、日本、德国、英国、法国、意大利、加拿大等主要发达国家,以及中国、印度、巴西等新兴经济体国家。受限于数据的可得性,本章所指的“世界各国”不局限于上述分类的主要发达国家和发展中国家。

根据经济合作与发展组织的划分标准,衡量教育经费投入规模的关键指标主要分为两个方面:一是公共财政教育经费支出(包含教育事业费、基建经费以及教育费附

表 2.1　世界主要国家和地区经济与人口总量及比例(2017)

排序	国家	地理位置	GDP (亿美元)	占世界经济 总量比例(%)	人口数 (亿人)	占世界人口 总量比例(%)
1	美国	美洲	193 906.04	24.03	3.26	4.33
2	中国	亚洲	122 377.00	15.17	13.86	18.41
3	日本	亚洲	48 721.37	6.04	1.27	1.68
4	德国	欧洲	36 774.39	4.56	0.83	1.10
5	英国	欧洲	26 224.34	3.25	0.66	0.88
6	印度	亚洲	25 974.91	3.22	13.39	17.78
7	法国	欧洲	25 825.01	3.20	0.67	0.89
8	巴西	美洲	20 555.06	2.55	2.78	2.78
9	意大利	欧洲	19 347.98	2.40	0.61	0.80
10	加拿大	美洲	16 530.43	2.05	0.37	0.49
合计			536 236.53	66.46	37.00	49.14
低收入国家			5 496.54	0.68	7.32	9.73
中低收入国家			65 041.55	8.06	29.73	39.48
中高收入国家			221 684.19	27.47	25.76	34.21
高收入国家			514 754.14	63.79	12.49	16.59

注:数据来源于世界银行 2018 年《世界发展指标》(World Development Indicators)。

加,下文简称公共财政教育经费)占公共财政总支出的比例;二是国家财政性教育经费和公共财政教育经费占国内生产总值的比例,两者比值越高,说明国家在公共教育领域的投资比重越大,而随着经费投入规模不断扩大,教育投入累积效应逐步显现。

一、各国公共财政教育经费占公共财政支出比例

公共财政教育经费占公共财政总支出的比例大小,既是反映公共财政用于发展教育事业的客观依据,也是衡量国家教育投入水平的重要指标。通过对世界各国公共财政教育经费占公共财政总支出的比例进行统计,结果见图 2.2。

图 2.2 呈现的数据表明,不同经济发展水平的国家在公共财政教育经费比例上存在较大差异,各国公共财政教育经费占公共财政支出比例总体分布在 6.3%～19.1%之间。其中,经合组织国家平均值为 11.1%,欧盟 22 国平均值为 9.5%。以各国比值大小进行排序,均值在 13.0%以上的国家有新西兰(19.1%)、韩国(14.0%)、瑞士(13.6%)、澳大利亚(13.5%)等发达经济体,也有哥斯达黎加(19.1%)、智利

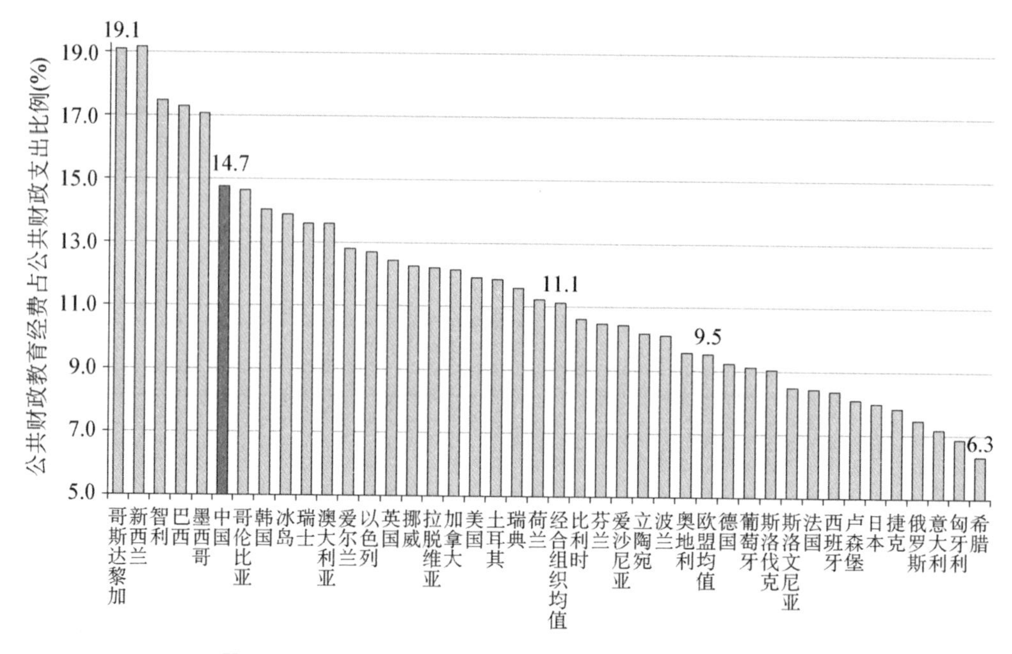

图 2.2 2015 年公共财政教育经费占公共财政支出比例

注：数据来源于 OECD《教育概览 2018》(Education at a Glance 2018)。

(17.5%)、巴西(17.3%)、墨西哥(17.0%)、中国(14.7%)等发展中国家；均值在经合组织平均值(11.1%)以上、13.0%以下的国家有爱尔兰、以色列、英国、挪威、拉脱维亚、加拿大，紧随其后是美国、土耳其、瑞典、荷兰等；均值在 11.1%以下的国家有日本、捷克、俄罗斯、意大利、匈牙利、希腊等。

相比之下，2017 年我国一般公共预算教育经费达到 29919.78 亿元，占一般公共预算支出(203 330.03 亿元)的比例为 14.71%，比同期经合组织国家平均值高出 3.6 个百分点，足见我国一般公共预算教育经费在一般公共预算支出中占据较高份额。

图 2.3 所示为公共财政教育经费占公共财政支出比例的变化趋势。以 2011 年为基准，2015 年，公共财政教育经费占公共财政支出比例呈上升趋势的国家有拉脱维亚、以色列、斯洛伐克、冰岛、爱尔兰、波兰、美国、比利时、荷兰、土耳其。其中升幅最快的是拉脱维亚，其间上升了 16 个百分点。除爱尔兰以外，上述国家公共财政教育经费和公共财政支出大都呈现向上增长的态势，而且公共财政教育经费的增幅高于公共财政支出的增幅。排在末尾的国家为加拿大、匈牙利、斯洛文尼亚、爱沙尼亚，其中降幅最大的是爱沙尼亚，其间下降了 15 个百分点。受 2008 年金融危机和 2011 年“欧债危机”的影响，上述国家的公共财政教育经费都有不同程度的削减，特别是斯洛文尼亚出现了较大幅度的下滑。

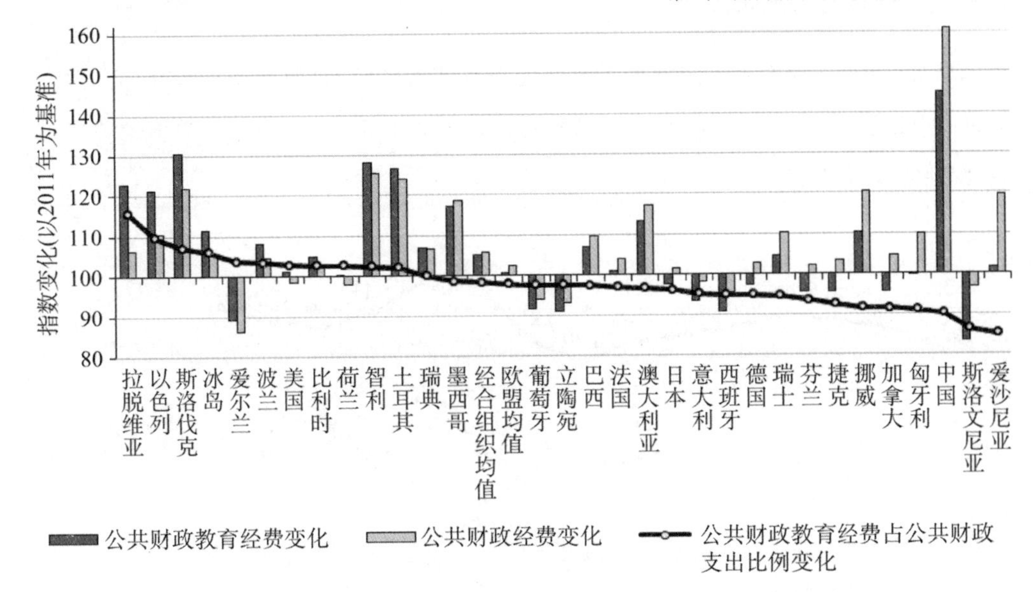

图 2.3 2015 年公共财政教育经费占公共财政支出比例的变化趋势

注：数据来源于 OECD《教育概览 2018》。

从经合组织平均值来看，公共财政教育经费和公共财政支出整体呈现缓慢增长的趋势，而且公共财政教育经费的增幅略高于公共财政总支出的增幅，因此公共财政教育经费占公共财政支出的比例显现出微弱下降的趋势。

与国际平均水平相比，我国公共财政教育经费的增长速度明显高于同期其他经济体。如图 2.3 所示，2015 年我国公共财政教育经费比 2011 年高 145%，是上述国家中公共财政教育经费增长最快的国家。此外，2015 年我国公共财政支出是 2011 年的 1.61 倍，明显高于其他国家公共财政支出增长速度。总体而言，我国公共财政教育经费的增幅相对滞后于公共财政总支出增幅，以致公共财政教育经费占公共财政支出比例总体上呈下降的趋势。

二、国家财政性教育经费支出占国内生产总值比重

按照世界银行的定义，2018 年人均国民总收入(GNI per capita)在 12 376 美元及以上为高收入国家，人均国民总收入在 3 996—12 376 美元之间的国家为中等偏上收入(upper middle-income)国家，人均国民总收入在 1 026—3 995 美元之间为中等偏下收入(lower middle-income)国家，人均国民总收入在 995 美元及以下为低收入国家(lower income)[①]。以此为划分标准，本书分别对高收入国家、中高收入国家和中低收

① World Bank. World Bank Country and Lending Groups [EB/OL]. [2019 - 07 - 01]. https://datahelpdesk.worldbank.org/knowledgebase/articles/906519-world-bank-country-and-leading-groups.

入国家加以统计(因低收入国家若干年份出现较多缺失值,在此不予计算在内),并与同期我国财政性教育经费支出(下文简称财政性教育经费)占国内生产总值的比例进行比较,结果见图 2.4。

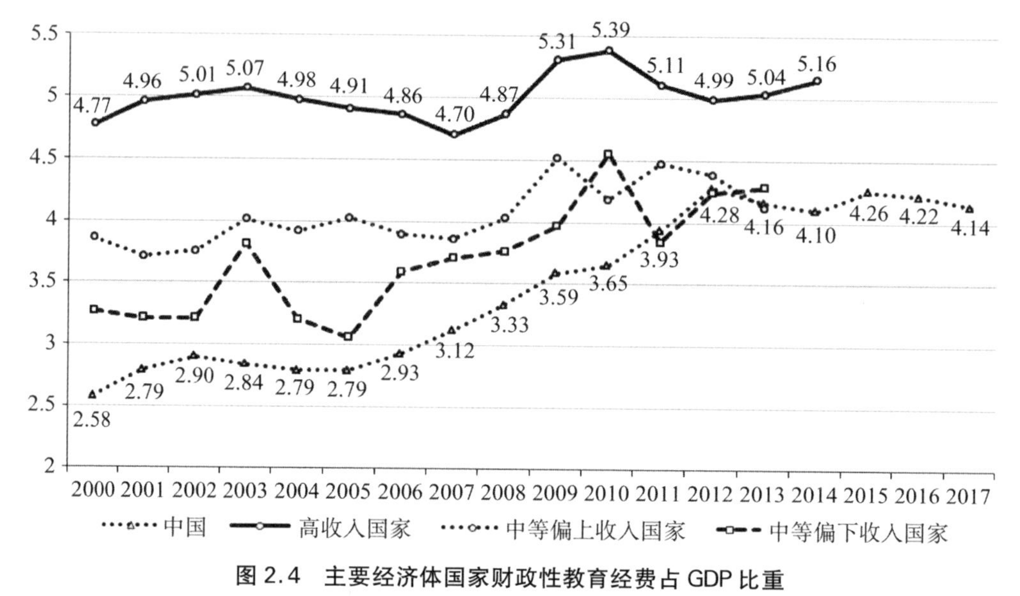

图 2.4 主要经济体国家财政性教育经费占 GDP 比重

注:中国数据来自历年《中国教育经费统计年鉴》,其他数据来自世界银行"世界发展指标"数据库(2018)。

图 2.4 中最上方的实线代表高收入国家财政性教育经费占 GDP 比重的平均值,可以看出,2000—2014 年期间,高收入国家的比值一直处于 4.50%以上,峰值为 2010 年的 5.39%,最低值为 2007 年的 4.70%;实线下方第一条虚线代表中等偏上收入国家平均值,可以看出,2008 年以前,中等偏上收入国家财政性教育经费占 GDP 的比例一直在 4%水平线上下徘徊,2009 年以后出现了明显转折,该比值上升至 4.52%,达到历年峰值,最低值为 2001 年的 3.71%;实线下方第二条虚线代表中等偏下收入国家平均值,2010 年以前,中等偏下收入国家财政性教育经费占 GDP 的比例一直处于 4%以下,2010 年以后其波动幅度要明显大于高收入国家和中等偏上收入国家,峰值为 2010 年的 4.55%,最低值为 2005 年的 3.06%。对比不同经济发展水平的国家,不难看出,高收入国家财政性教育经费占 GDP 比例明显高于中等偏上收入国家和中等偏下收入国家,由此随着国家经济发展水平的不断提高,国家财政性教育经费占 GDP 的比例总体呈现日益增长趋势。

从我国历年变化情况来看,自 2012 年国家财政性教育经费占 GDP 比例突破 4%以后,我国正式跨入"后 4%时代",尽管已接近中等偏上收入国家平均水平,但与高收入国家相比仍存在明显差距。2012 年之前，我国国家财政性教育经费占 GDP 比例长期低于 4%，其主要原因在于国家财政性教育经费的增速相对滞后于 GDP 增速，而伴随着近年来我国经济增速趋缓，加之财政性教育经费增长加快，可以预见到的是，未来我国财政性教育经费占 GDP 比例将长期处于 4%的水平线上，并逐步提高到与高收入国家 5%相接近的水平。

图 2.5 所示为世界各国公共财政教育经费占 GDP 比例。可以看出，各国公共财政教育经费占 GDP 比例总体分布在 3.09%～6.37%之间。其中，经合组织国家平均值为 5.03%，欧盟 22 国平均值为 4.64%。以各国比值大小进行排序，比值在 6%以上的国家有挪威、新西兰、英国、哥伦比亚、智利、美国；比值在 5%～6%之间的有以色列、澳大利亚、加拿大、冰岛、韩国、比利时，紧随其后的是芬兰、荷兰、墨西哥、瑞典、葡萄牙、法国、巴西；比值在 4%～5%之间的有奥地利、拉脱维亚、土耳其、爱沙尼亚、波兰、斯洛伐克、西班牙、斯洛文尼亚、德国、日本；比值在 4%以下的有立陶宛、意大利、希腊、捷克，紧随其后的是中国、匈牙利、卢森堡、爱尔兰、俄罗斯。相比之下，2015 年我国公共财政教育经费达 25 861.87 亿元，占 GDP 总量(685 505.8 亿元)的 3.77%，高于同一年份匈牙利、卢森堡、爱尔兰、俄罗斯，但比经合组织国家平均值低 1.26 个百分点，也低于欧盟 22 国平均水平。

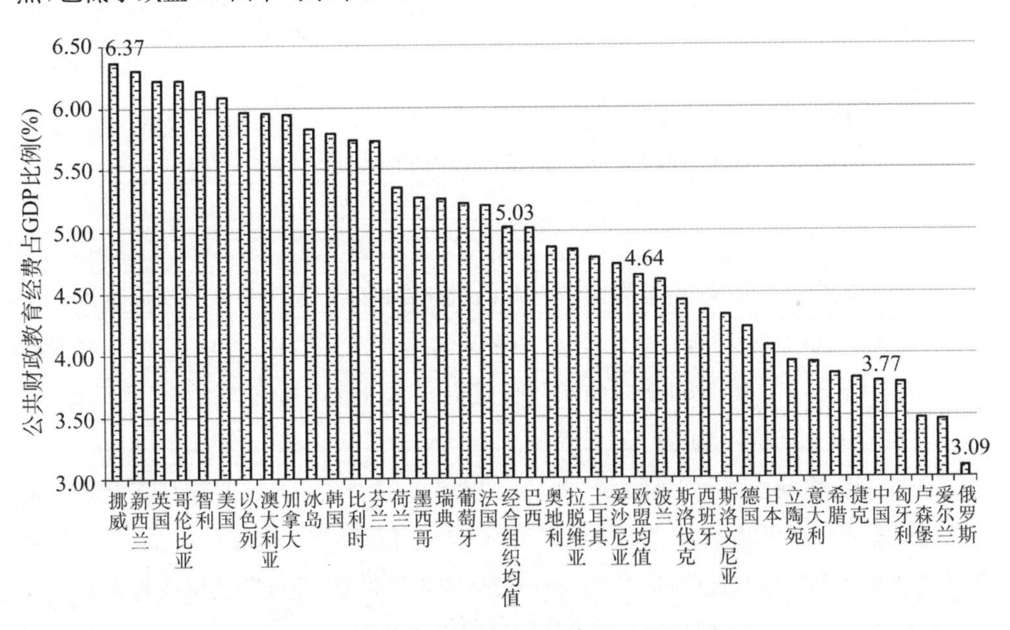

图 2.5 2015 年公共财政教育经费占 GDP 比例

注：数据来源于 OECD《教育概览 2018》。

图 2.6 所示为公共财政教育经费占 GDP 比例的变化趋势。以 2011 年为基准，2015 年公共财政教育经费占 GDP 比例呈上升趋势的国家有斯洛伐克、拉脱维亚、以色列、智利、中国、墨西哥、瑞士、比利时、挪威。其中，升幅最大的是斯洛伐克，其间上升了 21 个百分点。无一例外地，上述国家公共财政教育经费和国内生产总值都显现出向上增长的态势，而且公共财政教育经费的增幅均高于国内生产总值的增幅。排在后五位的国家分别为西班牙、捷克、斯洛文尼亚、立陶宛、爱尔兰，其中降幅最大的是爱尔兰，其间下降了 41 个百分点。受 2011 年“欧债危机”的深刻影响，上述五个国家的公共财政教育经费均出现较大幅度的下滑。

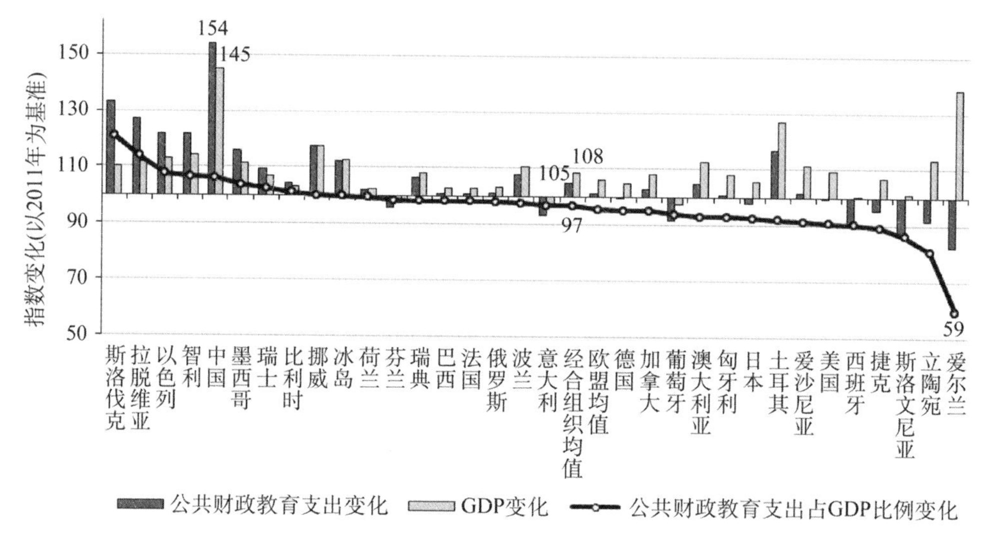

图 2.6 公共财政教育经费占 GDP 比例的变化趋势(2011—2015)

注：数据来源于 OECD《教育概览 2018》。

从经合组织平均值来看，公共财政教育经费和国内生产总值整体呈现向上增长的态势，2015 年公共财政教育经费比 2011 年略高 5%，但公共教育支出的增幅相对滞后于国内生产总值的增幅，因此公共财政教育经费占国内生产总值的比例呈下降趋势，2015 年比 2011 年平均下降 3 个百分点。

相比之下，我国公共财政教育经费 2015 年比 2011 年高 54%，明显高于上述国家公共财政教育经费的增幅。2015 年我国国内生产总值是 2011 年的 1.45 倍，是上述国家中国内生产总值增长最快的。与经合组织国家不同的是，我国公共财政教育经费的增幅略高于国内生产总值的增幅，因此我国公共财政教育经费占国内生产总值的比例整体呈现上升趋势。

第二节 教育经费配置结构的国际比较

教育经费投入规模不断扩大是教育改革发展的必然趋势，而合理的经费配置结构则是提高教育经费使用效率的基本要义。根据经济合作与发展组织的定义，测度教育经费配置结构的指标主要分为四个方面：一是以教育发展阶段为划分标准，考察高等教育与中小学教育公共财政支出结构比例；二是以教育经费来源为划分标准，探析教育公共支出与私人支出结构比例；三是以教育经费支出用途为划分标准，探查教育经费经常性支出与资本性支出结构比例；四是以教育经费支出类别为划分标准，对人员经费与研发经费支出结构进行分析。

一、各级教育公共财政支出结构及差异比较

以教育发展阶段为划分标准，公共财政教育经费可分为高等教育公共财政支出和基础教育公共财政支出。从教育产品属性看，高等教育属于准公共产品范畴，基础教育属于纯公共产品，因此公共财政支出用于基础教育的比重一般高于高等教育公共财政支出比例。通过对各级教育公共财政支出占国内生产总值的比例进行统计，结果见图 2.7。

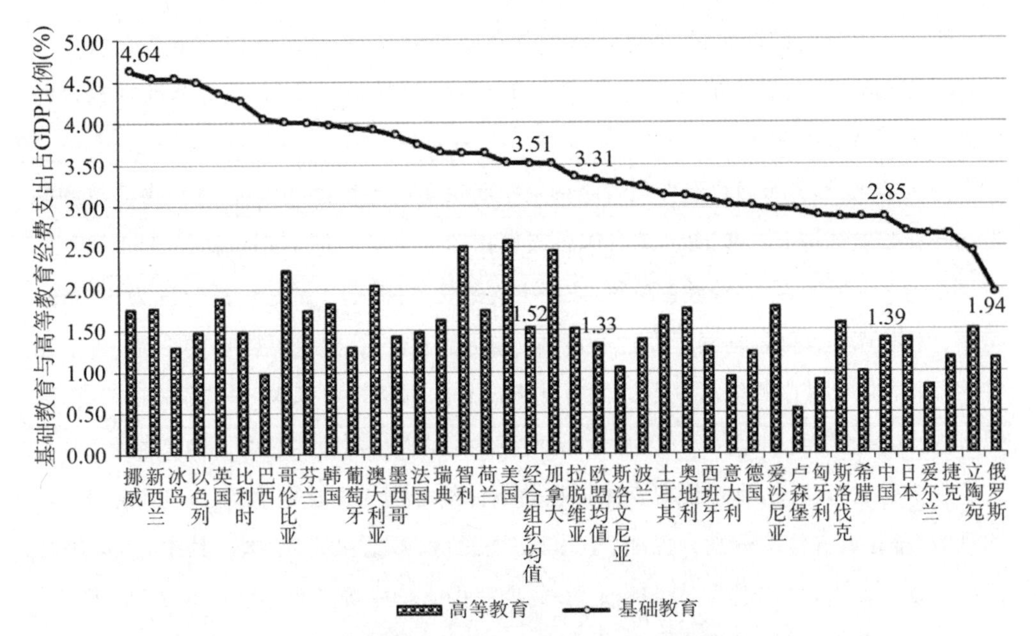

图 2.7 2015 年高等教育和基础教育公共财政支出占 GDP 比例

注：数据来源于 OECD《教育概览 2018》。

如图2.7所示，从基础教育公共财政支出占GDP比例来看，该比值在4%以上的前三位国家有挪威(4.64%)、新西兰(4.55%)和冰岛(4.55%)，紧随其后的是以色列、英国、比利时、巴西、哥伦比亚、芬兰，其中以注重教育和医疗等公共福利国家居多；韩国、葡萄牙、澳大利亚、墨西哥、法国、瑞典、智利、荷兰、美国等国家的基础教育公共财政支出占GDP比值处于3%～4%之间；比值在3%以下的国家有爱沙尼亚、卢森堡、匈牙利、斯洛伐克、希腊、中国、日本、爱尔兰、捷克、立陶宛、俄罗斯，比值在3%以下的后三位国家分别为捷克(2.65%)、立陶宛(2.44%)和俄罗斯(1.94%)。平均而言，经合组织国家基础教育公共财政支出占GDP比例平均值为3.51%，欧盟22国平均值为3.31%。相比之下，我国基础教育公共财政支出占GDP比例为2.85%，比经合组织国家平均水平低0.66个百分点。

从高等教育公共财政支出占GDP比例来看，居于前列的分别为美国(2.58%)、智利(2.50%)和加拿大(2.45%)，上述国家的公共财政教育经费均处于较高水平；绝大多数国家的高等教育公共财政支出占GDP比例介于1%～2%之间；比值在1%及以下的有希腊、巴西、意大利、匈牙利、爱尔兰、卢森堡；处于后三位国家分别为匈牙利(0.88%)、爱尔兰(0.82%)和卢森堡(0.53%)。平均而言，经合组织国家高等教育公共财政支出占GDP比例的平均值为1.52%，欧盟22国平均值为1.33%。相比之下，我国高等教育公共财政支出占GDP比例为1.39%，比经合组织国家平均水平低0.13个百分点。

图2.7呈现的数据表明，高等教育公共财政经费占GDP比例均低于基础教育公共财政支出比例，两者比值接近于1∶2，这种经费支出结构与基础教育和高等教育的公共产品属性高度相关。

进一步来看，各级教育经费配置结构集中反映在初等教育、中等教育和高等教育的生均经费配置结构上。基于此，对各国各级教育的生均经费进行统计，结果见图2.8。

如图2.8所示，在高等教育阶段，按照生均经费排序，居于前五位的分别为卢森堡、美国、英国、瑞典、挪威，均属于发达经济体；排在后五位的分别为智利、墨西哥、哥伦比亚、中国、希腊。其中高等教育生均经费支出最高的国家是卢森堡，平均值为48 907美元，位居其次的是美国，为30 003美元，同期我国生均高等教育经费为4 243美元。

在中等教育阶段，生均经费支出排在前五位的分别为卢森堡、奥地利、挪威、美国、比利时，排在后五位的分别为巴西、土耳其、墨西哥、哥伦比亚、中国。其中，生均经费最高的是卢森堡，平均值为20 413美元；同期我国生均中等教育经费仅为2 116美元。

在初等教育阶段，按照生均经费支出排序，排在前五位的分别为卢森堡、挪威、美国、奥地利、英国，排在后五位的分别为土耳其、巴西、哥伦比亚、墨西哥、中国，均属于

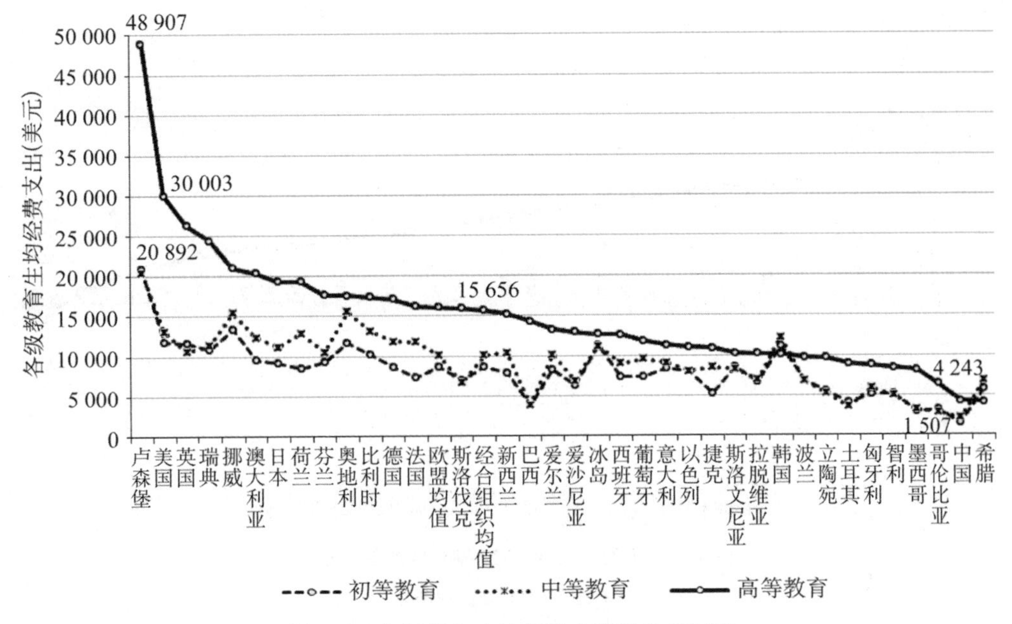

图 2.8 各级教育生均经费支出结构(2015)

注：数据来源于 OECD《教育概览 2018》。

发展中国家。其中，生均经费最高的是卢森堡，平均值为 20 892 美元；同期我国初等教育生均经费支出约为 1 507 美元。

与经合组织国家相比照，我国各级教育生均经费明显偏低，与高收入国家的生均经费仍存在较大差距。从经合组织国家平均值来看，初等教育、中等教育和高等教育生均经费分别为 8 631 美元、10 010 美元和 15 656 美元。对比初等教育，中等教育和高等教育的生均经费分别高 16%和 81%。与经合组织国家平均值相比，我国初等教育、中等教育和高等教育生均经费分别相差 7 124 美元、7 894 美元和 11 413 美元。这一悬殊差距，显现出不断提高各级教育的生均经费水平，是我国教育财政投入政策向前推进的必然要求。

如图 2.9 所示，随着教育层级不断提高，生均教育经费总体上呈现向上增长的趋势。除韩国和希腊外，高等教育的生均经费都高于中等教育和初等教育的生均经费，绝大多数国家的中等教育生均经费均高于初等教育的生均经费。对比我国高等教育和初等教育的生均经费差异，两者的差距偏高。截至 2015 年，我国普通高等教育生均经费支出是普通小学生均经费支出的 2.82 倍。

对比高等教育与初等教育生均经费差异，差值最大的为巴西。数据显示，巴西的高等教育生均经费支出为 14 261 美元，是初等教育生均经费(3 762 美元)的 3.79 倍之多。对比中等教育与初等教育生均经费差异，差值最大的为捷克，比值为 1.63∶1；差

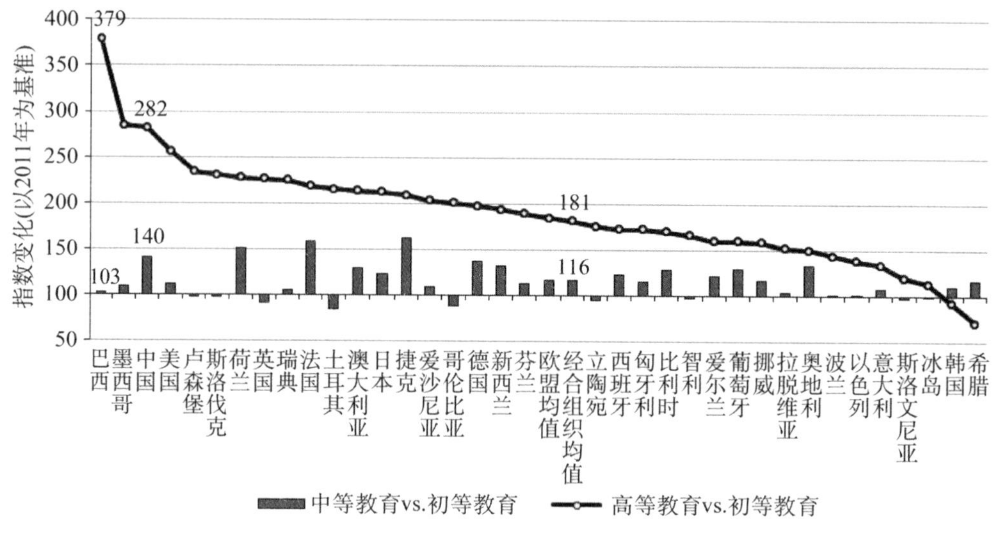

图 2.9 各级教育生均经费差异比较(2015)

注：数据来源于 OECD《教育概览 2018》。

异最小的是以色列，数据显示以色列的中等教育和初等教育生均经费均约为 8 000 美元。高等教育与初等教育生均经费差异最小的是冰岛，冰岛高等教育和初等教育的生均经费分别为 11 215 美元和 11 149 美元，两者之间差距甚微。相比之下，我国高等教育与初等教育的生均经费差异大于美国、英国等发达国家，总体上高于经合组织国家平均水平。

二、教育公共支出与私人支出结构

以教育经费来源为划分标准，教育经费支出大致上可以划分为公共支出(public expenditure)和私人支出(private expenditure)。对于义务教育而言，公共财政支出增加是实现义务教育普及目标的内在要求；而对于高等教育而言，既要扩大公共财政支出规模，又要逐步提高社会和家庭对高等教育的私人投资份额。

如图 2.10 所示，美国高等教育私人支出占 GDP 比例为 1.60%，这一比例明显高于美国高等教育公共支出与 GDP 的比例(0.90%)，平均高出 0.7 个百分点。与此相似，英国、韩国的高等教育私人支出占 GDP 比例均高于高等教育公共支出比例。相比之下，我国高等教育私人支出(以学费为衡量指标)占 GDP 比例约为 0.30%，虽然这一比例低于美国、韩国、澳大利亚等国家，但接近于同期经合组织国家平均水平(0.38%)。此外，我国高等学校公共财政教育支出占 GDP 比例为 0.72%，低于同期经合组织国家平均值(1.08%)，足见我国亟待提升高等学校公共财政支出份额。

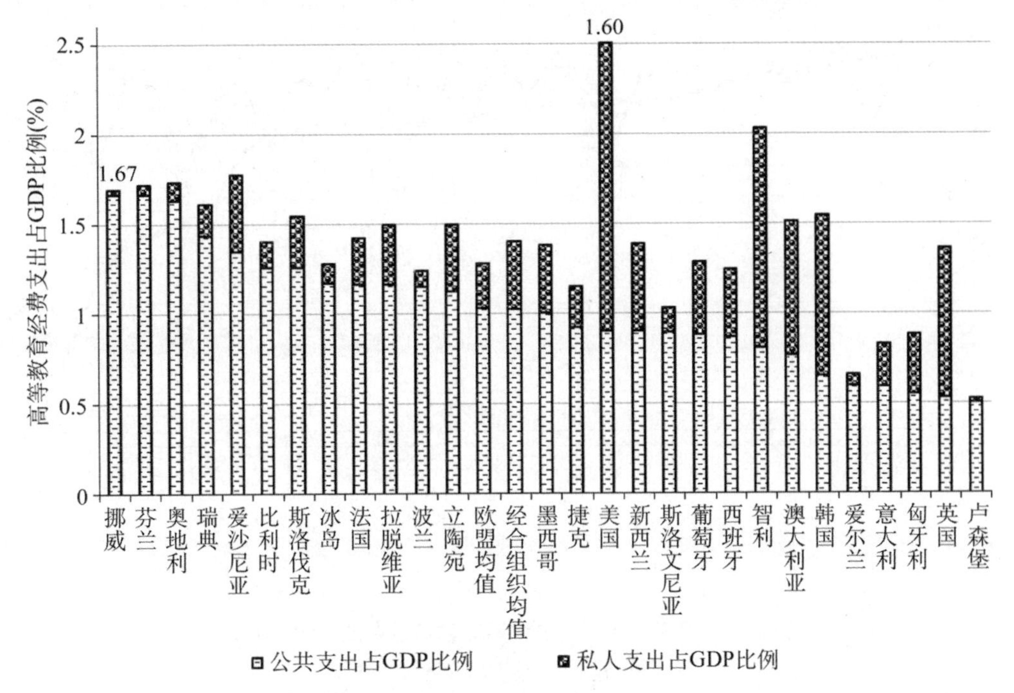

图 2.10　高等教育公共支出与私人支出占 GDP 比例(2015)

注：数据来源于 OECD《教育概览 2018》。

三、教育经常性支出与资本性支出结构

以教育经费支出用途为划分标准，公共财政教育经费一般可以分为经常性支出(current expenditure)和资本性支出(capital expenditure)，前者用于维持教育部门日常运转和保障人员基本生活所必需的开支，主要包括人员经费、公用经费和社会保障支出；后者用于基础设施建设、固定资产购置、物资储备、大型修缮等方面的支出，主要包括基本建设支出和其他资本性支出。通过对各国各级教育经常性支出占公共教育支出的比例进行统计，结果见图 2.11。

图 2.11 呈现的数据表明，各国各级教育的经常性支出占公共财政教育经费的比例总体上处于 80%以上。以高等教育经常性支出比例来看，经合组织国家平均值为 88%，欧盟 22 国平均值为 87%。对比各级各类教育，大多数国家都具有一个共同特征，即初等教育和中等教育的经常性支出占公共财政教育经费比例均高于高等教育的经常性支出比例。

以各国比值大小进行排序，初等教育经常性支出占公共教育支出比例排在前五位的国家为希腊、英国、葡萄牙、西班牙、匈牙利，排在后五位的国家有芬兰、挪威、日本、拉脱维亚、中国。高中学校经常性支出比例排在前五位的有希腊、奥地利、英国、比利时、西班牙，排在后五位的是挪威、日本、爱沙尼亚、拉脱维亚、中国。

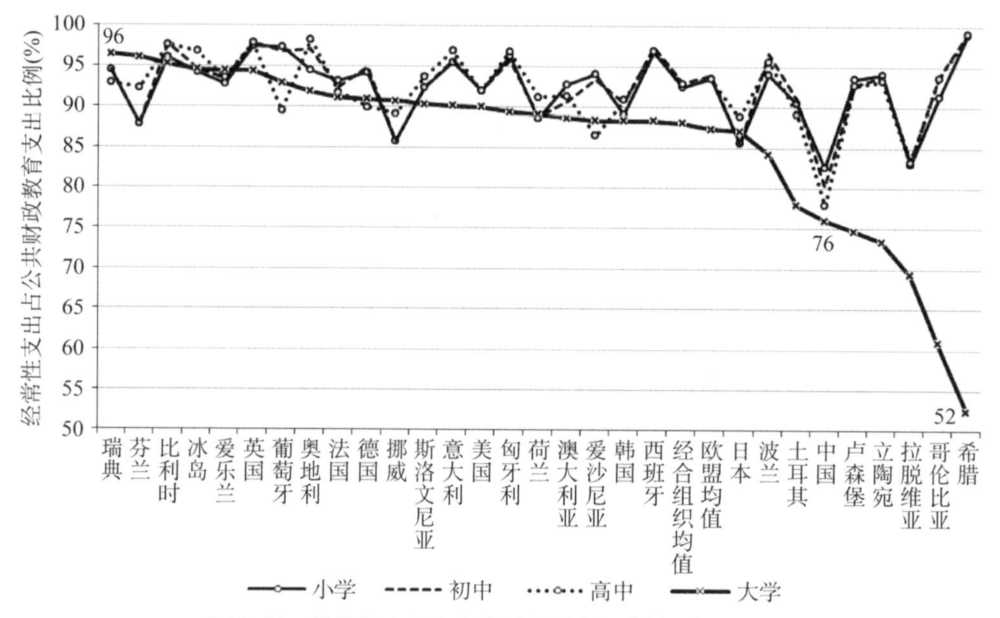

图 2.11　经常性支出占公共财政教育经费的比例(2015)

注：数据来源于 OECD《教育概览 2018》。

图 2.12 刻画了各国高等学校经常性支出与资本性支出结构比例，可以看出，高等学校经常性支出占比在 90%以上的有瑞典、芬兰、比利时、冰岛、爱尔兰、英国等国家。相比之下，我国高等教育经常性支出占公共财政教育经费的比例为 76%，比经合组织国家平均水平(88%)低 12 个百分点。

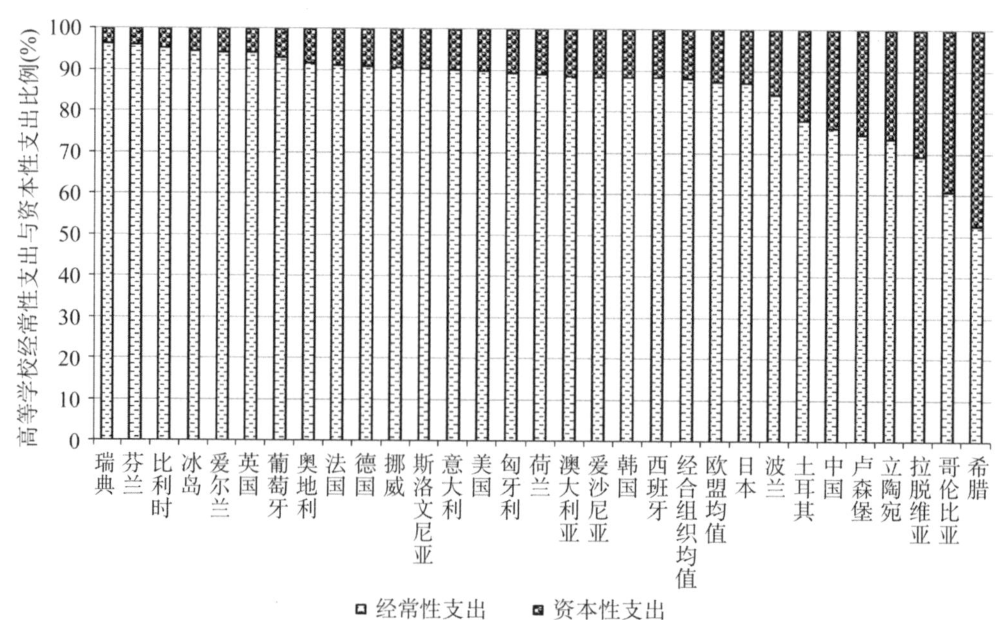

图 2.12　高等教育经常性支出与资本性支出结构比例(2015)

注：数据来源于 OECD《教育概览 2018》。

四、教育人员经费与研发经费支出结构

从教育经常性支出范围和列支内容来看，主要包括人员经费、公用经费和社会保障支出，其中人员经费一般占据着较高的份额。基于此，通过对各国高等教育和基础教育人员经费占经常性支出的比例进行统计，结果见图 2.13。

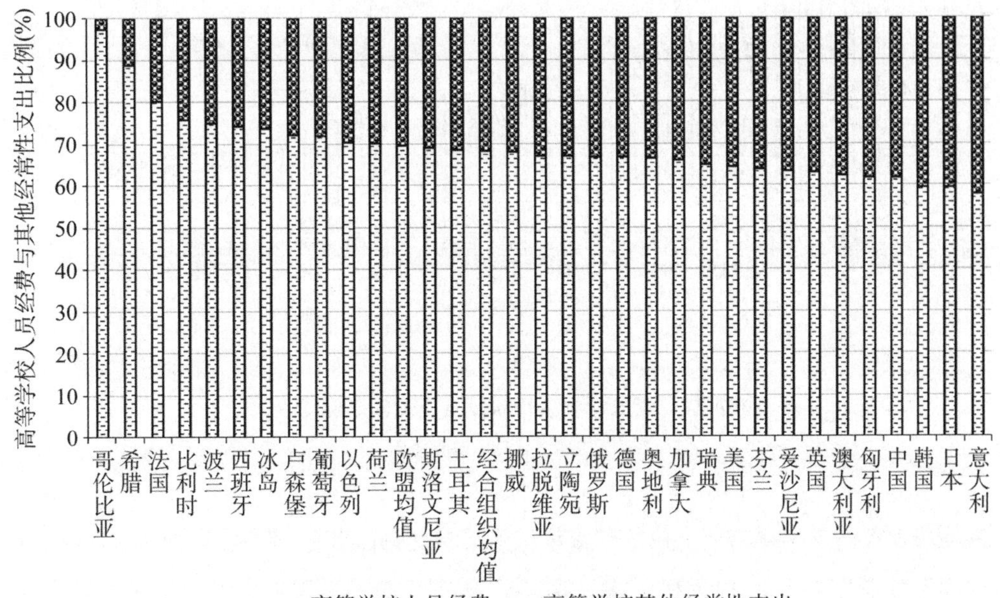

图 2.13　高等学校人员经费占经常性支出比例(2015)

注：数据来源于 OECD《教育概览 2018》。

如图 2.13 所示，在高等教育阶段，多数国家高等学校人员经费占经常性支出比例总体分布在 60%～80%之间。以比值大小进行排序，排在前五位的国家分别为哥伦比亚、希腊、法国、比利时、波兰，其中比值最高的是哥伦比亚，其人员经费占经常性支出比例高达 97.4%，排在后五位的国家分别为匈牙利、中国、韩国、日本、意大利，其中比值最低的是意大利，其人员经费占经常性支出的 57.9%。值得注意的是，我国高等学校人员经费占经常性支出的比例为 61.7%，比经合组织国家平均值低 6.7 个百分点。

除人员经费之外，研发经费也是高等学校经费支出的重要组成部分。图 2.14 所示为各国高等学校的生均研发支出及其占生均经费总支出的比例。

如图 2.14 所示，各国高等学校生均研发支出水平及其结构比例有着较大差异。各国高等学校生均研发支出最高的是瑞典，为 13 120 美元，最低的是智利，为 339 美元，生均研发支出占生均经费支出比例总体上介于 4%～54%之间。其中，高等学校

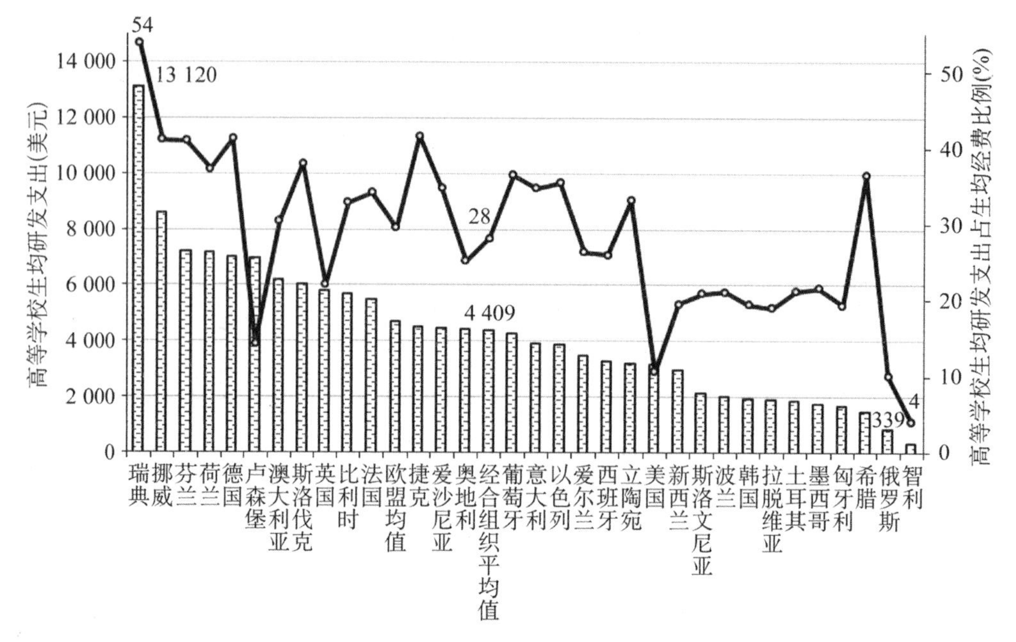

图 2.14 高等学校生均研发支出及其比例(2015)

注:数据来源于 OECD《教育概览 2018》。

生均研发经费支出排在前五位的国家依次为瑞典、挪威、芬兰、荷兰、德国,排在后五位的国家分别为墨西哥、匈牙利、希腊、俄罗斯、智利。高等学校生均研发经费占生均经费支出比例最低的国家为智利,约占 4%,其次为俄罗斯,约占生均经费的 10%。高等学校生均研发经费占生均经费支出比例最高的是瑞典,高达 54%,其次为捷克,约占生均经费的 42%。从经合组织国家平均值来看,生均研发经费平均为 4 409 美元,占生均经费支出的 28%。

对比不同经济发展水平国家,可以看出,各国高校研发经费投入出现分野:生均研发经费较高的国家,如瑞典、挪威、芬兰等发达国家,其经济发展水平较高;而生均研发经费较低的国家,如智利、墨西哥等发展中国家,其经济发展水平偏低。因此,增强我国高等学校自主研发能力,应尤为注重加大高校研发经费投入,大幅提高研发支出比重,对于生均研发经费支出偏低的高等学校进行结构性调整,为我国建成高等教育强国创造有利的科研环境。

最后,从接受高等教育劳动力占总体劳动力比例来看(见图 2.15),我国法定劳动力(25—64 岁)中接受过高等教育的约占总体的 10%,其中年龄在 25—34 岁之间的年轻劳动力接受过高等教育的比例为 18%,年龄在 55—64 岁之间的年长劳动力接受过高等教育的比例为 3.6%。虽然我国受过高等教育的劳动力人口总量达到 7 409 万人，这一规模仅次于美国(7 415 万人)。但相对于经合组织国家平均水平而言，我国高等教育劳动力比例相差近 25 个百分点。这一悬殊差距，成为当前我国高等教育转型发展迫切需要解决的重要问题。因此，在加大我国高等教育经费投入的同时，应继续稳步扩大高等教育规模，不断提升高等教育质量，为我国经济转型提供强大的人才支撑和智力保障，这是未来中国迈向人力资源强国的必由之路。

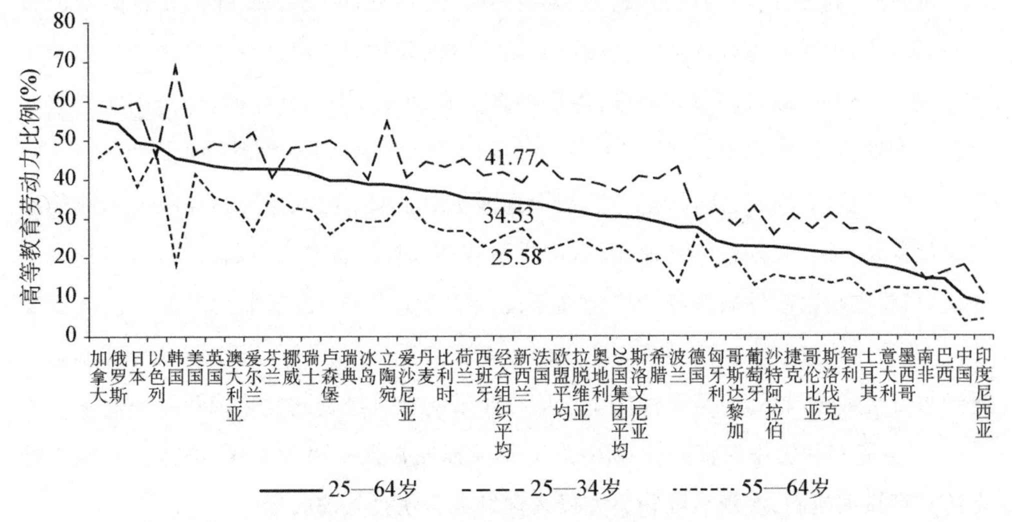

图 2.15 各国受高等教育劳动力占总体劳动力比例(2015)

注：数据来源于 OECD《教育概览 2018》。

五、小结

基于经济合作与发展组织新近发布的各国教育经费统计数据，本文立足于我国教育投入跨入“后 4%时代”的背景，从教育经费投入规模与配置结构两个维度，对世界各国教育经费投入总量与结构特征进行比较和分析，并总结出世界各国教育投入机制的基本特点。基于跨国数据的实证分析，提出如下政策建议。

(一) 建立各级教育生均经费稳定增长机制，逐步提高公共财政教育经费比例，确保财政性教育经费增长高于国内生产总值增长

研究发现，当前我国国家财政性教育经费占国内生产总值的比例已接近中等偏上收入国家平均水平，但与高收入国家相比仍存在明显差距。2017 年，我国财政性教育经费占国内生产总值的比重为 4.14%。同期，中等偏下收入国家为 3.63%，中等偏上收入国家为 4.41%，高收入国家约为 5.16%。2012 年之前，我国财政性教育经费虽然逐年不断提高，但由于国内生产总值以更快的速度增长，从而导致我国财政性教育经费占 GDP 的比重低于 4%的水平线。从总的变化趋势看，随着经济体从中等偏上收入

阶段向高收入阶段跨越,国家财政性教育经费占GDP比例也从4%逐步提高到5%。换言之,从中等偏上收入国家到高收入国家的成功转型,必然会经历国家财政性教育经费向上增长的过程。从经合组织国家平均值来看,生均高等教育经费支出占人均GDP的比重为41%,中小学校生均经费占人均GDP的比例处于22%～26%之间。相比于经济发达的经合组织国家,我国各级教育生均经费明显偏低。

基于此,我国教育财政投入跨入"后4%时代"以后,一方面要确保教育经费总投入不断增长,保证教育投入的可持续性。另一方面要建立各级教育生均经费稳定增长机制,加大公共财政教育投入力度,逐步提高公共财政教育经费比例,稳定国家财政性教育经费增速,以维系和落实《中华人民共和国教育法》(以下简称《教育法》)规定的"三个增长"目标。在具体目标上,立足于我国从中等偏上收入国家向高收入国家跨越的时代背景,结合我国经济增速趋缓,加之财政性教育经费增长不断加快,可以预见到的是,只要维持财政性教育经费增长高于国内生产总值增长,未来我国财政性教育经费占GDP比例将逐步提高到与高收入国家5%相接近的水平。当教育经费规模总量达到数万亿量级以后,政策关注的重点应逐步转到教育经费配置结构及使用效率上。

(二)完善和优化教育经费支出结构,形成以经常性支出为主导、资本性支出为补充的教育投入机制,实现从以物为主投入向以人为主投入的转变

研究表明,各国各级教育经常性支出占公共财政教育经费的比例总体上处于80%以上,相应地,资本性支出比例处于20%以下,其中丹麦、芬兰、瑞典、英国、美国等国家的高等教育经常性支出占公共教育支出的比例都在90%以上。与之相比,我国高等教育经常性支出占公共教育支出的比例为73%,比经合组织国家平均值低16个百分点。在中等教育阶段,各国公办学校人员经费占经常性支出的比例总体分布在70%～90%之间;而在高等教育阶段,人员经费占经常性支出的比例处于60%～80%之间。我国高等学校人员经费占经常性支出的比例仅为35%,比经合组织国家平均值低32个百分点,说明我国教育经费使用过程中存在严重的"重物轻人"倾向。与经合组织国家相比,我国高等学校在经费配置结构上资本性支出比例偏高,而经常性支出尤其是人员经费支出比例严重偏低,仅占经合组织国家平均值的一半左右。由于资本性支出尤其是项目支出比例偏高,严重挤压了人员经费的增长空间,以致我国教育教学人员经费比例偏低。国际经验证据则表明,教师的高工资与学生的高学业表现呈正相关关系,工资保障及激励是吸引和留住优秀教师的必要条件和物质保障[①]。人员

① 陈纯槿,郅庭瑾.教育财政投入能否有效降低教育结果不平等——基于中国教育追踪调查数据的分析[J].教育研究,2017(7):68—78.

经费过低不仅抑制了教育教学人员工作积极性的提高，更直接的影响是难以吸引到高层次人才，甚至导致优质人才严重流失。这种“重物轻人”的经费配置结构事实上偏离了以人为本的发展理念，以致我国教育投入机制“只见物不见人”的缺陷日益凸显。

基于此，要改变我国教育经费使用过程中“重物轻人”的倾向，一方面，必须稳步加大经常性支出中的人员经费投入，适度放宽对人员经费使用的限制，扩大人员经费支出范围和列支内容，提高人员经费占公共财政教育经费比例，逐步完善教师工资长效稳定增长机制。另一方面，要加大对各类教育专业技术人员与教师队伍建设的专项投入，有效整合各类专项人才计划的资金配置，提高专项资金的使用效率。通过调整和优化经常性支出与资本性支出结构比例，形成以经常性支出为主导、资本性支出为补充的教育投入机制，从而实现从“以物为主”投入向“以人为主”投入方式的转变，着力构筑人才高地，激发人才创造活力，充分释放“人才红利”。

(三) 加大高等教育公共投入和社会投入，逐步完善高等教育公共财政制度，建立公平高效的管理制度用好公共财政的“钱袋子”

研究发现，我国高等教育公共财政投入占 GDP 比例为 0.78%，比经合组织国家平均水平低 0.55 个百分点。相应的，我国高等教育私人投入占 GDP 的比例为 0.51%，虽然这一比例高于经合组织国家平均水平，但低于美国、日本、韩国、澳大利亚等发达国家。相对于经合组织国家而言，我国高等教育的公共投入比例较低。国际经验证据表明，发达国家之所以发达的关键就在于注重加大高等教育投资，重视培养高层次科技型人才，充分发挥高等教育的技术先导作用，牢牢掌握关键核心技术，从而占据世界前沿技术的高地。与之形成鲜明对比的是，欠发达国家由于缺乏高质量的人力资源而陷入了长期低水平发展的困境。

在此背景下，我国亟待加快高等教育发展，扩大高等教育公共财政投入。在确保教育总投入稳定增长的基础上，逐步提高学前教育、初等教育和中等教育公共投入水平，进一步加大高等教育公共投入和社会投入，这是调整和优化教育经费配置结构的必要途径。在扩大高等教育公共财政投入的同时，充分调动家庭和社会的教育投资热情，如通过教育税费减免政策，鼓励社会力量捐资办学。需要特别指出的是，公共财政教育经费比例过高无疑将会加重税负，也难以形成高效率的财政体制。因此对于公立高等学校来说，在保持高等教育公共投入稳定增长的同时，更应注重完善高等教育公共财政制度[①]。结合财政体制改革进度，适度引入激励导向的财政拨款机制，建立公

① OECD. PISA 2012 Results：What Makes Schools Successful (Volume IV)：Resources，Policies and Practices [R]. Paris：OECD Publishing，2013：42.

平高效的管理制度，用好公共财政的“钱袋子”。

（四）注重增加高等教育的研发投入，全面深入推进高等教育强国战略，为实现建设人力资源强国提供强大的人才支撑和智力保障

研究表明，各国高等学校生均研发支出总体上处于339美元～13 120美元之间，生均研发支出占生均经费比例处于4%～54%之间。就经合组织国家平均值而言，高校生均研发经费平均达4 409美元，约占生均经费支出的28%。对比不同经济发展水平国家可以发现，瑞典、挪威、芬兰、德国等生均研发经费较高的国家，其经济发展水平也较高；而智利、墨西哥等生均研发经费较低的国家，其经济发展水平相对偏低。国际经验证据显示，高等学校研发经费投入与国家经济发展水平呈正相关关系①。加大高校研发经费投入，是吸引、留住和激励专业技术人才投身教育科研事业的物质基础和重要保障。

基于以上发现，“十三五”时期要实现我国向创新型国家转型的目标，应注重加大高等教育的研发投入，重点培养服务于经济社会发展的技术型人才，稳步提高高层次专业技术人才比例，增强国家核心竞争力，为实现建设人力资源强国提供强大的人才支撑和智力支持。借鉴国际经验，结合当前我国国情和教情的实际情况，要实现从中等偏上收入国家向高收入国家的成功转型，必须重视加大教育尤其是高等教育的投资力度，加快推动我国高等教育普及化进程，全面深入推进高等教育强国战略，实现我国高等教育由大到强的跨越②，应是当前我国高等教育改革发展的历史重任。

---

① OECD. Education at a Glance 2017：OECD Indicators [R]. Paris：OECD Publishing，2017.

② 瞿振元. 我国高等教育由大向强的新步伐[J]. 中国高教研究，2016(1)：1—3.

第三章　我国教育经费投入规模与配置结构

完善教育经费投入机制既是国家教育事业发展“十三五”规划提出的战略任务，也是面向2035全面推进教育改革发展的必然要求。随着近年来我国经济增速总体趋缓，经济发展步入“增速换挡、结构优化、动力转换”的新常态，教育经费投入机制也进入“稳增长、调结构、促改革”的关键时期。在公共预算日趋紧缩的背景下，公共财政大幅度增加教育经费的可能性明显降低。如何切实保障教育经费稳定增长，以及如何科学调整和合理优化教育经费配置结构，成为攸关中国教育改革发展能否顺利向2035持续推进的关键所在。

基于《中国教育经费统计年鉴》数据，本章对我国教育经费投入规模与配置结构进行实证分析。研究发现，1991—2017年期间我国公共财政教育经费占公共财政支出比例在13.1%～16.1%的区间波动，国家财政性教育经费支出的增速高于同期经济增速，按当年价格计算平均高出2%。从经费来源结构来看，国家财政性教育经费投入比例以2015年为拐点呈先下降后上升趋势，而民办学校中举办者投入比例和社会捐赠经费比重出现了先增后减的变化。从经费支出结构看，约63%的国家财政性经费用于中小学教育。此外，生均教育经费指数从2000年的0.208提高到2017年的0.302；国家财政性教育经费占GDP比例显现出由4%向5%不断抬升的态势。

第一节　我国教育经费投入长期变动趋势

衡量我国教育经费投入规模的指标主要分为两个方面：一是公共财政教育经费占公共财政支出的比例；二是国家财政性教育经费占国内生产总值的比重。这两个指标的取值越高，说明国家在教育领域的投入力度越大，政府对推进教育发展的努力程度就越高。教育经费投入规模的不断扩大，是教育改革发展的必然趋势，而合理的经费配置结构则是提高教育经费使用效率的必然要求。

根据经济合作与发展组织的定义，测度教育经费配置结构的指标主要分为四个方面：一是以教育发展阶段为划分标准，考察各级各类教育公共财政支出结构比例；二是以教育经费来源为划分标准，探析教育公共支出与私人支出结构比例；三是以教育经费支出用途为划分标准，探查教育经费经常性支出与资本性支出结构比例；四是以教育经费支出类别为划分标准，对人员经费与研发经费支出结构进行分析。本章将从上述几个方面逐一进行论述和分析。

一、公共财政教育经费支出比例及其变化趋势

公共财政教育经费支出占公共财政支出比例越高，说明政府用于发展教育事业的公共财政经费越多，反映了政府对教育投入水平越高。通过对1991—2017年我国公共财政教育经费支出占公共财政支出比例进行统计，结果见图3.1。

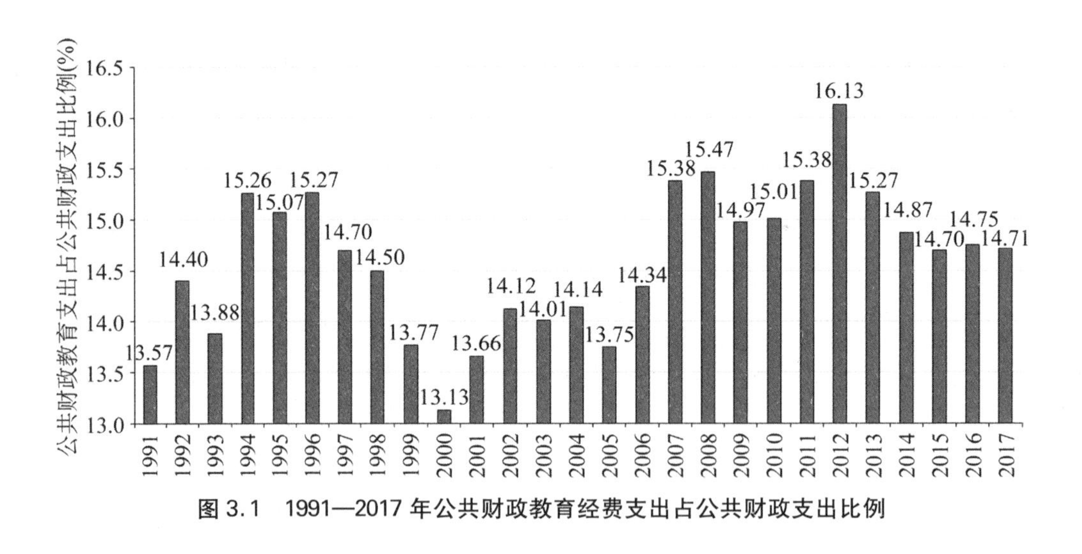

图3.1 1991—2017年公共财政教育经费支出占公共财政支出比例

图3.1呈现的数据表明，1991—2017年期间我国公共财政教育经费占公共财政支出比例分布在13.13%～16.13%之间，最高值为2012年的16.13%，最低值为2000年的13.13%。其中，1991—1999年平均值为14.50%，2000—2009年平均值为14.30%，2010—2017年平均值为15.10%，表明我国公共财政教育经费占公共财政支出比例随着时间推移呈现先下降后上升的变化趋势。以比值大小进行排序，比值在15%及以上的有两个时期：一是1994—1996年，分布在15.07%～15.27%之间；二是2007—2013年，分布在14.97%～16.13%之间。2017年，我国一般公共预算教育经费达29 919.78亿元，占一般公共预算支出（203 330.03亿元）的比例为14.71%，基本保持在1991—2017年期间的平均水平上，足见我国公共财政教育经费占公共财政支出比例处于相对平稳状态。

图 3.2 所示为我国公共财政教育经费支出增长率与公共财政支出增长率的变化趋势。可以看出，1992—2017 年期间我国公共财政教育经费支出增长率平均为 17.7%，公共财政支出增长率平均为 17.2%，两者相差 0.5 个百分点。相比之下，公共财政教育经费支出增长率略高于公共财政支出的增长率。其中，1994 年公共财政教育经费增速最快，增加 37.2 个百分点；增速最慢的是 2013 年，增长 5.4 个百分点。2012 年之前，我国公共财政教育经费支出增长率一直保持在 10%以上。相比较而言，2008 年公共财政支出增长最快，增长了 25.7 个百分点，2016 年公共财政支出增速最慢，增长了 6.8 个百分点。2013 年之前，我国公共财政支出增长率一直保持在 10%以上，说明我国公共财政教育经费和公共财政支出长期保持高位增长的态势。

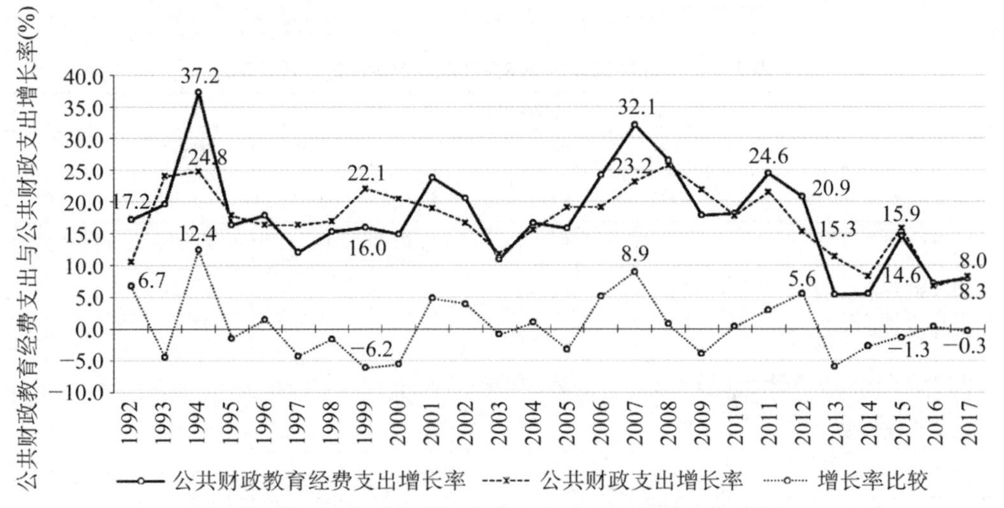

图 3.2　公共财政教育经费支出增长率和公共财政支出增长率比较(1992—2017)

如图 3.2 所示，1994 年、2007 年和 2012 年这三个年份公共财政教育经费支出增长率比公共财政支出增长率分别高出 12.4、8.9 和 5.6 个百分点。与之相应地，公共财政教育经费占公共财政支出的比例也较高，分别为 15.3%、15.4%和 16.1%。2017 年，我国公共财政教育经费支出增长率为 8.0%，比公共财政支出增长率低 0.3 个百分点。因此，当公共财政教育经费的增速相对滞后于公共财政支出的增速时，公共财政教育经费占公共财政支出的比例呈下降趋势；反之，当公共财政教育经费的增速相对高于公共财政支出的增速时，公共财政教育经费占公共财政支出的比例呈上升趋势。

具体来看，全国公共财政教育经费从 2011 年的约 1.68 万亿元，到 2015 年增至近 2.59 万亿元，2011—2015 年期间公共财政教育经费投入近 10.70 万亿元，按当年价格计算年均增长 14.2%。同期，公共财政支出从 2011 年的近 10.89 万亿元，到 2015 年增至约17.58万亿元，其间公共财政支出累计70.30万亿元，按当年价格计算年均增长14.5%。可以看出，“十二五”规划期间，我国公共财政教育经费增速与公共财政支出增速基本持平。

二、国家财政性教育经费占国内生产总值比例及其变化趋势

以国家五年规划为划分标准，分别对“八五”规划（1991—1995年）、“九五”规划（1996—2000年）、“十五”规划（2001—2005年）、“十一五”规划（2006—2010年）和“十二五”规划（2011—2015年）5个不同的经济发展时期，基于我国教育经费支出的增长率这一指标进行统计，并与“八五”规划至“十二五”规划期间我国教育经费支出的平均增长率进行比较，结果见表3.1。

表3.1 不同经济发展时期我国教育经费支出增长率 （单位：%）

	“八五”规划	“九五”规划	“十五”规划	“十一五”规划	“十二五”规划	总体
国内生产总值	29.30	10.40	13.35	17.22	10.74	15.66
教育经费总支出	26.84	15.47	16.97	18.41	13.24	17.83
国家财政性教育经费	23.14	12.71	15.07	23.32	15.10	17.65
公共财政教育经费	22.58	15.21	17.55	23.77	14.18	18.49
民办学校中举办者投入	156.22	34.09	39.66	−5.92	6.20	32.21
社会捐赠经费	29.40	−6.27	−3.39	3.71	−7.06	2.59
事业收入	59.94	24.11	20.12	12.40	7.24	14.99
学杂费	59.94	24.34	21.21	14.89	7.68	24.90
其他教育经费	46.79	14.37	20.25	9.27	6.94	18.89

如表3.1所示，1991—2015年期间我国教育经费总支出的增长率平均为17.83%，其中，“八五”规划期间我国教育经费总支出的增长率平均为26.84%，最高值为1994年的40.46%；“九五”规划以后，我国教育经费总支出增长率下降至20.00%以下，“九五”规划时期至“十一五”规划时期总体呈现上升趋势，从15.47%提高到18.41%。与之相比，“十二五”规划时期我国教育经费总支出的增长率平均为13.24%，虽然低于其他经济发展时期的增长率，但仍保持在10.00%以上的增速，可见2010年以后我国教育经费投入进入中高速增长的“新常态”。

从教育经费收入来源和支出结构看，国家财政性教育经费、公共财政教育经费与教育经费总支出的增长率保持同步变化。但不同之处在于“十一五”规划时期，国家财

政性教育经费和公共财政教育经费的增长率平均都在 23.00%以上，明显高于同一时期的教育经费总支出的增长率均值(18.41%)。相比之下，民办学校中举办者投入的增长率在“八五”规划期间明显高于其他教育经费。然而，“十一五”规划时期出现了明显转折，民办学校中举办者投入出现负增长，特别是 2007 年民办学校中举办者投入为 80.93 亿元，比 2006 年减少 85.26%。

1991—2015 年期间，我国社会捐赠经费的增长率平均为 2.59%。其中，“八五”规划时期和“十一五”规划时期总体呈现上升趋势，“九五”、“十五”和“十二五”规划时期则显现出下降的趋势，特别是 1998 年、2003 年、2012 年社会捐赠经费都呈负增长，分别比上一年下降了 16.88%、17.82%和 14.46%。1996 年，社会捐赠经费为 188.42 亿元，到 2015 年社会捐赠经费不增反减，减少为 79.67 亿元，可见我国社会捐赠的教育经费出现了停滞不前甚至严重下滑的趋势。“八五”规划至“十二五”规划期间，包括学杂费在内的事业收入随着时间不断推移总体呈现递减的趋势，说明以学杂费为主的家庭投入的增长率趋于下降。特别是 2006 年，学杂费首次出现了负增长，这与 2006 年开始免除农村义务教育阶段学生的学杂费有着密切关联。随着城乡义务教育阶段学生学杂费全面免除，学杂费总量将趋于下降。

图 3.3 所示为国家财政性教育经费占国内生产总值比例。可以看出，1991—2017 年期间我国财政性教育经费占 GDP 比例总体上分布在 2.30%～4.28%之间，平均为 3.11%。其间，“八五”规划时期平均为 2.53%，“九五”规划时期平均为 2.43%，“十五”规划时期平均为 2.79%，“十一五”规划时期平均为 3.25%，“十二五”规划时期平均值为 4.11%。

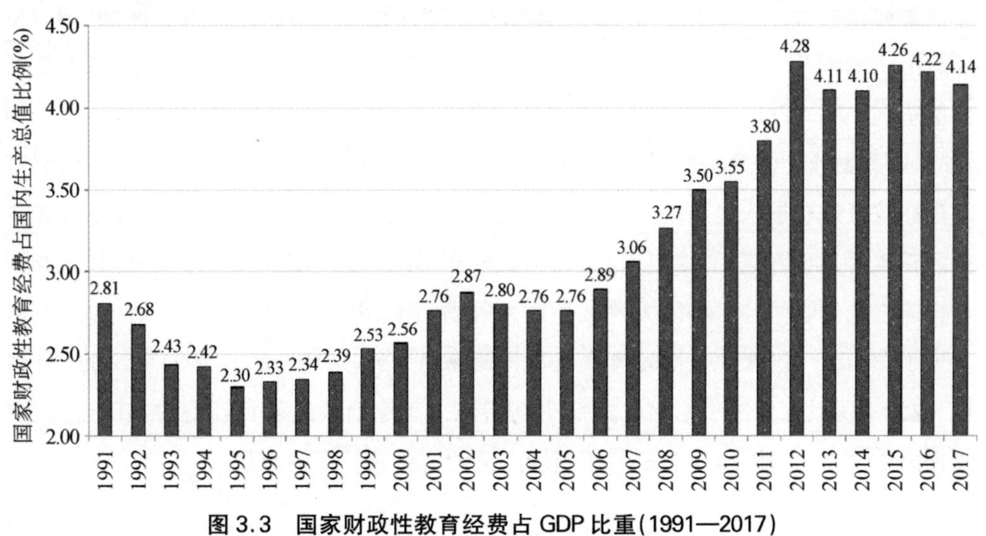

图 3.3　国家财政性教育经费占 GDP 比重(1991—2017)

图3.4所示为国家财政性教育经费与GDP增长率的变化趋势。可以看出，1992—2017年期间国家财政性教育经费增长率分布在5.8%～35.4%之间，最高值为1994年的35.4%，最低值为2013年的5.8%，平均值为17%。其中，“八五”规划时期平均水平为23.1%，“九五”规划时期平均为12.7%，“十五”规划时期平均为15.1%，“十一五”规划时期平均为23.3%，“十二五”规划时期平均为15.1%。

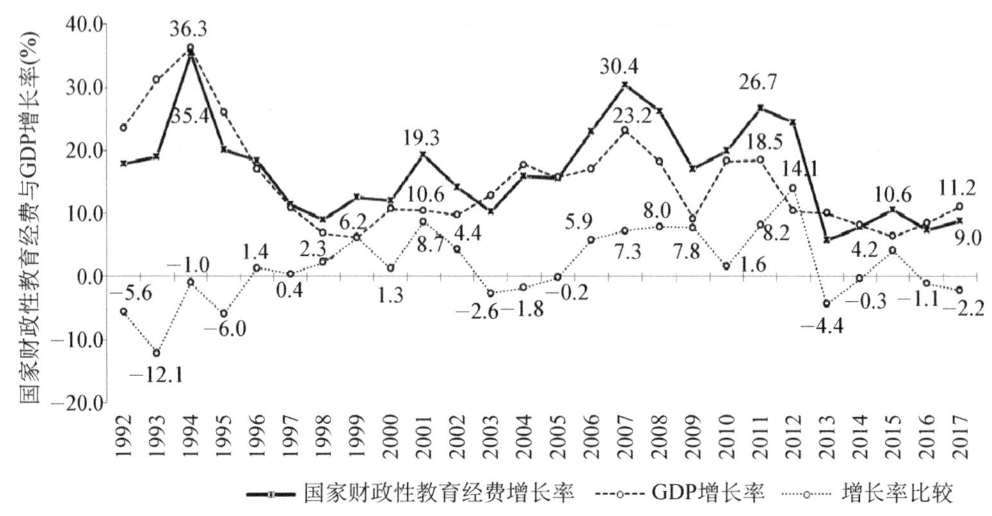

图3.4 国家财政性教育经费与GDP增长率变化趋势(1992—2017)

相比之下，1992—2017年期间国家财政性教育经费投入增速总体上高于同期经济增速，按当年价格计算平均高出近2个百分点。具体来看，国家财政性教育经费投入从2011年的1.86万亿元，到2015年增至近2.92万亿元，2011—2015年期间国家财政性教育经费投入近12.2万亿元，按当年价格计算年均增长15.1%。同期，国内生产总值从2011年的近48.79万亿元，到2015年增至68.60万亿元，五年间国内生产总值达到295.4万亿元，按当年价格计算年均增长10.7%。可以看出，“十二五”规划期间，国家财政性教育经费增速比同期经济增速高出4.4个百分点。大多数年份国家财政性教育经费投入增速均高于GDP增速。特别是到2012年，国家财政性教育经费投入首次超过2万亿元，增速达24.5%，比同年GDP增速高出14.1个百分点，达到两者增速之差的峰值；同年，国家财政性教育经费占GDP比例也达到最高值(4.28%)，实现了2010年《国家中长期教育改革和发展规划纲要(2010—2020年)》提出的4%目标，成为中国教育发展史上重要的历史转折点。国家财政性教育经费占GDP比例要实现由4%向5%抬升，应当采取比同期经济增速更快一些的步伐。

三、各级教育财政性经费支出结构及其变化趋势

以教育阶段为划分标准，分成高等学校、中等职业学校、中学、小学、幼儿园、特殊教育及其他六个部分，对各级各类学校的国家财政性教育经费支出比例进行统计，结果见图 3.5。

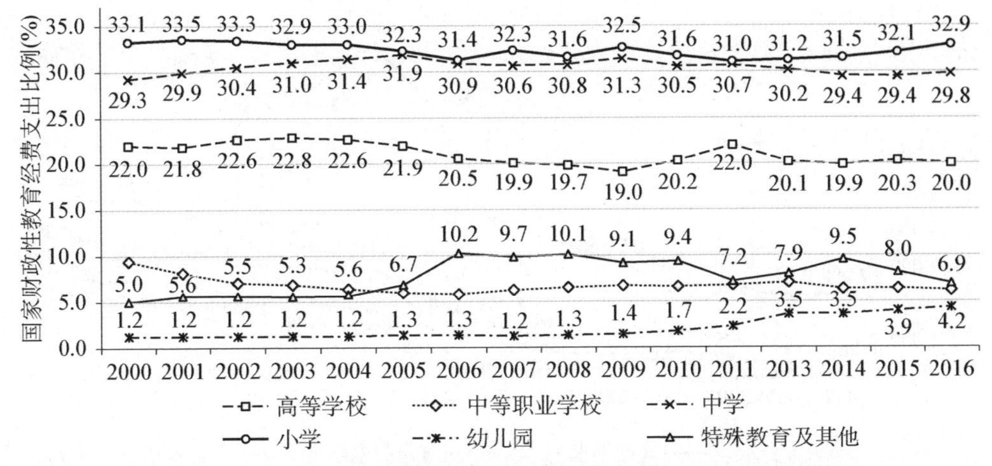

图 3.5　各级各类学校国家财政性教育经费支出比例(2000—2016)

如图 3.5 所示，国家财政性教育经费约有三分之一投入到小学教育，另有约 30% 的国家财政性教育经费投入到中学教育，即约有 63%的国家财政性教育经费用于中小学教育领域，而且这一比例总体上处于平稳状态。在各级各类学校中，用于高等学校的国家财政性教育经费支出比例处于 19.0%～22.8%之间，而且 2003—2009 年期间呈逐年下降趋势，说明高等教育财政性经费投入比例趋于下滑。与此相反，用于幼儿园的国家财政性教育经费支出比例 2007—2016 年期间呈逐年上升趋势，从 2007 年的 1.2%提高到 2016 年的 4.2%。从教育产品属性看，学前教育、高等教育均属于准公共产品范畴，义务教育则属于纯公共产品范畴，因此国家财政性教育经费用于义务教育的比重明显高于高等教育和学前教育。

进一步来看，各级教育经费配置结构集中反映在生均经费配置结构上。为此，对各级教育生均公共财政预算教育事业费和生均公共财政预算公用经费进行统计。结果见图 3.6 和图 3.7。

如图 3.6 所示，按照生均一般公共财政预算公用经费支出排序，普通高等学校最高，中等职业学校次之，再者为普通初中、普通高中，最低为普通小学。可见随着教育层级的不断提高，生均公用经费总体上呈现递增的趋势。截至 2017 年，普通高等学校

生均一般公共预算公用经费为 8 506 元，中等职业学校生均公用经费为 4 908 元，普通高中、普通初中生均公用经费分别为 3 396 元、3 793 元，普通小学生均公用经费为 2 732 元，占普通高等学校的 32%。从总体变化趋势来看，普通高等学校和普通小学的生均公用经费差距呈现缩减趋势。

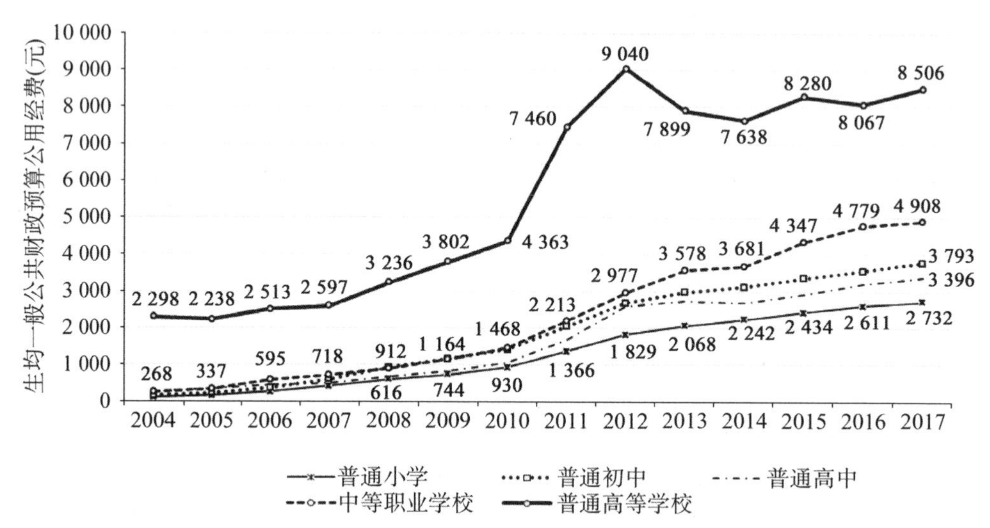

图 3.6 全国各级学校生均一般公共预算公用经费支出及其变化趋势(2004—2017)

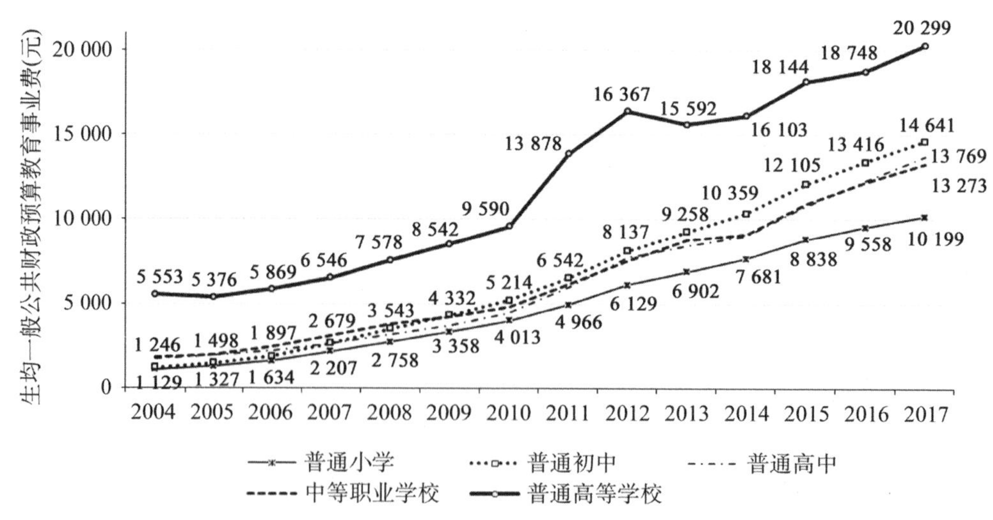

图 3.7 全国各级学校生均一般公共预算教育事业费支出及其变化趋势(2004—2017)

图 3.7 的数据表明，按照生均一般公共财政预算教育事业费支出排序，普通高等学校最高，普通初中次之，其后为普通高中、中等职业学校，最低为普通小学。截至

2017年，普通高等学校生均一般公共预算教育事业费支出为20 299元，中等职业学校为13 273元，普通高中、普通初中生均教育事业费分别为13 769元、14 641元，普通小学生均教育事业费为10 199元，占普通高等学校生均教育事业费的50%。不过从长期变化趋势看，普通高等学校与普通小学的生均教育事业费差距总体上呈现缩减的态势。

四、全国教育经费收入来源及其变化趋势

以教育经费收入来源为划分标准，教育经费可以划分为国家财政性教育经费（以公共财政预算教育经费为主）、民办学校中举办者投入、社会捐赠经费、事业收入（以学杂费为主）以及其他教育经费五个部分。由此，对1991—2016年期间我国教育经费收入来源及其比例进行统计，结果见图3.8。

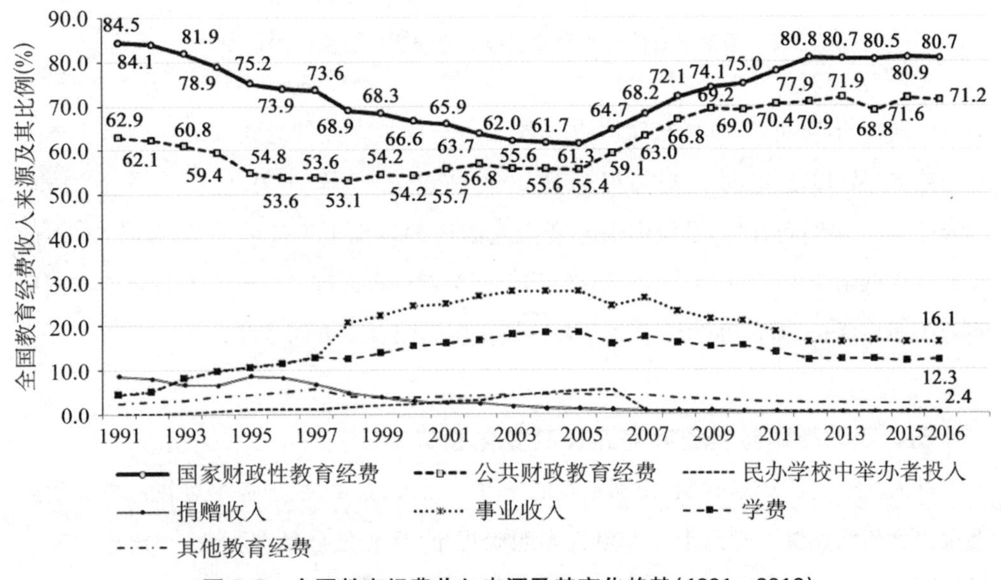

图3.8　全国教育经费收入来源及其变化趋势（1991—2016）

如图3.8所示，1991—2005年期间，国家财政性教育经费占全国教育经费总收入的比例呈逐年下降的趋势，从1991年的84.5%下降至2005年的61.3%，下降了23.2个百分点。2006—2016年期间，情况有了明显变化，国家财政性教育经费的比重显现出向上增长的态势，从2006年的64.7%提高到2016年的80.7%，上升了16个百分点。近年来国家财政性教育经费投入力度不断加大，本质上是保障人民群体享有更高质量、更公平教育需求的客观要求。（见图3.9）

图3.9数据显示，民办学校中举办者投入和社会捐赠经费出现了明显变化：

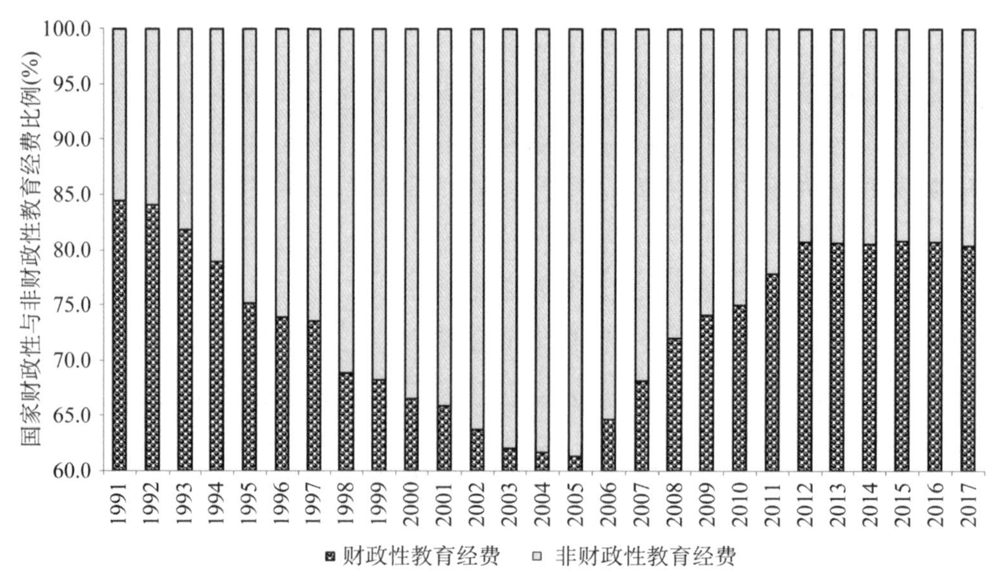

图3.9 国家财政性与非财政性教育经费支出比例(1991—2017)

1991—2005年期间，民办学校中举办者投入占全国教育经费总收入的比例呈逐年上升的趋势，从1993年的0.31%提高到2005年的5.37%，上升了5.06个百分点。2006—2016年期间，民办学校中举办者投入的比例显现出下降的趋势，从2006年的5.59%降低至2016年的0.52%，下降了5.07个百分点。国家财政性教育经费支出比例有了明显增长，而民办学校中举办者投入比例则朝着反方向变动。

五、我国教育经费省际差距及其变化趋势

进入“十三五”规划时期，特别是党的十九大以来，党中央、国务院对教育事业发展重视程度不断加深。党的十九大报告中明确提出“优先发展教育事业”、“推进教育公平”、“努力让每个孩子都能享有公平而有质量的教育”的战略目标和要求。由此值得关注的问题是，随着近年来各级政府对教育投入力度不断加大，教育经费省际差距是否渐趋缩小？这一问题的回答对于保障我国教育公平、促进区域经济与教育协调均衡发展尤为重要。有鉴于此，基于全国教育经费统计公告逾10年的省级面板数据，实证考察了2004—2017年期间我国各省份公共财政教育经费的省际差距及其长期变动趋势。

据全国教育经费统计数据显示，2017年全国教育经费总投入达42 562.01亿元，比上年增长9.45%。其中，国家财政性教育经费达34 207.75亿元，占国内生产总值的4.14%；全国公共财政教育经费达29 919.78亿元，比上年增长8.01%。全国普通小学、普通初中、普通高中、中等职业学校、普通高等学校生均公共财政预算教育事业

费支出分别为 10 199.12 元、14 641.15 元、13 768.92 元、13 272.66 元和 20 298.63 元，比上年分别增长 6.71%、9.13%、11.80%、8.55%和 8.27%。总体而言，我国教育经费投入总量实现了较快增长，但是从教育经费的省际差距来看，依然面临着不容忽视的困难和挑战。

(一) 我国教育经费省际差距整体趋于缩减

2004—2012 年期间我国公共财政教育经费的省际差距整体呈现逐年缩减态势，2013—2017 年期间省际差距略有扩大；公共财政教育经费省际差异系数置于 0.53～0.66 之间，且各年份均高于公共财政支出省际差异系数。

图 3.10 呈现的数据表明，我国公共财政教育经费的省际差距变动趋势大致上分为两个阶段：第一阶段是 2004—2012 年期间，公共财政教育经费的省际差距整体呈逐年下降趋势，公共财政教育经费省际差异系数由 2004 年的 0.66 降低到 2012 年的 0.53；第二阶段是 2013—2017 年期间，省域公共财政教育经费差距略有扩大，差异系数由 2013 年的 0.56 微幅上升至 2017 年的 0.59。总体来看，公共财政教育经费的省际差异系数置于 0.53～0.66 之间，且各年份均高于公共财政支出的省际差异系数。

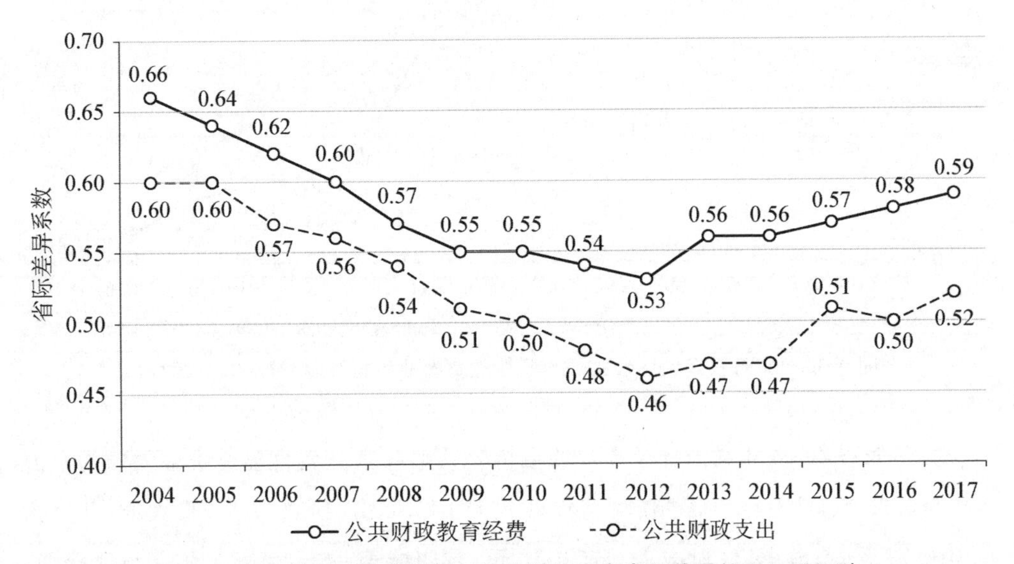

图 3.10　公共财政教育经费与公共财政支出省际差异(2004—2017)

注：(1)数据来源于教育部、国家统计局和财政部 2004—2017 年"全国教育经费执行情况统计表"，省际差异系数由研究者计算得到；(2)差异系数(Coefficient of Variation，简称 CV)，又称变异系数，是衡量组间离散程度的统计指标。差异系数越大，代表离散程度越高；反之，离散程度越低。下同。

(二) 义务教育经费省际差距出现明显收敛

义务教育经费省际差距总体渐趋缩小，普通小学和普通初中的生均教育事业费省际差异系数置于 0.42～0.80 之间，生均公用经费省际差异系数处于 0.56～1.59 之间。

图 3.11 所示为普通小学和普通初中生均公共财政预算教育事业费的省际差异系数。可以看出，2004—2017 年期间，我国义务教育生均公共财政预算教育事业费的省际差距呈总体缩减态势。其中，普通小学的省际差异系数由 2004 年的 0.80 降至 2017 年的 0.42，普通初中的省际差异系数由 2004 年的 0.78 降低到 2017 年的 0.52。与普通小学相比，普通初中生均教育事业费的省际差距较大，而且自 2013 年以后，两者之间差距渐趋扩大。

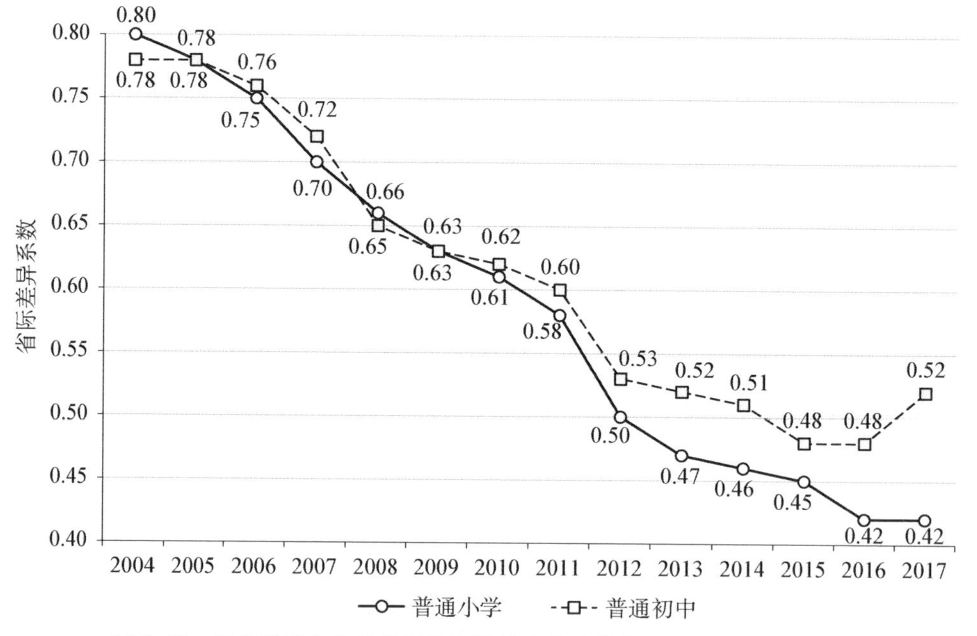

图 3.11 义务教育生均公共财政预算教育事业费省际差异(2004—2017)

具体来看，2004 年我国普通小学的生均公共财政预算教育事业费最大值为上海的 6 680.22 元，是最小值(河南为 654.41 元)的 10.2 倍；到 2017 年，最大值(北京为 30 016.78 元)与最小值(河南为 5 759.21 元)之比减至一半，为 5.2 倍。与此相似，2004 年，我国普通初中的生均公共财政预算教育事业费最高值为上海的 6 831.40 元，是最小值(河南为 763.92 元)的 8.9 倍；到 2017 年，最大值(北京达 57 636.12 元)与最小值(河南为 8 997.60 元)之比降至 6.4 倍。

2004—2017 年期间，我国普通小学和普通初中生均公共财政预算公用经费的省际差距整体呈缩减态势。(见图 3.12)其中，普通小学的省际差异系数由 2004 年的

1.59 下降到 2017 年的 0.56，普通初中的省际差异系数由 2004 年的 1.46 降至 2017 年的 0.72，除 2007 年和 2017 年异常变动外，总体上呈缩减态势。与生均教育事业费相比，义务教育学校生均公用经费的省际差距较大。与生均教育事业费的分布情况不同，普通小学生均公用经费的省际差距整体上高于普通初中，不过自 2013 年以后，两者之间差距已显现出缩小的趋势。这凸显了义务教育阶段"两免一补"政策、"城乡义务教育经费保障机制"、"深入推进义务教育均衡发展"等政策举措的实施，有效地缩小了义务教育资源配置的省域差距。

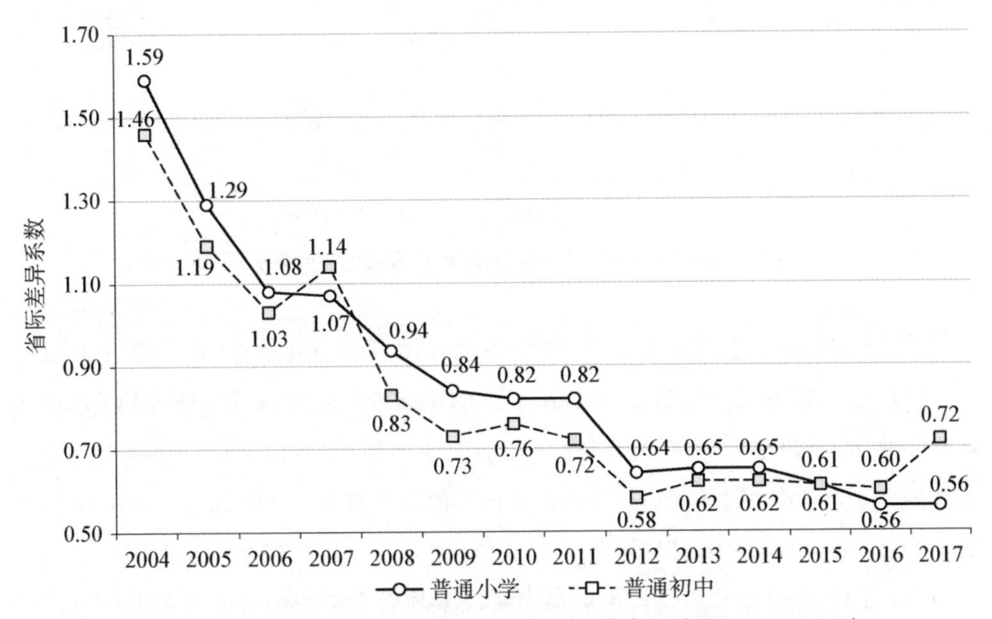

图 3.12　义务教育生均公共财政预算公用经费省际差异(2004—2017)

(三) 高中阶段教育经费省际差距呈波浪式变动

高中阶段教育经费省际差距略有扩大，普通高中生均教育事业费和生均公用经费的省际差距均明显高于中等职业学校。

图 3.13 所示为普通高中和中等职业学校历年的生均公共财政预算教育事业费的省际差异系数。与义务教育的变动趋势不同，2004—2017 年期间我国高中阶段生均公共财政预算教育事业费的省际差距特定年份呈现扩大趋势。其中，普通高中的省际差异系数在 2008—2011 年期间基本呈平稳状态，处于 0.71～0.74 之间。中等职业学校的省际差异系数置于 0.43～0.61 之间，除 2017 年之外，期间差异系数变化幅度并不明显。与中等职业学校相比，普通高中生均教育事业费的省际差距明显较大，不过自 2015 年以后，两者之间差距渐趋缩小。

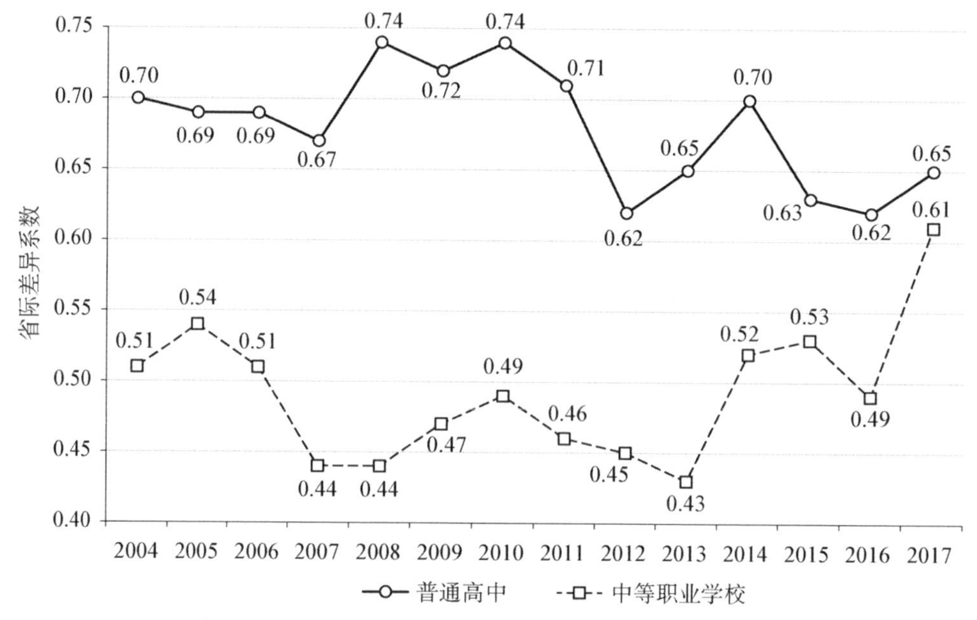

图 3.13 高中阶段教育生均公共财政预算教育事业费省际差异(2004—2017)

具体来看,2004年普通高中生均公共财政预算教育事业费最大值为上海的7 155.94元,是最小值(河南为912.87元)的7.8倍;到2017年,最大值(北京达61 409.06元)与最小值(河南为8 149.18元)之比达到7.5倍。与此相似,2004年中等职业学校生均公共财政预算教育事业费最大值为上海的5 190.53元,是最小值(安徽为921.04元)的5.6倍;到2017年,最大值(北京为53 256.01元)与最小值(贵州为6 451.44元)之比增至8.25倍,足见高中阶段生均教育经费的省际差异并未显著缩小,各省之间仍然存在较大差距。

图3.14的数据表明,2004—2017年期间,我国普通高中和中等职业学校生均公共财政预算公用经费的省际差距整体趋于缩减。其中,普通高中的省际差异系数由2004年的1.25降至2017年的0.84,最小值为2012年的0.73;中等职业学校的省际差异系数由2004年的1.05降至2017年的0.75,最小值为2013年的0.43。与生均教育事业费相比,高中阶段生均公用经费的省际差距更大。

与生均教育事业费的分布特征相似,普通高中生均公用经费的省际差异系数明显大于中等职业学校的省际差异。究其原因,我国目前尚未建立城乡统一的高中阶段教育经费保障机制,对高中阶段教育资源配置缺乏明确、系统、专门文件的规定。由于缺乏统一的教育经费保障机制,高中阶段教育资源配置在很大程度上受制于区域经济发展水平及地方政府投入意愿的影响,以致高中阶段教育资源配置的省际差距呈缓慢蠕

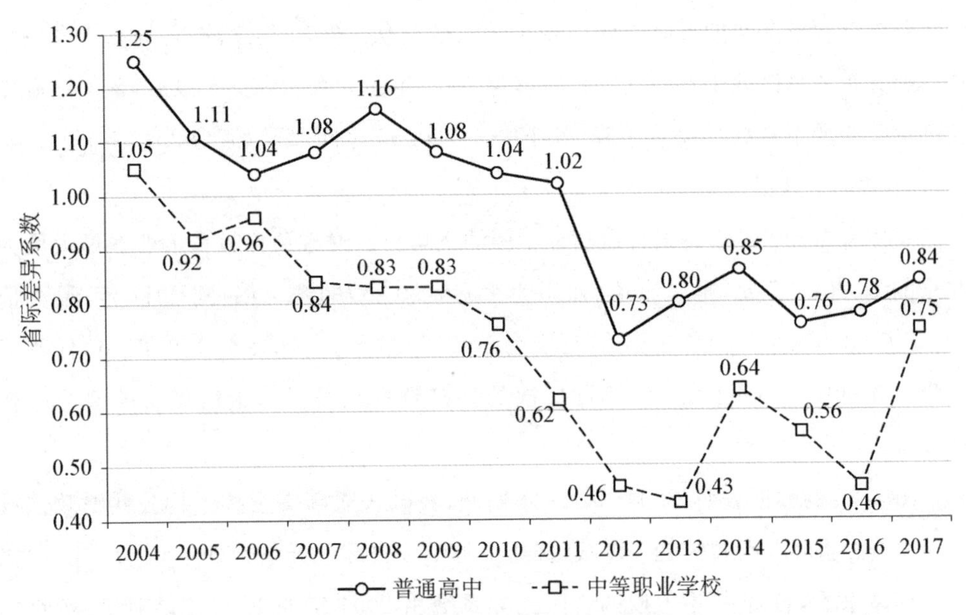

图 3.14　高中阶段教育生均公共财政预算公用经费省际差异(2004—2017)

动的状态。

(四) 高等教育经费省际差距呈现较大的起伏波动

图 3.15 所示为普通高等学校历年的生均公共财政预算教育事业费的省际差异系数。与高中阶段教育的变动趋势相似,2004—2017 年期间我国普通高等学校生均公共

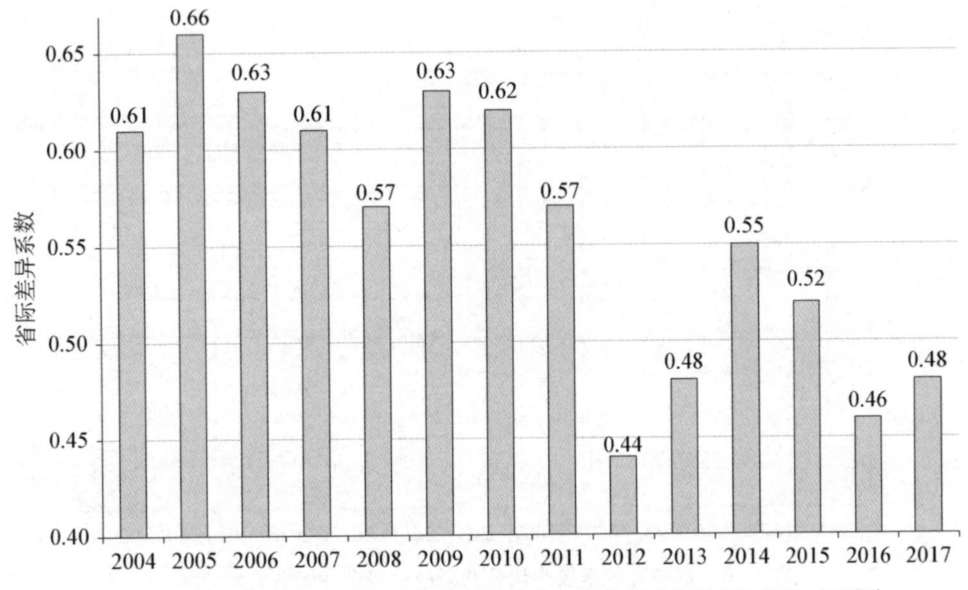

图 3.15　普通高等学校生均公共财政预算教育事业费省际差异(2004—2017)

财政预算教育事业费的省际差距出现了较大的起伏。2010年之前，普通高等学校的省际差异系数总体处于0.60以上，峰值为2005年的0.66；2011年以后，普通高等学校的省际差异系数整体略有下降，处于0.44～0.55之间，最小值为2012年的0.44，2017年微幅上升至0.48。

具体来看，2004年我国普通高等学校的生均公共财政预算教育事业费最大值为北京的15 809.95元，是最小值（四川为1 946.30元）的8.1倍；到2017年，最大值（北京为63 805.40元）与最小值（辽宁为13 252.89元）之比降至4.8倍。这体现了近年来政府在平衡不同地区、不同层次的高校教育经费投入上所做出的努力已初现成效。

图3.16的数据表明，2004—2017年期间，我国普通高等学校生均公共财政预算公用经费的省际差距整体趋于缩减，普通高等学校省际差异系数处于0.52～1.08之间。具体来看，普通高等学校的省际差异系数由2004年的1.02下降到2017年的0.60，最大值为2007年的1.08，最小值为2012年的0.52。与生均教育事业费相比，普通高等学校生均公用经费的省际差异明显较大，不过自2012年以后，两者之间的差距整体趋于缩小。具体来看，2014年我国普通高等学校的生均公共财政预算公用经费最大值为北京的34 710.96元，是最小值（湖北为3 864.77元）的9.0倍；到2017年，最大值（北京为32 126.86元）与最小值（山东为3 536.26元）之比仍高达9.1倍之多。

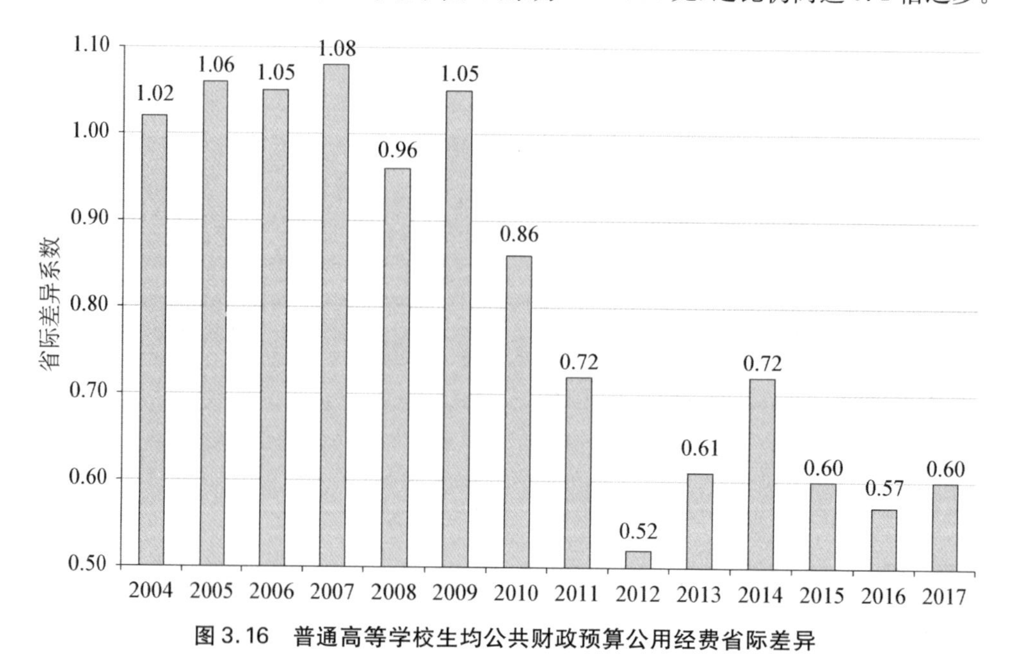

图3.16 普通高等学校生均公共财政预算公用经费省际差异

综上所述,我国公共财政教育经费省际差距整体呈不断缩小的态势,但并非所有层次教育经费分配都一致地走向均衡化。分教育层次来看,公共财政教育经费省际差距的缩减主要得益于义务教育经费差距的大幅下降,而高中及以上阶段特别是普通高中和高等学校教育经费的省际差异并未出现明显下降,甚至特定年份有缓慢抬升的迹象。尽管公共财政教育经费省际差距整体趋于缩小,但各省之间各级教育经费差异系数仍然处于高位游离的状态。

(五) 缩小教育经费省际差距的政策建议

党的十九大报告明确指出,“着力解决好发展不平衡不充分问题,大力提升发展质量和效益”、“建立更加有效的区域协调发展新机制”,这些基本方略为正确处理好区域教育发展不平衡不充分问题指明了方向。

第一,推进公共财政教育经费均衡分配,完善以公平目标为主的教育财政体制机制。

省际教育经费分配不均是导致省际差距扩大的主要根源,推进公共财政教育经费均衡是缩小区域教育发展差距的关键。因此,有必要通过提供均等化的公共财政教育经费作为促进区域教育均衡发展的首要任务,把缩小省际教育经费差距摆放在更加显要的位置加以推进。要实现区域教育均衡发展,需要公平的教育财政体系作为基础保障,而目前公共财政教育经费保障体系尚不完善,亟待进一步健全和完善以公平目标为主的教育财政体制机制。未来一段时期内,要充分利用新一代信息技术,动态监测和评价各省市、区县教育经费投入水平和使用效率,为缩小区域教育发展差距提供有力的科学依据。

第二,优化各级教育生均财政拨款制度,完善公共财政教育经费监测与评价体系。

研究表明,生均教育事业费和生均公用经费存在较为悬殊的省际差距,而且生均公用经费的省际差异愈加突出。鉴于此,加快制定和落实省域内生均公用经费基准定额统一标准,应是未来实现省域教育均衡发展的主要方向。国家教育事业发展“十三五”规划明确提出,“到 2020 年,各省要制定和落实区域内各级教育生均财政拨款基本标准。”因此,优化各级教育生均拨款制度应成为今后较长一段时期内教育财政体制机制改革的核心任务。建立并形成各级教育生均拨款标准,有必要通过科学的定量方法,基于生均人员经费、生均公用经费、生均基建支出等指标,制定县域内义务教育公办学校建设标准、教师编制标准、基本装备配置标准以及生均公用经费基准定额,以此监测各省市、区县经费达标状况,督促缩小省域内经费差距;各地市依据省级生均拨款标准,监测县域内学校之间经费差距,督促缩小县际和县域内校际差距,保障区县生均人员经费和生均公用经费标准化拨款，逐步实现县域校际资源均衡配置。

第三，进一步厘清各级政府财政投入责任，完善公共财政教育经费长效保障体系。

改善省际教育经费分配不均衡状况，关键在于厘清各级政府承担的教育投入责任。为落实法定的“三个增长”和“4%”的目标，中央和省级政府在推进区域教育均衡发展中应当充分发挥主导性作用，运用财政杠杆，优化财政收支结构，统筹政府和社会各项收入，将各级各类教育作为公共财政支出的重点领域予以优先保障。各级政府的投入责任各有侧重，作为区县政府，既要落实县级教育经费均衡投入的专项预算和正常增长机制，又要进一步加强和规范学校经费管理；而作为省级政府，一方面要制定省级生均财政拨款标准，并根据经济和社会发展状况适时调整。另一方面要加强对省域内各级各类教育统筹协调，重点加大对省域内经济欠发达地区的财政转移支付；作为中央政府，除了要制定和完善教育财政拨款标准、办学条件标准，并将其作为政府配置教育资源的客观依据以外，还需要在此基础上建立一套完善的公共财政教育经费长效保障体系，确保教育经费的充足性和公平性。在具体推进措施上，要继续将新增的教育经费主要用于困难地区、关键领域和薄弱地带，重点向中西部农村地区、民族地区和边远贫困地区倾斜，促进区域经济与教育均衡协调发展，逐步缩小区域、城乡和校际教育资源配置的“鸿沟”，让更多的人享受到教育改革红利和教育发展成果。

第二节 我国学前教育经费投入规模与配置结构变化趋势

基于《中国教育经费统计年鉴》全国时间序列数据和省级面板数据，本章对不同经济发展时期、各级各类教育经费投入规模与配置结构特征进行分析，并系统回顾了20世纪90年代以来我国各级各类教育经费投入的变动趋势。在此基础上，本节从学前教育、义务教育、高中阶段教育、高等教育、特殊教育等各个阶段教育特征入手，展望2035我国各级各类学校教育经费投入机制改革路径和发展方向。

一、我国学前教育经费投入政策回顾

“十三五”时期，党中央、国务院高度重视学前教育事业发展，把加快发展学前教育摆在更加显要的位置。党的十九大报告明确提出“办好学前教育”的要求①。“重视学

① 习近平.决胜全面建成小康社会 夺取新时代中国特色社会主义伟大胜利——习近平同志代表第十八届中央委员会向大会作的报告摘登[N].人民日报，2017-10-19.

前教育”、“办好学前教育”相继写入党的十七大报告和党的十八大报告中，凸显了党中央、国务院对学前教育事业的重视和支持。《国家教育事业发展“十三五”规划》也明确指出，加快发展学前教育，继续扩大普惠性学前教育资源，基本解决“入园难”问题，提高幼儿园保育教育质量[①]。为全面落实国家教育事业发展“十三五”规划，教育部、国家发展改革委等四部委印发了《关于实施第三期学前教育行动计划的意见》，旨在通过发展普惠性幼儿园，理顺学前教育管理体制和办园体制，健全学前教育成本分担机制等措施，到2020年基本建成广覆盖、保基本、有质量的学前教育公共服务体系[②]。上述出台的一系列政策充分体现了党中央、国务院加快发展学前教育、提升学前教育水平的力度不断加深，为进一步扩大学前教育机会提供了历史机遇。

统计数据显示，全国学前三年毛入园率由1978年的10.6%提高到2017年的79.6%，增长了69个百分点，“入园难”问题得到了逐步缓解，学前教育发展进入快速发展的新时期。但是就总体而言，学前教育仍是国民教育体系中最薄弱的环节，普惠性学前教育资源供给不足，优质幼儿教师数量短缺，教师工资收入和福利待遇偏低，幼儿园办学条件和保教质量参差不齐等问题还普遍存在，仍处于“爬坡过坎”的重要时期。

全国教育经费统计数据显示，2017年国家财政性教育经费达到34 207.75亿元，占国内生产总值(827 122亿元)的比重为4.14%[③]。这是自2012年首次突破了4%以来，我国已连续五年实现了国家财政性教育经费占GDP总量4%的目标。充足、稳定的经费投入对学前教育事业的发展尤为重要，学前教育规模的扩大和学前教育质量的提升，都离不开各项经费的投入。近十年来，我国学前教育经费尤其是财政性经费支出比例不断提高，为学前教育持续发展提供了有力的物质保障。“十三五”规划时期要进一步办好学前教育，不仅要加大国家和社会的经费投入力度，还要科学合理地进行经费配置。在加大财政性教育经费投入的同时，如何科学合理地分配和使用经费是新时期所面临的新任务和新挑战。

综观国内已有文献，有关学前教育经费投入规模与配置结构的实证研究仍较为缺乏。有鉴于此，本章基于教育部财务司、国家统计局社会和科技统计司编制的《中国教育经费统计年鉴(2017)》[④]以及教育部发展规划司编制的《中国教育统计年鉴

① 国务院. 国务院关于印发国家教育事业发展“十三五”规划的通知[Z]. 2017-01-10.
② 教育部等四部门. 教育部等四部门关于实施第三期学前教育行动计划的意见[Z]. 2017-04-17.
③ 教育部，国家统计局，财政部. 教育部 国家统计局 财政部关于2017年全国教育经费执行情况统计公告[Z]. 2018-10-15.
④ 教育部财务司，国家统计局社会科技和文化产业统计司. 中国教育经费统计年鉴(2017)[M]. 北京：中国统计出版社，2018.

(2017)》①相关统计指标，对近十年来我国学前教育经费投入状况进行描述分析。实证考察我国学前教育经费投入规模与配置结构，可以从中总结经验，厘清问题，同时为国家和地方进一步健全和完善学前教育经费投入机制提供有益的实证依据和决策参考。

二、我国学前教育经费投入规模的变化趋势

1. 从经费来源渠道看，国家财政性教育经费在学前教育经费总投入中占据主体地位，社会投入特别是社会捐赠经费支出比例日益萎缩

根据教育部财务司和国家统计局调整后的教育经费统计指标，学前教育经费主要来源于五个方面，包括国家财政性教育经费（以公共财政教育经费为主）、民办学校中举办者投入、社会捐赠经费、事业收入以及其他教育经费。表3.2所示为2006—2016年我国学前教育经费收入来源及其结构比例。

表3.2 2006—2016年我国学前教育经费收入来源及其结构

年份	合计	国家财政性教育经费		公共财政教育经费		民办学校中举办者投入		社会捐赠经费		事业收入		其他教育经费	
	亿元	亿元	%	亿元	%	亿元	%	亿元	%	亿元	%	亿元	%
2006	124.5	79.5	63.9	73.2	58.8	0.0	0.0	1.5	1.2	40.0	32.1	3.5	2.8
2007	157.1	102.8	65.4	95.5	60.8	0.0	0.0	1.5	1.0	48.3	30.7	4.5	2.9
2008	198.8	132.9	66.9	122.8	61.8	0.0	0.0	1.5	0.7	60.3	30.3	4.2	2.1
2009	244.8	166.3	67.9	152.5	62.3	0.0	0.0	1.8	0.8	72.5	29.6	4.2	1.7
2010	728.0	244.4	33.6	218.7	30.1	28.1	3.9	5.0	0.7	434.2	59.6	16.3	2.2
2011	1 018.6	415.7	40.8	351.6	34.5	29.2	2.9	5.0	0.5	549.8	54.0	18.9	1.9
2012	1 503.9	747.6	49.7	636.9	42.3	40.4	2.7	4.2	0.3	684.9	45.5	26.7	1.8
2013	1 758.1	862.4	49.1	722.2	41.1	40.0	2.3	3.0	0.2	820.3	46.7	32.4	1.8
2014	2 048.8	934.1	45.6	813.9	39.7	41.5	2.0	2.4	0.1	1 037.7	50.7	33.1	1.6
2015	2 426.7	1 132.8	46.7	1 069.0	44.1	47.3	1.9	2.9	0.1	1 209.9	49.9	33.8	1.4
2016	2 803.5	1 326.1	47.3	1 311.9	46.8	50.9	1.8	3.2	0.1	1 384.5	49.4	38.9	1.4

注：数据来源于《中国教育经费统计年鉴》“各级各类教育机构教育经费收入情况（全国）”；2010年以后“预算内教育经费”指标改为“公共财政教育经费”，“民办学校办学经费”指标改为“民办学校中举办者投入”，比例由研究者计算得到。

① 教育部发展规划司.中国教育统计年鉴(2017)[M].北京：中国统计出版社，2018.

表 3.2 数据表明，我国学前教育经费总投入由 2006 年的 124.5 亿元增至 2016 年的 2 803.5 亿元，净增 2 679 亿元，增长约 21.5 倍；同期，全国教育经费投入由 2006 年的 9 815.31 亿元增至 2016 年的 38 888.39 亿元，增长 2.96 倍。与全国相比，学前教育经费总投入增长率高出近 18.5 倍，凸显了政府对学前教育的重视和投入力度大幅提高。

对比各项收入来源的比重可以看出，国家财政性教育经费是学前教育经费收入来源的主要渠道。2010—2016 年期间，国家财政性教育经费占学前教育经费总投入的比例由 2010 年的 33.6%增至 2016 年的 47.3%，增长了 13.7 个百分点。国家财政性教育经费之中，公共财政教育经费占据主体地位。公共财政教育经费占学前教育经费投入的比例由 2010 年的 30.1%提高到 2016 年的 46.8%，增长了 16.7 个百分点。其间，我国学前教育经费投入增长最快为 2010 年，高达 197%。2006—2016 年期间我国学前教育经费投入总量逐年稳步增长，为学前教育事业发展提供了有力的物质基础，使幼儿受学前教育权利的实现得到了有力保障。

从非财政性教育经费投入情况来看，2010 年之后，包括学费在内的事业收入占学前教育总投入的比例由 2010 年的 59.6%降至 2016 年的 49.4%，下降了 10.2 个百分点。社会投入（包括社会捐赠和民办学校中举办者投入）占总投入的比例由 2010 年的 4.6%降至 2016 年的 1.9%，降低了 2.7 个百分点，且显现逐年下降的趋势。其中，民办学校中举办者投入占比甚微，除 2010 年以外均低于 3%。值得注意的是，社会捐赠经费占学前教育经费投入的比例到 2016 年仅为 0.1%，比 2006 年低 1.1 个百分点，呈现出日益萎缩的趋势。这一现象表明我国在引导社会力量捐资助学、吸纳社会资金、发动社会团体和公民个人举办幼儿机构方面仍有待进一步拓展和加强。今后一段时间内，充分挖掘广泛而丰富的社会资源应是保障我国学前教育持续发展的必要途径。

2. 国家财政性学前教育经费占 GDP 的比重低于 0.2%，占公共财政支出的比例不足 0.7%，占全国教育经费和国家财政性教育经费的比例偏低

为进一步考察国家财政性经费在学前教育总投入中发挥的作用，表 3.3 列出学前教育的国家财政性教育经费占国内生产总值、公共财政支出、全国教育经费支出和国家财政性教育经费的比例。

如表 3.3 所示，2006—2016 年期间，学前教育国家财政性经费占 GDP 的比例处于 0.04%～0.18%之间。其中 2006—2008 年的均值为 0.04%，2016 年达到峰值，为 0.18%。其间，学前教育国家财政性经费占公共财政支出的比例处于 0.20%～0.71%之间，其中 2006—2009 年的比例平均为 0.21%，其后呈上升趋势，2016 年达到

表3.3 2006—2016年我国学前教育国家财政性教育经费投入比例

年份	学前教育国家财政性教育经费	GDP		公共财政支出		全国教育经费支出		国家财政性教育经费	
	亿元	亿元	%	亿元	%	亿元	%	亿元	%
2006	79.5	219 438.5	0.04	40 422.7	0.20	9 815.3	0.81	6 348.4	1.25
2007	102.8	270 232.3	0.04	49 781.4	0.21	12 148.1	0.85	8 280.2	1.24
2008	132.9	319 515.5	0.04	62 592.7	0.21	14 500.7	0.92	10 449.6	1.27
2009	166.3	349 081.4	0.05	76 299.9	0.22	16 502.7	1.01	12 231.1	1.36
2010	244.4	413 030.3	0.06	89 874.2	0.27	19 561.8	1.25	14 670.1	1.67
2011	415.7	489 300.6	0.08	109 247.8	0.38	23 869.3	1.74	18 586.7	2.24
2012	747.6	540 367.4	0.14	125 953.0	0.59	28 655.3	2.61	23 147.6	3.23
2013	862.4	595 244.4	0.14	140 212.1	0.62	30 364.7	2.84	24 488.2	3.52
2014	934.1	643 974.0	0.15	151 785.6	0.62	32 806.5	2.85	26 420.6	3.54
2015	1 132.8	689 052.1	0.16	175 877.8	0.64	36 129.2	3.14	29 221.5	3.88
2016	1 326.1	744 127.2	0.18	187 755.2	0.71	38 888.4	3.41	31 396.3	4.22

注:“学前教育国家财政性教育经费”、“全国教育经费支出”和“国家财政性教育经费”数据来自《中国教育经费统计年鉴》;“GDP”和“公共财政支出”数据来源于《中国统计年鉴》,比例由研究者计算得到。

最高值,跃升为0.71%。2010年以后,学前教育国家财政性教育经费投入占GDP和公共财政支出的比例均呈现上升态势,显现出学前教育财政性经费的稳定增长机制逐渐增强。近年来尽管我国学前教育经费投入持续稳定增长,但从全国教育经费看,学前教育财政性经费支出比例仍然偏低。

此外,2006—2016年期间,学前教育国家财政性教育经费占全国教育经费支出的比例处于0.81%~3.41%之间。尽管2012年之前该比例处于2%以下,但2012年以后不断抬升。截至2016年,我国学前教育经费投入为1 326.1亿元,占全国教育经费的3.41%,达到历年最高值。究其原因,在于近年来我国不断加大对学前教育的财政投入力度,使得幼儿园国家财政性经费支出比例不断提升。

3. 学前教育生均经费增长相对滞后,低于普通中小学,也低于同期人均国内生产总值

相比普通小学、普通初中和普通高中教育生均经费而言,学前教育生均经费投入增长相对滞后。从幼儿园生均经费投入情况来看,2000—2016年期间,幼儿园生均教育经费由2000年的1 213元提高到2016年的8 626元,增长了7.1倍,年平均增长率

为13.5%；而同时期普通小学生均教育经费由2000年的793元增长到2016年的11 398元，增长了14.4倍，年平均增长率为18.3%，比幼儿园高4.8个百分点。

对比幼儿园与普通小学、普通初中和普通高中生均教育经费支出，可以发现，2000—2006年期间，幼儿园生均教育经费虽然低于普通高中，但高于普通小学，也高于普通初中；2007—2008年，幼儿园生均教育经费高于普通小学，但低于普通初中和普通高中；2009年以后，幼儿园生均教育经费均低于普通小学、普通初中和普通高中。可见近十年来，幼儿园生均教育经费投入一直处于普通中小学平均水平之下，而且与普通中小学生均经费的差距呈扩大趋势。具体来看，2006年我国幼儿园、普通小学、普通初中生均教育经费分别为2 857元、2 122元和2 669元，三者差距并不明显；2016年普通小学、普通初中和普通高中生均教育经费分别为11 398元、16 010元和16 781元，比幼儿园生均教育经费分别高2 772元、7 384元和8 155元。换言之，幼儿园生均教育经费分别是普通初中和普通高中的76%、54%和51%，足见现阶段我国幼儿园生均经费支出处于较低水平。(见图3.17)

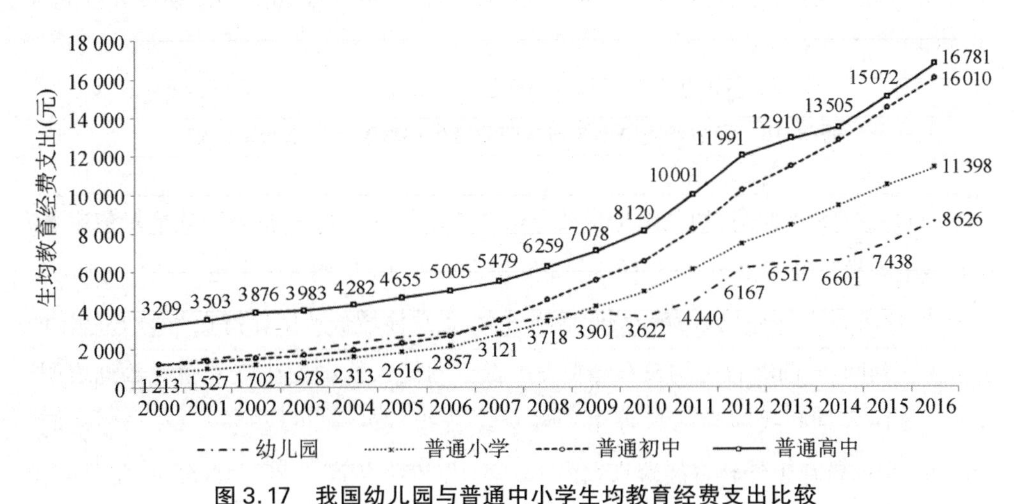

图3.17 我国幼儿园与普通中小学生均教育经费支出比较

注：数据来源于《中国教育经费统计年鉴》“各级学校生均教育经费支出(全国教育和其他部门)”。

从历年增长率来看，2001—2016年期间，幼儿园生均教育经费增速最高为2012年，达到38.9%；最低为2010年，为−7.2%，首次呈现负增长状态。2001—2005年期间，幼儿园生均教育经费年均增速为16.7%；2006—2010年期间，幼儿园生均教育经费年均增速降至7.0%；2011—2016年期间，幼儿园生均教育经费年均增速恢复到与2006—2010年期间相接近的水平，平均为16.2%。2016年幼儿园生均教育经费增速为16.0%，总体处于相对平稳的增长状态。

2001—2016年期间，幼儿园生均教育经费年均增速为13.5%，普通小学、普通初中和普通高中生均教育经费年均增速分别为18.3%、17.7%和11.0%。相比之下，幼儿园生均教育经费增速略高于普通高中，但与普通小学和普通初中相比，幼儿园生均教育经费增长率较低，学前教育经费保障长效机制仍有待于进一步改进和完善。（见图3.18）

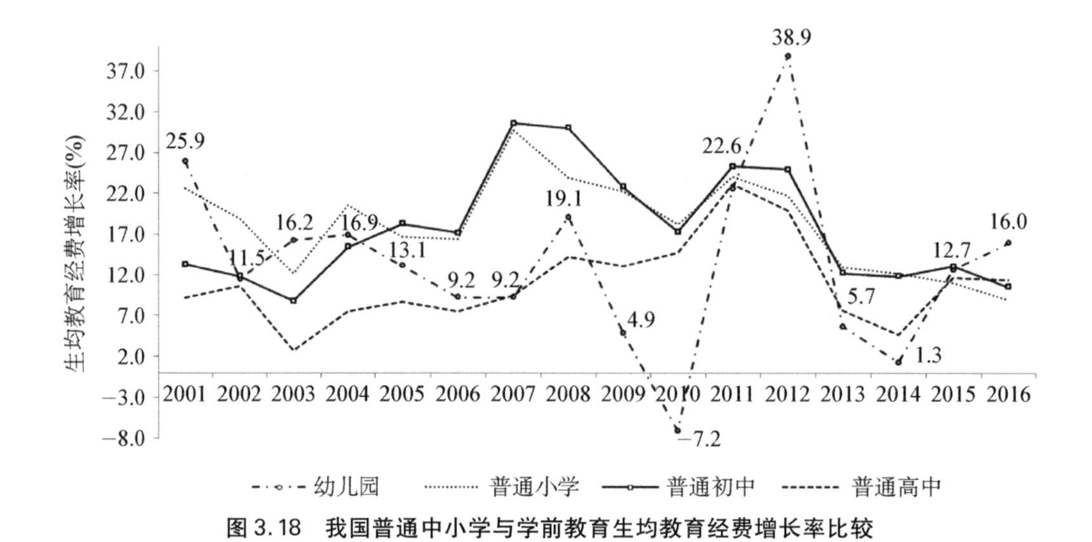

图3.18 我国普通中小学与学前教育生均教育经费增长率比较

2000—2016年期间，幼儿园生均教育经费支出呈逐年增长态势。从绝对值来看，幼儿园生均教育经费由2000年的1 213元增加到2016年的8 626元，净增7 413元。其中，2012年幼儿园生均教育经费的增幅最大，且总体增长速度保持在年均13.5%的水平上。其间，学前教育生均教育经费支出低于同期人均国内生产总值。数据表明，2000—2016年期间我国学前教育生均教育经费指数处于11.73%～18.55%之间。2016年，学前教育生均教育经费指数为15.98，比2010年高4.25个百分点，足见我国学前教育生均教育经费得到了明显提高。（见图3.19）

三、我国学前教育经费配置结构的变化趋势

1. 幼儿园事业性经费支出占教育经费支出的97%以上，基本建设支出比例于2012年达到峰值，其后逐步回落

从教育经费支出结构来看，学前教育经费支出主要由事业性经费支出和基本建设支出两部分构成。表3.4所示为2006—2016年我国学前教育经费支出结构及其比例分布情况。

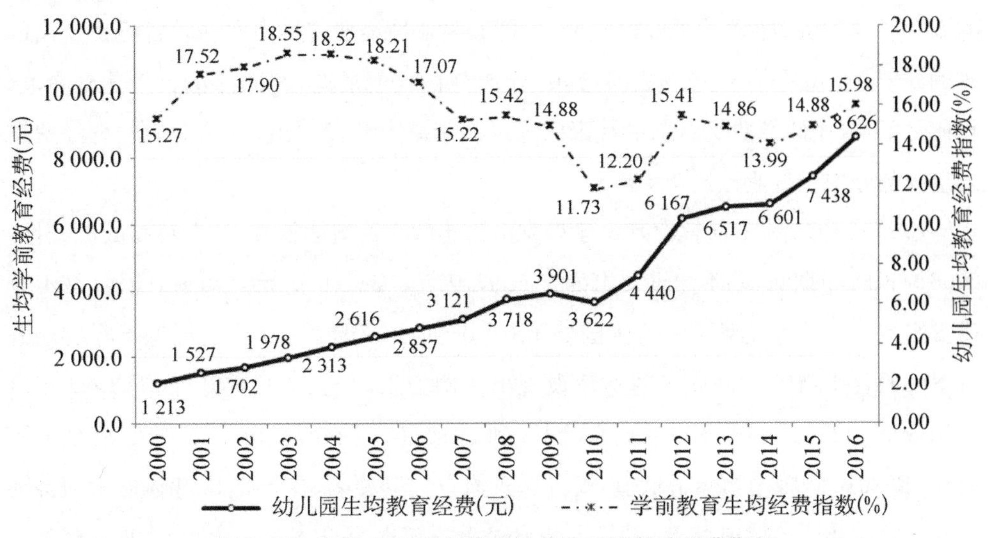

图 3.19　2000—2016 年我国幼儿园生均教育经费指数

注:“生均学前教育经费”数据来源于《中国教育经费统计年鉴》“各级学校生均教育经费支出(全国教育和其他部门)”;“人均 GDP”数据来源于《中国统计年鉴》“国内生产总值”;“生均学前教育经费指数”由生均学前教育经费/人均 GDP 计算得到。

表 3.4　我国学前教育经费支出结构及其变化趋势

年份	学前教育经费支出(亿元)	事业性经费支出						基本建设支出	
		合计		个人部分		公用部分			
		亿元	%	亿元	%	亿元	%	亿元	%
2006	121.85	119.52	98.08	81.98	67.28	37.54	30.81	2.33	1.92
2007	154.98	153.01	98.73	105.62	68.15	47.39	30.58	1.97	1.27
2008	195.16	191.44	98.09	129.17	66.19	62.27	31.90	3.72	1.91
2009	242.06	236.01	97.50	155.97	64.44	80.04	33.07	6.05	2.50
2010	718.80	703.10	97.82	428.72	59.64	274.38	38.17	15.70	2.18
2011	994.93	978.30	98.33	561.98	56.48	416.32	41.84	16.63	1.67
2012	1 463.87	1 425.87	97.40	730.31	49.89	695.56	47.52	38.00	2.60
2013	1 721.15	1 693.59	98.40	884.21	51.37	809.38	47.03	27.56	1.60
2014	2 007.59	1 986.81	98.96	1 126.31	56.10	860.50	42.86	20.78	1.04
2015	2 386.17	2 364.67	99.10	1 387.44	58.15	977.23	40.95	21.50	0.90
2016	2 787.54	2 755.88	98.86	1 652.66	59.29	1 103.22	39.58	31.66	1.14

注:数据来源于《中国教育经费统计年鉴》“各级各类教育机构教育经费支出明细(全国)”。

表 3.4 的数据表明,2006—2016 年期间,学前教育事业性经费支出总量呈逐年增长趋势。具体而言,学前教育事业性经费支出由 2006 的 121.85 亿元增加到 2016 年

的2 787.54亿元，净增2 665.69亿元。其间，事业性经费支出占学前教育经费支出的比例处于97.40%～99.10%之间，其中2012年的比例最低，2015年的比例达到峰值。相比之下，事业性经费支出总量及比例远远高于基本建设支出，可见学前教育经费支出绝大部分用于事业性经费支出。

如表3.4所示，学前教育基本建设支出每年的变化幅度较大，具有较高的波动性。2006—2016年期间，基本建设支出处于1.97亿元～38.00亿元之间；相应地，基本建设支出占学前教育经费支出的比例处于0.90%～2.60%之间，且呈现先下降后上升再下降的变化趋势。2006年基本建设支出比例为1.92%，之后趋于下滑，2007年该比例降至1.27%；2008年以后略有增长，到2012年达到峰值；但2012年之后呈下降趋势，到2015年降至历年最低值，仅占0.90%。究其原因，在于2012年国家大力推动幼儿园新建及改扩建项目，使得基本建设经费支出明显增多。2012年学前教育基本建设支出为38.00亿元，比上年净增21.37亿元，占学前教育经费支出比例为2.60%，比上年增加0.93个百分点。2012年以后，随着学前教育基础建设的逐步完善，基本建设支出规模及比例整体趋于回落。

表3.4数据还显示，事业性经费中个人经费投入规模呈现逐年增长趋势，而公用经费起伏变化较大。从人员经费与公用经费占学前教育经费支出比例来看，大致上可以划分为两个时期：一是2006—2009年期间，人员经费和公用经费的比例差距较大，两者之比约为2∶1；二是2010—2016年期间，人员经费和公用经费的比例差距逐步缩减。2012年人员经费占学前教育经费支出比例为49.89%，处于历年最低值，而公用经费所占比重为47.52%，两者之比约为1∶1；而2016年幼儿园人员经费与公用经费两者之比接近于2.5∶1。可以看出，2006—2009年期间，每年用于教师工资福利、对幼儿个体和家庭补助等“个人部分”经费支出比例较高；2010—2016年期间，每年用于购置商品和服务及其他资本性支出的“公用部分”经费比例明显增多。

2. 工资福利支出占学前教育人员经费支出比例呈先上升后缓慢下降趋势，对个人和家庭补助支出占人员经费支出比例总体呈现先下降后上升趋势

从学前教育事业性经费中“个人部分”支出情况来看，主要分为工资福利支出和对个人与家庭补助支出两部分。如表3.5所示，2006—2016年期间，工资福利支出占学前教育人员经费支出的比例呈现先上升后缓慢下降的趋势，与之相对应地，对个人和家庭补助支出占人员经费支出的比例总体呈现先下降后上升的趋势。截至2016年，全国幼儿园工资福利支出为1 464.11亿元，占人员经费支出的88.59%；对个人和家庭补助支出为188.55亿元，占人员经费支出的11.41%。

表 3.5　我国学前教育事业性经费支出结构及其变化趋势

年份	个人部分					公用部分				
	合计	工资福利支出		对个人和家庭的补助支出		合计	商品和服务支出		其他资本性支出	
	亿元	亿元	%	亿元	%	亿元	亿元	%	亿元	%
2006	81.98	63.91	77.96	18.07	22.04	37.54	26.79	71.36	10.75	28.64
2007	105.62	87.77	83.10	17.85	16.90	47.39	34.00	71.74	13.39	28.26
2008	129.18	106.99	82.83	22.18	17.17	62.27	42.26	67.86	20.01	32.14
2009	155.97	128.39	82.31	27.58	17.69	80.04	52.31	65.35	27.73	34.65
2010	428.72	388.86	90.70	39.85	9.30	274.38	184.31	67.17	90.07	32.83
2011	561.98	504.23	89.72	57.76	10.28	416.32	240.60	57.79	175.72	42.21
2012	730.31	647.92	88.72	82.39	11.28	695.56	323.66	46.53	371.9	53.47
2013	884.21	779.48	88.16	104.73	11.84	809.38	394.37	48.72	415.01	51.28
2014	1 126.31	993.2	88.18	133.11	11.82	860.5	480.83	55.88	379.67	44.12
2015	1 387.44	1 230.81	88.71	156.63	11.29	977.23	564.66	57.78	412.57	42.22
2016	1 652.66	1 464.11	88.59	188.55	11.41	1 103.22	654.85	59.36	448.37	40.64

注：数据来源于《中国教育经费统计年鉴》"各级各类教育机构教育经费支出明细(全国)"；2007 年以后，按照政府收支分类改革的要求对教育经费统计部分指标进行调整，"基本工资、职工福利费、社会保障费和其他工资"改为"工资福利支出"指标，"补助工资、奖贷助学金"改为"对个人和家庭的补助支出"指标，比例由研究者计算得到。

从学前教育事业性经费中"公用部分"支出情况来看，主要分为商品和服务支出以及其他资本性支出两部分。商品和服务支出的变动趋势分为两个时期：一是 2006—2012 年期间，商品和服务支出占学前教育公用经费支出的比例呈下降趋势，由 2006 年的 71.36%降至 2012 年的 46.53%；二是 2013—2016 年期间，商品和服务支出占学前教育公用经费支出的比例呈现上升趋势，由 2013 年的 48.72%提高到 2016 年的 59.36%，上升了 10.64 个百分点。

3. 幼儿园生均教育经费省际差距整体趋于缩减，但学前教育生均公用经费的区域差距仍较为突出

图 3.20 的数据表明，2007—2016 年期间，我国地方幼儿园生均教育经费的省际差异系数置于 0.64～0.82 之间，其中差异系数最高值为 2007 年的 0.82，差异系数最小值为 2012 年的 0.64。对比各省份地方幼儿园的生均事业性经费，差异系数最高值为 2007 年的 0.81，最小值为 2012 年的 0.66。

从事业性经费支出中"个人部分"和"公用部分"来看，生均人员经费差异系数处于

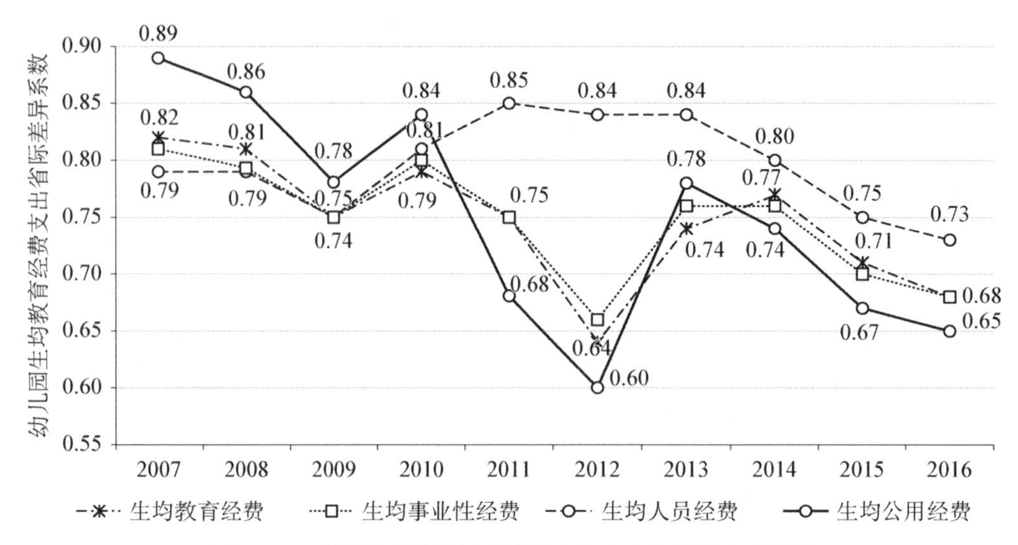

图3.20 我国地方幼儿园生均教育经费省际差异变动趋势

注：数据来源于《中国教育经费统计年鉴》"生均教育经费支出(地方幼儿园)"、"分地区地方幼儿园生均教育经费支出"，省际差异系数由研究者计算得到。2007年之前相关数据缺省。

0.73～0.85之间，生均公用经费差异系数处于0.60～0.89之间。从总体变化趋势来看，幼儿园生均教育经费省际差异系数整体呈现先下降后上升再下降的态势。上述数据表明我国学前教育生均教育经费省际差距有较大起伏，而且2007—2010年期间地方幼儿园生均公用经费省际差距较为突出，2011—2016年期间地方幼儿园生均人员经费的省际差距较大。

表3.6 我国地方幼儿园生均教育经费省际差异比较

年份	生均教育经费			生均事业性经费			生均人员经费			生均公用经费		
	最大值	最小值	极差率	最大值	最小值	极差率	最大值	最小值	极差率	最大值	最小值	极差率
2007	12 758	1 198	10.7	12 307	1 197	10.3	8 209	818	10.0	4 099	348	11.8
2008	17 072	1 235	13.8	16 401	1 235	13.3	10 476	818	12.8	5 925	417	14.2
2009	15 607	1 309	11.9	15 171	1 309	11.6	10 020	901	11.1	5 424	407	13.3
2010	15 771	1 536	10.3	15 426	1 531	10.1	10 427	831	12.5	6 514	545	12.0
2011	18 479	1 959	9.4	18 032	1 897	9.5	11 378	1 072	10.6	6 654	800	8.3
2012	25 994	3 459	7.5	25 487	3 251	7.8	13 528	1 114	12.1	11 959	1 466	8.2
2013	32 875	3 263	10.1	32 282	3 108	10.4	14 652	1 333	11.0	17 630	1 570	11.2
2014	31 566	3 251	9.7	31 534	3 202	9.8	16 548	1 401	11.8	14 986	1 440	10.4

（续表）

年份	生均教育经费			生均事业性经费			生均人员经费			生均公用经费		
	最大值	最小值	极差率	最大值	最小值	极差率	最大值	最小值	极差率	最大值	最小值	极差率
2015	33 615	3 665	9.2	32 963	3 630	9.1	18 489	1 541	12.0	14 474	1 710	8.5
2016	36 516	3 983	9.2	35 987	3 978	9.0	20 794	1 908	10.9	15 193	1 772	8.6

注：数据来源于《中国教育经费统计年鉴》"生均教育经费支出（地方幼儿园）"、"分地区地方幼儿园生均教育经费支出"，极差率由研究者计算得到。

表3.6的数据显示，2007—2016年期间，我国各省份地方幼儿园生均教育经费的极差率处于7.5～13.8之间，最高值为2008年的13.8，最小值为2012年的7.5，表明我国地方幼儿园生均教育经费的省际差距较为突出。

从事业性经费来看，地方幼儿园生均事业性经费的极差率处于7.8～13.3之间，最大值为2008年的13.3，最小值为2012年的7.8。对比各省份，2007年最高值为北京（12 307元），最低值为广西（1 197元），两者之比为10.3倍；到2016年，地方幼儿园生均事业性经费最高的为北京（35 987元），最低的为河南（3 978元），两者之比达9倍之多。

从事业性经费中"个人部分"和"公用部分"支出情况来看，地方幼儿园生均人员经费极差率置于10.0～12.8之间，生均公用经费最大值与最小值之比处于8.2～14.2之间。虽然我国地方幼儿园生均教育经费的省际差距总体趋于缩减，但幼儿园生均人员经费仍存在较大的省际差异。这与图3.20的估计结果是一致的。

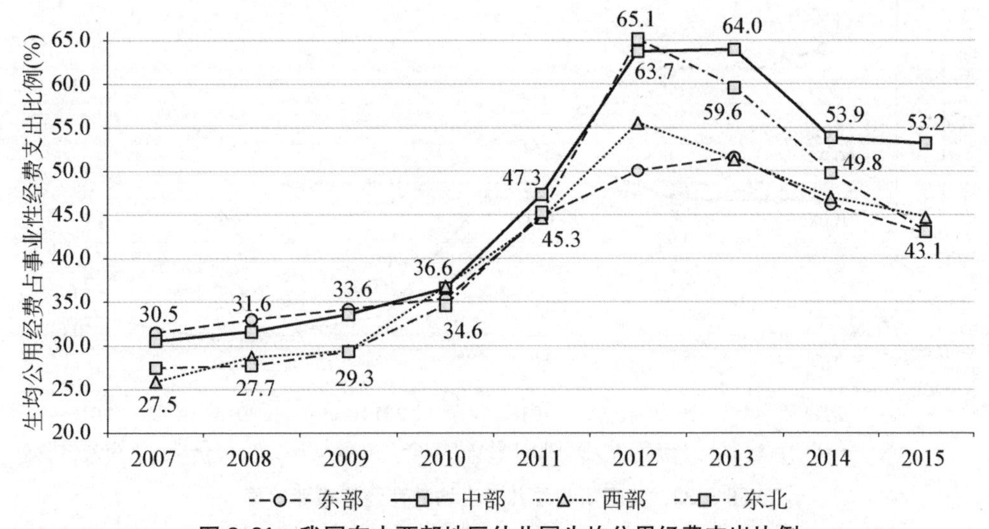

图3.21　我国东中西部地区幼儿园生均公用经费支出比例

注：数据来源于《中国教育经费统计年鉴》"生均教育经费支出（地方幼儿园）"、"分地区地方幼儿园生均教育经费支出"，比例由研究者计算得到。

图3.21所示为我国东中西部地区地方幼儿园生均公用经费占事业性经费支出比例。可以看出，东北地区均值处于27.5%～65.1%之间，最低值为2007年的27.5%，最高值为2012年的65.1%；东部地区均值处于31.5%～51.6%之间；中部地区均值最低为2007年的30.5%，最高为2013年的64.0%；西部地区均值处于25.9%～55.6%之间，最低值为2007年的25.9%，最高值为2012年的55.6%。

与其他省份相比，中部地区的山西、安徽和河南，东部地区的河北，东北地区的黑龙江，以及西部地区的宁夏、贵州和重庆等地，幼儿园生均公用经费均低于全国平均值，亟待进一步提高中西部地区幼儿园的生均公用经费。从全国范围来看，中部地区的山西、安徽、河南和湖北，东部地区的河北和山东，西部地区的重庆、甘肃和贵州等地，地方幼儿园生均教育经费支出偏低。因此要缩小区域学前教育发展差距，必须加大对中西部地区、农村地区和边远贫困地区学前教育倾斜投入。

如图3.22所示，2011—2016年期间，我国农村幼儿园生均教育经费的省际差距呈整体缩减态势，具体表现为，农村幼儿园生均教育经费省际差异系数由2011年的1.09下降至2016年的0.77。其中，生均事业性经费省际差异系数由2011年的1.15下降为2016年的0.75，生均人员经费省际差异系数由2011年的1.36降低为2016年的0.87，生均公用经费省际差异系数由2011年的0.98减低至2016年的0.68。与生均公用经费相比，农村幼儿园生均人员经费省际差距较为突出。

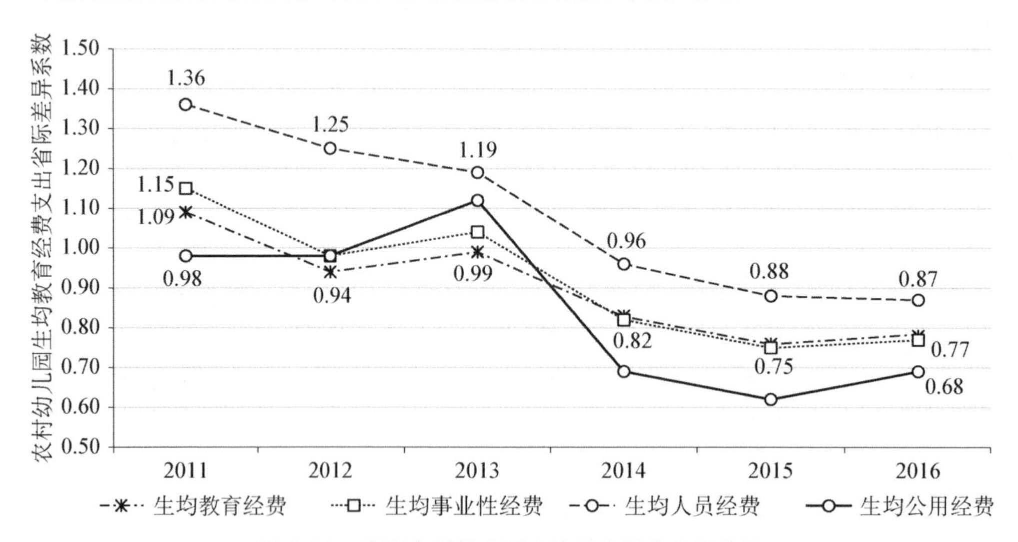

图3.22 我国农村幼儿园生均教育经费省际差异

注：数据来源于《中国教育经费统计年鉴》"生均教育经费支出(地方农村幼儿园)"，省际差异系数由研究者计算得到。

如表 3.7 所示，2011 年我国农村幼儿园生均教育经费最高值为北京的 15 277 元，最小值为云南的 694 元，两者之比高达 22 倍；截至 2016 年，最大值(北京为 30 168 元)与最小值(河南为 2 927 元)之比下降了一半，降至 10.3 倍。

表 3.7　我国农村幼儿园生均教育经费省际差异比较

年份	生均教育经费			生均事业性经费			生均人员经费			生均公用经费		
	最大值	最小值	极差率	最大值	最小值	极差率	最大值	最小值	极差率	最大值	最小值	极差率
2011	15 277	694	22.0	15 277	576	26.5	9 705	227	42.8	6 973	332	21.0
2012	28 134	2 238	12.6	28 134	2 068	13.6	10 485	368	28.5	18 015	1 097	16.4
2013	32 459	2 116	15.3	31 584	1 965	16.1	12 528	475	26.4	20 689	959	21.6
2014	24 936	2 287	10.9	24 936	2 250	11.1	14 622	900	16.2	10 315	1 151	9.0
2015	26 337	2 533	10.4	24 835	2 507	9.9	15 837	1 021	15.5	8 998	1 240	7.3
2016	30 168	2 927	10.3	29 430	2 925	10.1	20 143	1 314	15.3	11 285	1 456	7.8

从事业性经费支出情况来看，2011 年我国农村幼儿园生均事业性经费最大值为北京的 15 277 元，最小值为云南的 576 元，两者之比高达 26.5 倍；到 2016 年，最大值(北京为 29 430 元)与最小值(河南为 2 925 元)降至 10.1 倍。

就生均人员经费而言，2011 年我国农村幼儿园生均人员经费最大值为北京的 9 705 元，最小值为云南的 227 元，两者之比高达 42.8 倍；到 2016 年，最大值(北京为 20 143 元)与最小值(河南为 1 314 元)之比降至 15.3 倍。

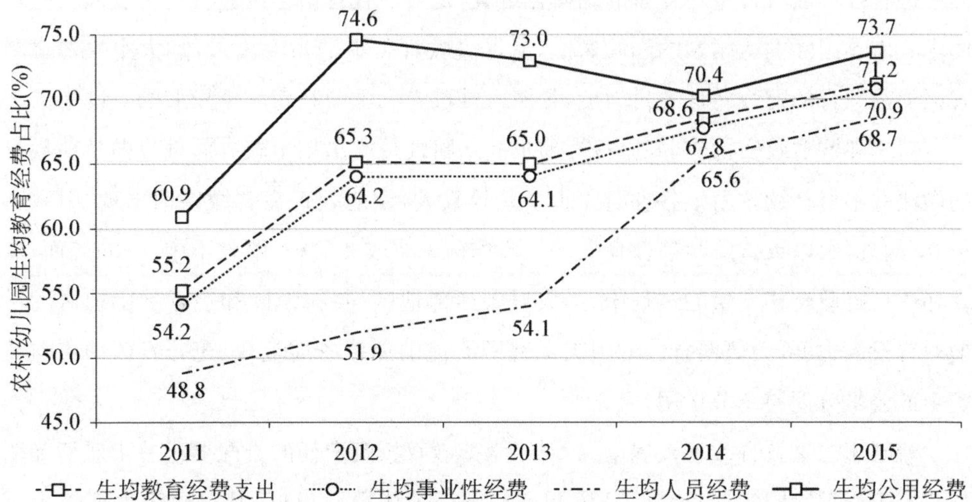

图 3.23　我国农村幼儿园生均教育经费支出比例

就生均公用经费而言，2011年我国农村幼儿园生均公用经费最大值为北京的6 973元，最小值为山西的332元，两者之比达到21倍之多；到2016年，最大值（北京为11 285元）与最小值（广东为1 456元）之比降至7.8倍。可以看出，我国农村幼儿园生均教育经费的省际差距虽然整体上趋于缩减，但仍存在较大差距，尤其是农村幼儿园的生均人员经费省际差距明显偏高。

四、优化我国学前教育经费配置结构的建议

基于《中国教育经费统计年鉴》对我国学前教育经费投入规模与配置结构研究分析发现，在经费投入规模上，我国学前教育经费投入呈逐年增长趋势，且国家财政性教育经费是学前教育经费来源的主渠道，非财政性经费特别是社会捐赠经费支出比例日益萎缩；2010年以后学前教育生均教育经费支出明显高于普通学校，也高于同期人均国内生产总值；在经费配置结构上，基本建设支出比例于2010年达到峰值，其后逐步回落；事业性经费中的人员经费和公用经费的差距趋于缩减，2009年以后公用经费支出呈逐年增长趋势。与生均个人经费相比，学前教育生均公用经费的区域差异明显更大。相比于东部地区，中西部地区学前教育生均公用经费偏低。建议合理优化学前教育经费支出结构，科学规划事业性经费中个人部分与公用部分支出比例；加大中西部边远贫困地区学前教育经费倾斜投入，逐步缩小区域学前教育发展差距。

研究发现，2006—2016年期间，我国幼儿园生均公共财政预算教育经费支出的省际不均衡程度总体呈缩小态势，但学前教育投入的省际差距仍尤为突出。基于此，全面推进省际学前教育生均经费的均衡化配置，是实现各省份学前教育均衡发展的内在要求。借鉴国际发达国家的经验做法，从促进教育公平的角度出发，加大中央对薄弱省区学前教育的财政转移支付力度，是深入推进省际学前教育均衡发展的关键举措。

对于那些财政实力较弱的省份，要求其从财政总支出划出较高份额投向学前教育的做法并不可持续。由于各省财力水平差异较大，学前教育在省级层面出现"财政不中立"的现象，以致省际学前教育发展的不均衡。要改变这种"财政不中立"的局面，需要在中央财政转移支付的过程中，加大对中西部地区、乡村地区和边远贫困地区的学前教育投入力度，为薄弱省区的困难家庭子女提供免费学前教育，充分发挥中央财政资金的公平分配与调节作用。

着眼于国家教育改革发展全局，对于学前教育投资责任的分配要进一步厘清和明晰。鉴于当前我国学前教育管理体制存在责任主体重心过低、县级财政保障能力不足、省级统筹协调不充分等突出问题，应进一步明确中央、省级和县级政府的学前教育

投资责任分配比例。具体而言，中央财政应承担起促进学前教育公平的主体责任，加大对财力薄弱的贫困省区财政转移支付力度；省级政府应不断加大统筹协调力度，努力提高学前教育省级层面“财政中立”程度；县级政府的责任重心在于提升学前教育管理职能和地方财政保障能力，建立和完善“广覆盖、保基本、促公平、有质量”的学前教育保障体系，确保每一个幼儿都能获得充足的学前教育生均经费水平。需要明确的是，促进省际学前教育生均经费的均衡配置并不等同于“削高就低”的平均主义做法，而是通过学前教育发达省区对学前教育发展相对滞后的省区进行精准帮扶，建立常态化的省域间和省域内协作联动机制，实现区域学前教育从发展不均衡不充分迈向更均衡更充分发展。

第三节　我国义务教育经费投入规模与配置结构变化趋势

基于全国时间序列数据和省级面板数据，本节对近十年来我国义务教育经费投入状况进行了描述性统计与分析。系统考察我国义务教育经费投入规模与配置结构，可以从中总结经验，厘清问题，同时为国家和地方进一步健全和完善义务教育经费保障机制提供有益的实证依据和决策参考。研究发现中小学教师年平均工资省际差距趋于缩小，但小学教师工资收入偏低，近四成省份小学教师年平均工资低于公务员工资收入。基于此，全面深化教师队伍建设改革，关键在于不断增强教师职业吸引力，切实提高教师工资待遇。

一、我国义务教育经费投入规模的变化趋势

1. 义务教育经费投入呈现逐年增长态势，国家财政性教育经费是义务教育经费收入来源的主渠道，非财政性教育经费特别是社会捐赠经费支出比例日益萎缩

根据国家统计局调整后的教育经费统计指标，义务教育经费主要来源于五个方面，包括国家财政性教育经费（以公共财政教育经费为主）、民办学校中举办者投入、社会捐赠经费、事业收入以及其他教育经费。表 3.8 所示为 2006—2016 年我国义务教育经费收入来源及其结构比例。

表 3.8 数据表明，我国义务教育经费投入从 2006 年的 3 973.3 亿元提高到 2016 年的 17 468.2 亿元，净增 13 494.9 亿元，说明国家对义务教育经费投入力度大幅加大。2006—2016 年期间，国家财政性教育经费占义务教育经费总投入的比例由 2006

表3.8 2006—2016年我国义务教育经费收入来源及其结构

年份	合计	国家财政性教育经费		公共财政教育经费		民办学校中举办者投入		社会捐赠经费		事业收入		其他教育经费	
	亿元	亿元	%	亿元	%	亿元	%	亿元	%	亿元	%	亿元	%
2006	3 973.3	3 280.8	82.6	3 021.2	76.0	184.2	4.6	44.5	1.1	368.5	9.3	95.4	2.4
2007	5 003.0	4 412.9	88.2	4 119.2	82.3	26.0	0.5	44.8	0.9	418.3	8.4	101.0	2.0
2008	6 072.5	5 548.7	91.4	5 200.8	85.6	21.4	0.4	48.3	0.8	363.7	6.0	90.5	1.5
2009	7 200.9	6 694.4	93.0	6 316.9	87.7	22.0	0.3	63.2	0.9	325.9	4.5	95.4	1.3
2010	8 300.2	7 795.0	93.9	7 326.5	88.3	27.6	0.3	48.5	0.6	333.3	4.0	96.0	1.2
2011	10 178.4	9 662.1	94.9	8 847.9	86.9	28.8	0.3	39.6	0.4	353.7	3.5	94.3	0.9
2012	12 210.5	11 641.5	95.3	10 606.3	86.9	43.7	0.4	30.6	0.3	398.2	3.3	96.4	0.8
2013	13 107.5	12 524.2	95.5	11 331.8	86.5	52.4	0.4	22.0	0.2	402.2	3.1	106.7	0.8
2014	14 141.2	13 451.0	95.1	11 993.0	84.8	50.3	0.4	18.7	0.1	495.5	3.5	125.8	0.9
2015	15 916.1	15 033.4	94.5	14 982.0	94.1	83.3	0.5	17.3	0.1	628.3	3.9	153.8	1.0
2016	17 468.2	16 450.0	94.2	16 378.7	93.8	78.9	0.5	15.7	0.1	750.9	4.3	172.8	1.0

注：数据来源于《中国教育经费统计年鉴》"各级各类教育机构教育经费收入情况（全国）"；2010年以后"预算内教育经费"指标变更为"公共财政教育经费"，"民办学校办学经费"指标变更为"民办学校中举办者投入"，比例由研究者计算得到。

年的82.6%提高到2016年的94.2%，提高了11.6个百分点。在国家财政性教育经费中，公共财政预算教育经费占据主体地位。公共财政预算教育经费占义务教育经费收入的比例由2006年的76.0%提高到2016年的93.8%，提高了17.8个百分点。对比各项收入的比重可以看出，国家财政性教育经费是义务教育经费收入来源的主渠道。2006—2016年期间，我国义务教育经费投入总量逐年稳步增长，为义务教育事业发展提供了有力的物质基础和财力保障，凸显了党和国家对义务教育事业的高度重视，使接受义务教育权利的实现得到了有力保障。

从非财政性教育经费投入情况来看，民办学校中举办者投入占义务教育经费总收入的比例甚微，除2006年之外均不足1%，2007年以后民办学校中举办者投入所占比例呈逐年下降趋势，自2007年以后维持在0.3%～0.5%之间。包括学杂费在内的事业收入比例由2006年的9.3%降至2016年的4.3%。2016年社会捐赠收入占义务教育经费的比例为0.1%，比2006年下降1个百分点，呈日益萎缩的趋势。这一现象表明我国在引导社会力量捐资助学、吸纳社会资金、发动社会团体和公民个人举办幼儿机构方面仍有待加强。今后一段时间内，充分挖掘广泛而丰富的社会资源是保障我国义务教育持续发展的必要途径。

2. 义务教育国家财政性教育经费支出占GDP的比重稳中有升，占公共财政支出的比例不足9%，占全国教育经费和国家财政性教育经费的比例有所起伏

为考察国家财政性经费在义务教育领域的投入水平，表3.9列出义务教育的国家财政性教育经费占国内生产总值、公共财政支出、全国教育经费支出和国家财政性教育经费的比例。

表3.9　2006—2016年我国义务教育国家财政性教育经费投入比例

年份	义务教育国家财政性教育经费	GDP		公共财政支出		全国教育经费支出		国家财政性教育经费	
	亿元	亿元	%	亿元	%	亿元	%	亿元	%
2006	3 280.8	219 438.5	1.50	40 422.7	8.12	9 815.3	33.43	6 348.4	51.68
2007	4 412.9	270 232.3	1.63	49 781.4	8.86	12 148.1	36.33	8 280.2	53.30
2008	5 548.7	319 515.5	1.74	62 592.7	8.86	14 500.7	38.26	10 449.6	53.10
2009	6 694.4	349 081.4	1.92	76 299.9	8.77	16 502.7	40.57	12 231.1	54.73
2010	7 795.0	413 030.3	1.89	89 874.2	8.67	19 561.8	39.85	14 670.1	53.14
2011	9 662.1	489 300.6	1.97	109 247.8	8.84	23 869.3	40.48	18 586.7	51.98
2012	11 641.5	540 367.4	2.15	125 953	9.24	28 655.3	40.63	23 147.6	50.29
2013	12 524.2	595 244.4	2.10	140 212.1	8.93	30 364.7	41.25	24 488.2	51.14
2014	13 451.0	643 974	2.09	151 785.6	8.86	32 806.5	41.00	26 420.6	50.91
2015	15 033.4	685 505.8	2.19	175 877.8	8.55	36 129.2	41.61	29 221.5	51.45
2016	16 450.0	744 127.2	2.21	187 755.2	8.76	38 888.4	42.30	31 396.3	52.39

注："义务教育国家财政性教育经费"、"全国教育经费支出"和"国家财政性教育经费"数据来源于《中国教育经费统计年鉴》；"GDP"和"公共财政支出"数据来源于《中国统计年鉴》，比例由研究者计算得到。

如表3.9所示，2006—2016年期间，义务教育国家财政性教育经费占GDP的比例处于1.50%～2.21%之间。其中2016年达到峰值，为2.21%。其间，义务教育国家财政性教育经费占公共财政支出的比例处于8.12%～9.24%之间，其中最高值为2012年的9.24%。2012—2016年期间，义务教育财政性经费投入占GDP比例均处于2%以上，表明近年来我国义务教育经费投入力度显著加大，义务教育财政性经费稳定增长机制逐渐增强。

此外，2006年至2016年期间，义务教育财政性经费占全国教育经费支出的比例处于33.43%～42.30%之间，其中2009—2016年期间维持在40%～42%之间。2016年，我国义务教育经费投入达到16 450.0亿元，占全国教育经费支出的42.30%，达到

历年最高值。

3. 义务教育生均经费支出呈逐年增长趋势，2009年之后普通小学和普通初中生均教育经费高于幼儿园，但低于同期普通高中生均教育经费

对比幼儿园、普通小学、普通初中和普通高中生均教育经费支出数据（见图3.24），可以发现，2000—2006年期间，普通小学和普通初中的生均教育经费低于幼儿园，也低于普通高中；2007—2008年，普通初中的生均教育经费高于幼儿园，而普通小学的生均教育经费仍低于幼儿园；2009年以后，普通小学、普通初中的生均教育经费高于幼儿园的，但低于普通高中。

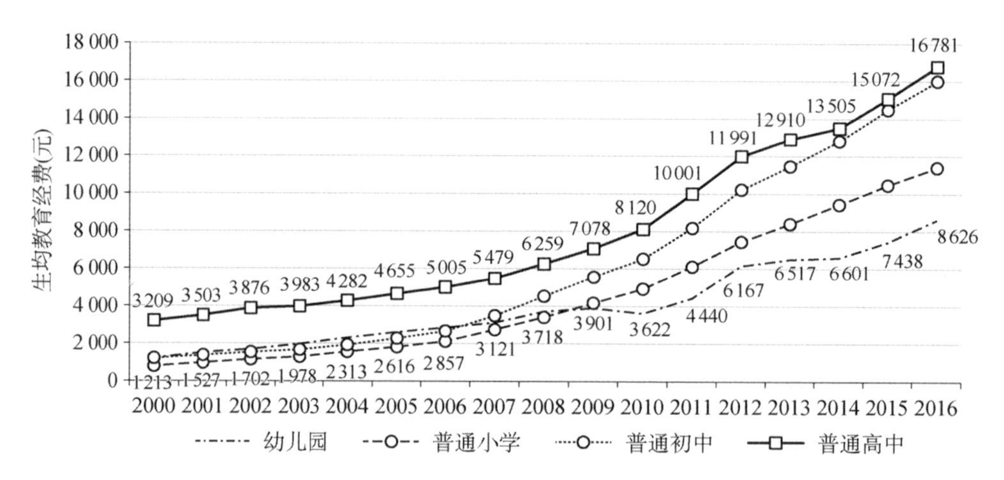

图3.24 我国各级教育生均教育经费支出比较

注：数据来源于《中国教育经费统计年鉴》"各级学校生均教育经费支出（全国教育和其他部门）"。2016年数据来源于"教育部关于2016年全国教育经费统计快报"①。

具体来看，2016年普通小学、普通初中和普通高中的生均教育经费支出分别为11 398元、16 010元和16 781元，分别比幼儿园生均教育经费（8 626元）高2 772元、7 384元和8 155元。其中，普通小学、普通初中的生均教育经费分别是幼儿园生均教育经费的1.3倍和1.9倍，分别占普通高中生均教育经费的68%和95%，足见目前我国义务教育生均教育经费仍有待于提高。

4. 义务教育生均预算公用经费省际差距整体呈下降趋势，但省际差异仍较为明显

如表3.10所示，2006—2017年间我国普通小学的生均公共财政预算公用经费省际极差率处于5.5—22.6之间。截至2017年，各省小学生均公共财政预算公用经费最高的北京达到10 855.0元，是最低省份河北（1 922.1元）的5.6倍。从总体变化情况来看，

① 教育部.教育部关于2016年全国教育经费统计快报[Z].2017-05-03.

普通小学的生均公共财政预算公用经费由2008年最高值的22.6，下降到2017年的5.6，表明我国普通小学生均公共财政预算公用经费的省际差异整体呈现下降趋势。

表3.10　义务教育生均公共财政预算公用经费省际差异比较

年份	普通小学				普通初中			
	最大值	最小值	差值	极差率	最大值	最小值	差值	极差率
2006	2 308.8	102.4	2 206.4	22.6	2 614.7	135.6	2 479.1	19.3
2007	2 951.6	198.6	2 753.0	14.9	4 963.6	324.6	4 639.0	15.3
2008	4 271.5	363.7	3 907.8	11.7	5 796.7	582.7	5 214.0	9.9
2009	4 722.9	439.5	4 283.4	10.7	6 352.2	624.1	5 728.1	10.2
2010	5 837.0	579.3	5 257.7	10.1	8 247.7	827.2	7 420.5	10.0
2011	8 719.4	834.2	7 885.2	10.5	11 241.8	1 175.5	10 066.3	9.6
2012	8 731.8	1 236.0	7 495.8	7.1	11 268.5	1 638.6	9 629.9	6.9
2013	9 939.0	1 390.8	8 548.2	7.1	13 747.0	1 866.6	11 880.4	7.4
2014	9 951.0	1 386.1	8 564.9	7.2	14 127.6	1 725.0	12 402.6	8.2
2015	9 753.4	1 748.9	8 004.5	5.6	15 945.1	2 233.7	13 711.4	7.1
2016	10 308.7	1 862.0	8 446.7	5.5	16 707.9	2 498.7	14 209.2	6.7
2017	10 855.0	1 922.1	8 932.9	5.6	21 282.5	2 699.8	18 582.7	7.9

从普通初中来看，生均公共财政预算公用经费省际极差率处于6.7—19.3之间，最大值为2006年的19.3，最小值为2016年的6.7。对比各省份，截至2017年，各省初中生均公共财政预算公用经费最高的北京达到21 282.5元，是最低省份辽宁(2 699.8元)的7.9倍。虽然我国义务教育生均公共财政预算公用经费的省际差距总体趋于缩减，但迄今为止仍存在较为明显的省际差异。

二、我国中小学教师工资的省际比较与分析

近年来，尽管我国教育经费投入总量持续增长，但是截至2017年，中小学教职工工资福利支出占教育经费总支出的比重仅为49.2%，其中普通小学为48.4%，普通初中为50.7%，普通高中为49.0%；城镇非私营单位教职工年平均工资在全国19个行业中位居第7位，私营单位则处于第11位。教师群体尤其是中小学教师工资收入偏低，中小学教师职业吸引力不强、优质教师资源配置不足、师资结构不尽合理、对教师工作重视程度和支持力度不够等突出问题，严重制约了我国中小学教师队伍建设与发展。

1. 城镇中小学教师工资收入的省际差距突出，但整体呈缩小态势

教师工资水平是衡量教师职业薪酬福利待遇的直接体现，也是反映教师社会地位

的重要评价指标。从小学阶段来看，2016年全国小学城镇教师年平均工资为69 031元。其中位居前列的前5个省份为北京、西藏、天津、上海和浙江，其年平均工资都高于10万元，北京以117 677元领先全国；较低的后5个省份为江西、陕西、湖南、广西和河南，最低的河南为52 517元；最高省份是最低省份的2.24倍，省际差异系数为0.23，泰尔指数为0.023。就中等教育而言，全国城镇中学教师年平均工资为73 763元。其中位居前列的前5个省份为北京、西藏、天津、上海和浙江，其年平均工资都超过11万元，最高的北京达128 423元；较低的后5个省份为江西、陕西、湖南、广西和河南，最低的河南为54 814元；最高省份是最低省份的2.34倍，省际差异系数为0.25，泰尔指数为0.027。综合以上数据可以看出，我国各省份中小学教师工资收入的省际差距较为突出。

从省际差距来看，小学教师年平均工资的省际差异系数由2007年的0.33降至2016年的0.25，泰尔指数从0.046减至0.027；中学教师年平均工资的省际差异系数由2007年的0.30降至2016年的0.25，泰尔指数从0.040减至0.028。综上可见，尽管我国城镇中小学教师年平均工资的省际差距突出，但总体上呈现渐趋缩小态势。(见表3.11)

表3.11 2007—2016年我国各省份城镇中小学教师年平均工资比较

年份	教育行业				小学				中学			
	均值	极差率	差异系数	泰尔指数	均值	极差率	差异系数	泰尔指数	均值	极差率	差异系数	泰尔指数
2007	25 908	2.40	0.30	0.039	22 288	2.67	0.33	0.046	25 740	2.55	0.30	0.040
2008	29 831	2.51	0.30	0.038	25 929	3.01	0.32	0.045	29 579	2.96	0.31	0.041
2009	34 543	2.36	0.28	0.034	31 036	2.72	0.32	0.045	34 169	2.59	0.30	0.038
2010	38 968	2.35	0.28	0.035	35 419	2.79	0.34	0.048	38 457	2.63	0.31	0.041
2011	43 194	2.60	0.28	0.035	39 337	2.85	0.33	0.047	42 564	2.71	0.31	0.041
2012	47 734	2.49	0.27	0.031	43 320	2.75	0.30	0.040	46 943	2.62	0.29	0.036
2013	51 950	2.33	0.25	0.028	47 066	2.57	0.28	0.036	51 084	2.43	0.27	0.033
2014	56 580	2.42	0.25	0.028	51 553	2.61	0.28	0.034	55 361	2.50	0.28	0.035
2015	66 592	2.29	0.24	0.025	61 724	2.50	0.26	0.029	65 843	2.38	0.26	0.030
2016	74 498	2.19	0.23	0.023	69 031	2.24	0.25	0.027	73 763	2.34	0.25	0.028

注：数据来源于《中国劳动统计年鉴》历年相关统计指标。根据《中国劳动统计年鉴》的划分标准，教育行业细分为初等教育、中等教育和高等教育。限于篇幅，仅列出初等教育和中等教育，下同。

2. 中小学教师尤其是小学教师工资收入偏低,近四成省份小学教师年平均工资低于公务员工资收入

从长期变化趋势来看,全国中小学教师年平均工资与公务员工资收入差距渐趋缩小。具体而言,全国小学教师年平均工资占公务员工资比例由2006年的77.4%增至2016年的97.4%,上升了20个百分点;中学教师年平均工资占公务员工资比例由2006年的92.0%增至2016年的104.1%,提高了12.1个百分点。2010年至2016年期间,全国中学教师年平均工资总体略高于公务员工资收入,但相比较而言,小学教师年平均工资仍普遍低于公务员工资收入。(见图3.25)

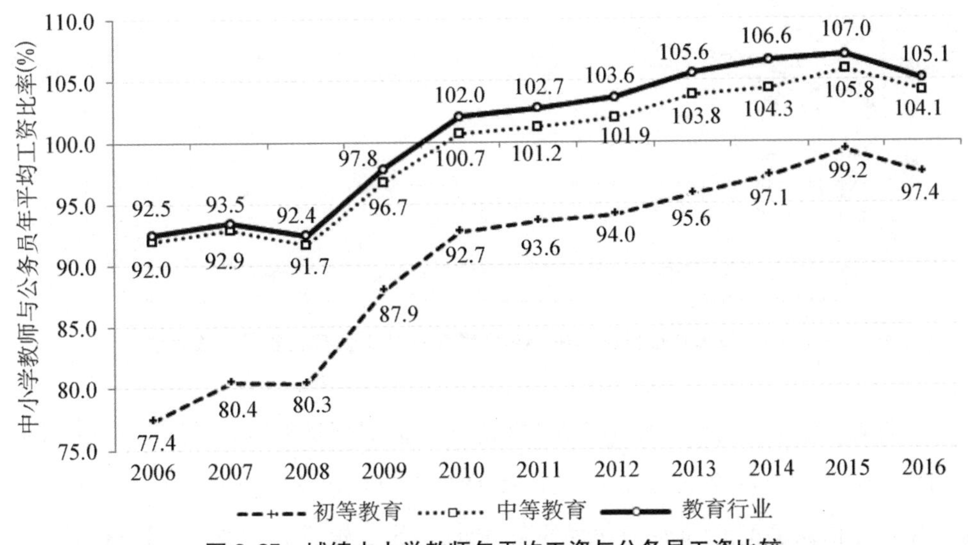

图3.25 城镇中小学教师年平均工资与公务员工资比较

从各省份小学教师年平均工资与公务员工资比较情况来看,2016年,近四成省份小学教师年平均工资低于当地公务员工资收入。其中,小学教师年平均工资与公务员工资比值较低的5个省份为广东、江苏、湖北、广西和福建,比值最低的广东为86%,说明广东小学教师年平均工资比当地公务员工资低14个百分点;小学教师年平均工资与公务员工资比值较高的5个省份为海南、内蒙古、新疆、青海和辽宁,比值最高的海南为115%,说明海南小学教师年平均工资比当地公务员工资高15个百分点。

就中等教育而言,80.6%的省份中学教师年平均工资略高于当地公务员工资收入。其中,中学教师年平均工资与公务员工资比值较高的5个省份为北京、新疆、辽宁、内蒙古和山西,比值最高的北京达123%,说明北京中学教师年平均工资比当地公务员工资高23个百分点;中学教师年平均工资与公务员工资比值较低的5个省份为

湖北、广东、广西、江苏和江西，比值最低的湖北为93%，说明湖北中学教师年平均工资比当地公务员工资低7个百分点。(见图3.26)

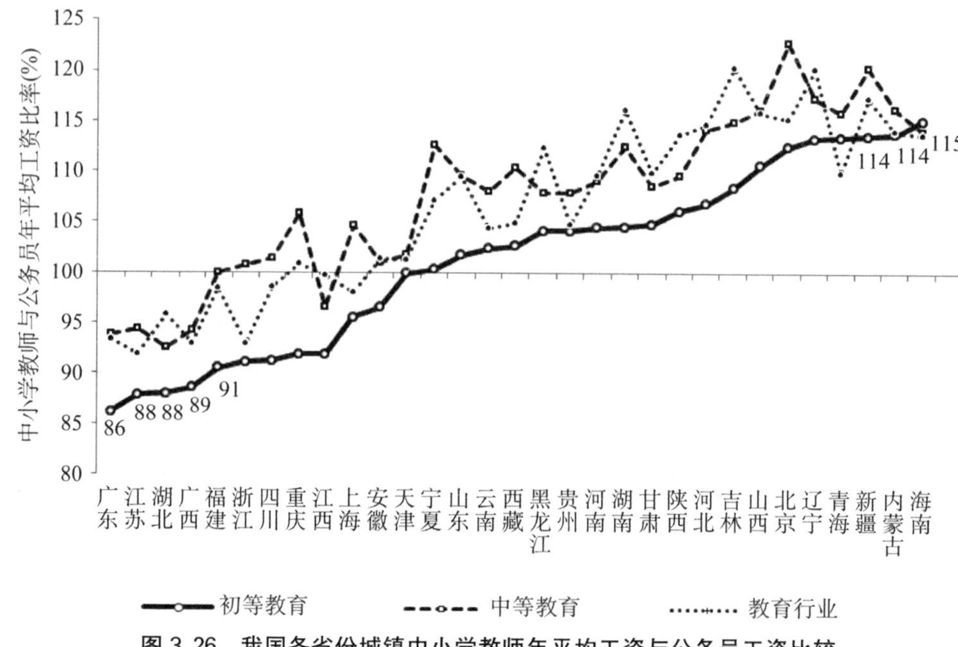

图3.26 我国各省份城镇中小学教师年平均工资与公务员工资比较

从各省份城镇单位就业人员平均工资情况来看，教师年平均工资和人均地区生产总值均高于10万元的省份有北京、上海和天津，教师年平均工资超过10万元但人均地区生产总值低于10万元的省份为西藏、浙江。除江苏、上海以外，其他省份教师年平均工资水平都高于同期人均地区生产总值，其中教师年平均工资水平是人均地区生产总值2倍及以上的省份为西藏、甘肃、云南和贵州，说明经济欠发达省份的教师平均工资普遍高于人均地区生产总值(见图3.27)。

对2016年教师年平均工资与社会各行业工资进行比较发现，除上海以外，30个省份的教师年平均工资高于社会各行业平均工资。2016年上海教师年平均工资为106 941元，但比社会各行业平均工资(119 935元)低10.83%。

数据显示，2006至2016年间，对教师工资与社会各行业年平均工资进行比较发现，教师年平均工资总体上略高于19个行业平均工资。2006至2008年间，教师年平均工资在19个行业中排名第12位，2009年上升至第11位。2010至2014年间，教师年平均工资在19个行业中排在第10位，2015年上升至第9位。2016年教师年平均工资在19个行业中的位置达到历年最高值，上升到第8位，处于中等偏上位置。教师

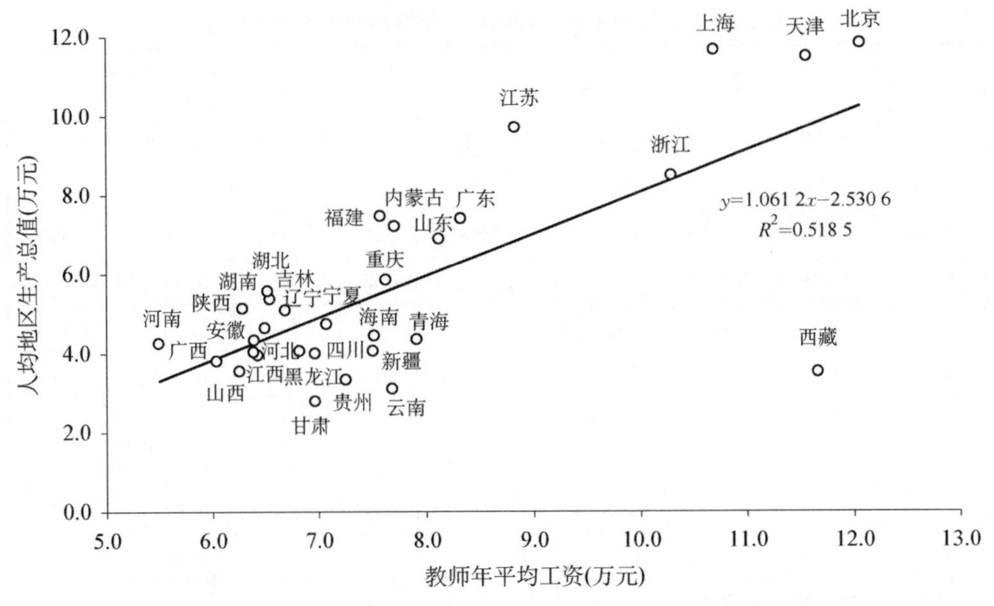

图 3.27　我国各省份教师年平均工资与人均地区生产总值的关系

年平均工资在 19 个行业中的相对位置从 2006 年的第 12 位上升到 2016 年的第 8 位，说明近十年里教师工资福利待遇和社会地位得到显著提高。截至 2016 年，全国教师年平均工资为 74 498 元，比 2015 年(66 592 元)增长 11.87%，教师年平均工资的增长率在全国 19 个行业中排名第 2 位。但就整体而言，我国教师工资水平在全行业中处于中下位置，中小学教师工资相对水平较低，教师职业仍缺乏吸引力和竞争力。

3. *教师年平均工资地区差异明显*

教师年平均工资普遍提高，但地区差异明显。数据表明，2016 年教师年平均工资北京居首位，其次为西藏、天津、上海和浙江，排名后 5 位的是江西、陕西、山西、广西和河南，最高的北京(120 573 元)是最低的河南(55 087 元)的 2.2 倍，省际差异系数为 0.23。2015 至 2016 年间，教师年平均工资增长率较高的省份有云南、湖南、天津、湖北、广东等，增长率较低的省份有重庆、山西、上海、海南、西藏等。由于各地经济发展不平衡，教育投入不均衡，教育管理体制改革的推进深度不同，教师工资收入水平地区差异很大。

数据显示，截至 2016 年，幼儿园、小学及中学教师的年平均工资分别为 19 532 元、39 413 元和 42 150 元，较 2009 年分别增长 157.20%、13.39%和 11.56%。其中，幼儿园教师工资增幅最大，远远高于其他教师工资平均增幅，说明国家和地方政府对学前教育非常重视。2006—2016 年间，教师年平均工资水平省际差异缩小，但工资水平最高省份的增长幅度低于工资水平最低省份的增长幅度。(见表 3.12)

表3.12 2006—2016年我国各省份教师年平均工资比较

年份	教师年平均工资				教师年平均工资占同省19个行业平均工资比例			
	均值	最大值	最小值	差异系数	均值	最大值	最小值	差异系数
2006	20 918	42 565	16 117	0.32	1.003	1.410	0.927	0.098
2007	25 908	49 201	19 706	0.32	1.048	1.456	0.962	0.093
2008	29 831	59 876	22 734	0.31	1.032	1.467	0.947	0.103
2009	34 543	61 763	26 175	0.28	1.071	1.614	0.959	0.116
2010	38 968	69 738	29 725	0.28	1.066	1.567	0.926	0.116
2011	43 194	82 315	31 635	0.28	1.033	1.469	0.893	0.110
2012	47 734	85 662	34 339	0.27	1.021	1.398	0.869	0.098
2013	51 950	89 333	38 350	0.25	1.009	1.320	0.898	0.090
2014	56 580	99 337	41 021	0.25	1.004	1.300	0.903	0.088
2015	66 592	115 090	50 152	0.24	1.074	1.363	0.924	0.083
2016	74 498	120 573	55 087	0.23	1.103	1.403	0.892	0.089

三、小结

通过对各省份中小学教师工资水平比较发现，近年来，我国中小学教师工资收入有所提高，但也存在一些问题：一是我国中小学教师年平均工资收入水平的地区差异较大。由于各省份经济发展区域差异明显，导致教师工资收入水平也存在较大的省际差距，较高的教师工资收入水平多集中于经济较发达省区，而经济欠发达省区教师工资收入水平相对较低，而且改变这种差距需要较长时间的努力。对此，应切实提高教师工资福利待遇，不断增强教师职业的吸引力。

教师队伍建设的重要任务是切实提高教师工资待遇，增强教师职业吸引力和竞争力，这是当前我国教师队伍建设亟需加以推进的重要举措。中共中央、国务院印发的《关于全面深化新时代教师队伍建设改革的意见》(以下简称《意见》)中明确指出，"教师特别是中小学教师职业吸引力不足，地位待遇有待提高"的问题。习近平总书记强调，"改善教师待遇，关心教师健康，维护教师权益，充分信任、紧紧依靠广大教师，支持优秀人才长期从教、终身从教"。按照习总书记的要求，切实提高教师工资待遇是吸引和稳定优秀人才长期从教的必要措施。《意见》也明确提出，"不断提高地位待遇，真正让教师成为令人羡慕的职业"。为广大教师提供富有竞争力的薪酬待遇，是吸引优秀人才优先选择从事教师职业的必要条件。2017年，全国城镇非私营单位教师年平均工资为83 412元,名义增长率为12.0%;教师年平均工资水平在全国19个行业中位居第7位,较2007年的第12位有较大幅度提升,但相比金融业、科学研究和技术服务业、卫生和社会工作等相关行业职工平均工资,教师工资收入普遍偏低,特别是中小学教师职业吸引力不强。

教师薪酬待遇偏低,是无法吸引更多优秀人才从事教师职业的重要原因。增强教师职业吸引力,最直接有力的举措是切实提高教师工资待遇。相关举措包括:一是以公务员待遇作为提升中小学教师工资收入的参照,建立教师工资收入水平与公务员的基本工资、津贴、补贴和奖金同步同幅、联动调整的长效机制,重点提高教师津贴、补贴额度及其比例,统筹考虑科学研究和技术服务业、卫生和社会工作等其他行业薪资水准,适时调整和提高中小学教师工资收入,让更多的一线教师拥有更实在的获得感。二是以提高乡村教师待遇为重要抓手,全面落实乡村教师支持计划,在充分考虑学校的艰苦边远程度等因素的基础上,对地理位置偏远、条件艰苦的乡村学校教师实行差别化补助,逐步提高集中连片特困地区乡村教师的生活补助。2016年,连片特困地区乡村教师人均月生活补助标准为284元,其中,实施县人均月补助标准200元及以下的占16%,200—400元的占59%,400元及以上的占25%。部分实施县的人均月补助标准低于200元,一些地方甚至不足100元。补助标准偏低,难以真正起到稳定优秀人才扎根乡村学校从教的激励导向作用。从各地具体实施情况来看,乡村教师生活补助标准亟待进一步提高,以保证更多的乡村教师能够获得充分的职业幸福感。

第四节 我国高中阶段教育经费投入规模及变化趋势

普及高中阶段教育是"十三五"时期国家教育事业发展的重要目标和任务,是贯通义务教育和高等教育发展的关键环节,是加快建设人力资源强国、促进我国经济结构转型升级的必然要求。"十三五"时期特别是党的十九大,党中央、国务院高度重视高中阶段教育发展,把普及高中阶段教育摆在了更加显要的位置。党的十九大报告明确提出了"普及高中阶段教育"的要求。"基本普及高中阶段教育"、"加快普及高中阶段教育"相继写入了2007年党的十七大报告和2012年党的十八大报告中。从十七大的"基本普及"到十八大的"加快普及"再到十九大的"普及",是党中央、国务院对高中阶段教育的精准把握和科学决策。

《国家教育事业发展"十三五"规划》中也明确指出普及高中阶段教育,并提出两个方面的要求:一是巩固提高中等职业教育发展水平。包括在义务教育阶段开展职业启蒙教育。保持普通高中和中等职业教育招生规模大体相当,在中西部地区以中等职业教育为重点发展高中阶段教育;二是促进普通高中多样化发展。包括继续支持贫困地区和民族地区普通高中建设。探索综合高中、特色高中等多种模式,促进学校特色发展,为学生提供更多选择机会。[①] 为全面落实国家教育事业发展"十三五"规划,教育部等四部门于2017年3月30日印发了《高中阶段教育普及攻坚计划(2017—2020年)》,指出到2020年,全国普及高中阶段教育,适应初中毕业生接受良好高中阶段教育的需求。全国、各省(区、市)毛入学率均达到90%以上,中西部贫困地区毛入学率显著提升。高中阶段教育相关政策得到不断健全和完善,有力地推动了我国高中阶段教育的普及化进程。上述出台的一系列政策充分体现了党中央、国务院加快发展高中阶段教育、提高高中阶段教育普及水平的力度不断加深,为进一步扩大高中阶段受教育机会提供了有力保障。

充足、稳定的经费投入对高中阶段教育事业的发展显得愈加重要。高中阶段教育规模扩大和高中阶段教育质量的提升,都离不开各项经费的投入。近十年来,我国高中阶段教育经费尤其是财政性经费投入总量不断增长,为高中阶段教育持续发展提供了有力的物质保障。"十三五"规划时期要进一步办好高中阶段教育,不仅要加大国家和社会的经费投入力度,而且要科学合理地进行经费配置。在加大财政性教育经费投入的同时,如何科学合理地分配和使用经费是新时期所面临的新任务和新挑战。综观国内已有文献,有关高中阶段教育经费投入规模与配置结构的实证研究较为缺乏。有鉴于此,本文基于教育部财务司、国家统计局社会和科技统计司编制的《中国教育经费统计年鉴》(2008—2017)以及教育部发展规划司编制的《中国教育统计年鉴》(2017)相关统计指标,对近十年来我国高中阶段教育经费投入状况进行描述和分析。实证考察我国高中阶段教育经费投入规模与配置结构,可以从中总结经验,厘清问题,同时为国家和地方进一步健全和完善高中阶段教育经费投入机制提供有益的实证依据和决策参考。

一、我国高中阶段教育经费投入规模的变化趋势

1. 高中阶段教育经费投入呈逐年增长趋势,国家财政性教育经费是高中阶段教育经费收入来源的主渠道,非财政性教育经费特别是社会捐赠经费日益萎缩

根据教育部财务司和国家统计局调整后的教育经费统计指标,高中阶段教育经费

---

① 教育部,国家发展改革委,财政部,人力资源社会保障部. 教育部等四部门关于印发《高中阶段教育普及攻坚计划(2017—2020年)》的通知[Z]. 2017-03-30.

主要来源于五个方面，包括国家财政性教育经费（以公共财政教育经费为主）、民办学校中举办者投入、社会捐赠经费、事业收入以及其他教育经费。表 3.13 所示为 2007—2016 年我国高中阶段教育经费收入来源及其结构比例。

表 3.13　2007—2016 年我国高中阶段教育经费收入来源及其比例

年份	合计	国家财政性教育经费		公共财政预算教育经费		民办学校中举办者投入		社会捐赠经费		事业收入		其他教育经费	
	亿元	亿元	%	亿元	%	亿元	%	亿元	%	亿元	%	亿元	%
2007	2 245.3	1 307.0	58.2	1 130.8	50.4	23.0	1.0	15.8	0.7	820.5	36.5	78.9	3.5
2008	2 651.5	1 643.5	62.0	1 423.4	53.7	18.2	0.7	18.6	0.7	892.1	33.6	79.1	3.0
2009	2 978.3	1 923.5	64.6	1 694.0	56.9	19.8	0.7	28.1	0.9	925.0	31.1	81.9	2.8
2010	3 360.7	2 290.1	68.1	2 008.4	59.8	22.8	0.7	20.7	0.6	942.5	28.1	84.5	2.5
2011	4 132.9	3 059.0	74.0	2 575.6	62.3	20.6	0.5	21.1	0.5	946.5	22.9	85.7	2.1
2012	4 905.2	3 876.9	79.0	3 279.3	66.9	19.2	0.4	17.3	0.4	900.1	18.4	91.7	1.9
2013	5 224.1	4 218.6	80.8	3 529.1	67.6	20.9	0.4	15.0	0.3	862.9	16.5	106.7	2.0
2014	5 265.1	4 266.5	81.0	3 980.7	75.6	20.3	0.4	13.0	0.3	855.0	16.2	110.3	2.1
2015	5 766.1	4 783.3	83.0	4 745.5	82.3	28.9	0.5	13.5	0.2	807.7	14.0	132.7	2.3
2016	6 155.2	5 157.8	83.8	4 691.4	76.2	26.2	0.4	10.8	0.2	823.8	13.4	136.5	2.2

注：数据来源于《中国教育经费统计年鉴》"各级各类教育机构教育经费收入情况统计（全国）"；2010 年以后"预算内教育经费"改为"公共财政预算教育经费"，"民办学校办学经费"改为"民办学校中举办者投入"，比例由研究者计算得到。此处计算的经费包含普通高中和中等职业学校。

表 3.13 的数据表明，我国高中阶段教育经费投入由 2007 年的 2 245.3 亿元提高到 2016 年的 6 155.2 亿元，净增 3 909.9 亿元。2007—2016 年期间，国家财政性教育经费占高中阶段教育经费总投入的比例由 2007 年的 58.2% 提高到 2015 年的 83.8%，增加了 25.6 个百分点，显现出稳步增长的态势，说明国家对高中阶段教育经费投入力度明显增大。

2016 年公共财政预算教育经费占高中阶段教育经费收入的比例为 76.2%，比 2007 年提高了 25.8 个百分点。对比各项收入来源比重可以看出，在国家财政性教育经费中，公共财政教育经费是高中阶段教育经费收入来源的主渠道。2007—2016 年期间，我国高中阶段教育经费投入以年均 12.1% 的速度快速增长，为高中教育发展提供了有力的物质基础和财力保障。近十年来我国高中阶段教育经费投入总量逐年稳步增长，初中生接受高中教育机会的实现得到了有力保障。

从非财政性教育经费投入情况来看，民办学校中举办者投入占高中阶段教育经费总收入的比例甚微，除2007年以外均低于1%，2011年以后该比例基本保持在0.4%～0.5%左右。包括学杂费在内的事业收入总量及比例自2011年以后逐年下降，事业收入占高中阶段教育经费的比例由2007年的36.5%降至2016年的13.4%。相似的，社会捐赠经费占高中阶段教育经费收入的比例2016年为0.2%，比2007年降低了0.5个百分点，显现出日益萎缩的态势。这一现象表明我国在引导社会力量捐资助学、吸纳社会资金、发动社会团体和公民个人举办特教机构方面仍有待加强。今后一段时间内，充分挖掘广泛而丰富的社会资源是保障我国高中阶段教育持续平稳发展的必要途径。

2. 高中阶段教育的国家财政性教育经费占GDP的比重低于0.8%，占全国教育经费支出的比例低于14%，占国家财政性教育经费的比例较低

为考察国家对高中阶段教育投入水平，表3.14列出高中阶段教育的国家财政性教育经费占国内生产总值、公共财政支出、全国教育经费支出和国家财政性教育经费的比例。

表3.14 2007—2016年我国高中阶段教育国家财政性教育经费支出比例

年份	高中阶段教育国家财政性教育经费	GDP		公共财政支出		全国教育经费支出		国家财政性教育经费	
	亿元	亿元	%	亿元	%	亿元	%	亿元	%
2007	1 307.0	270 232.3	0.48	49 781.4	2.63	12 148.1	10.76	8 280.2	15.78
2008	1 643.5	319 515.5	0.51	62 592.7	2.63	14 500.7	11.33	10 449.6	15.73
2009	1 923.5	349 081.4	0.55	76 299.9	2.52	16 502.7	11.66	12 231.1	15.73
2010	2 290.1	413 030.3	0.55	89 874.2	2.55	19 561.8	11.71	14 670.1	15.61
2011	3 059.0	489 300.6	0.63	109 247.8	2.80	23 869.3	12.82	18 586.7	16.46
2012	3 876.9	540 367.4	0.72	125 953.0	3.08	28 655.3	13.53	23 147.6	16.75
2013	4 218.6	595 244.4	0.71	140 212.1	3.01	30 364.7	13.89	24 488.2	17.23
2014	4 266.5	643 974.0	0.66	151 785.6	2.81	32 806.5	13.01	26 420.6	16.15
2015	4 783.3	685 505.8	0.70	175 877.8	2.72	36 129.2	13.24	29 221.5	16.37
2016	5 157.8	744 127.2	0.69	187 755.2	2.75	38 888.4	13.26	31 396.3	16.43

注："高中阶段教育国家财政性教育经费"、"全国教育经费支出"和"国家财政性教育经费"数据来源于《中国教育经费统计年鉴》(2008—2017)；"GDP"和"公共财政支出"数据来源于《中国统计年鉴》(2008—2017)，比例由研究者计算得到。

如表3.14所示，2007—2016年期间，高中阶段教育国家财政性教育经费占GDP

的比例处于0.48%～0.72%之间。其中最低值为2007的0.48%，2012年达到峰值，为0.72%，其后略有下降。其间，高中阶段教育国家财政性教育经费占公共财政支出的比例处于2.52%～3.08%之间，其中2012年达到最高值，为3.08%，其后呈下降趋势。2012年以后，高中阶段教育国家财政性教育经费投入占GDP和公共财政支出的比例均趋于下降，显现出高中阶段教育财政性经费的稳定增长机制有待进一步加强。尽管近十年来我国高中阶段教育经费投入持续稳定增长，但是在全国教育经费投入总量中，高中阶段教育财政性投入比重偏低。

其次，2007—2016年期间，高中阶段教育国家财政性经费占全国教育经费支出的比例处于10.76%～13.89%之间。其中最低值为2007年的10.76%，2011年后维持在13%左右，并在2013年达到峰值，为13.89%。截至2016年，我国高中阶段国家财政性经费投入为5 157.8亿元，占全国教育经费支出的比例为13.26%。

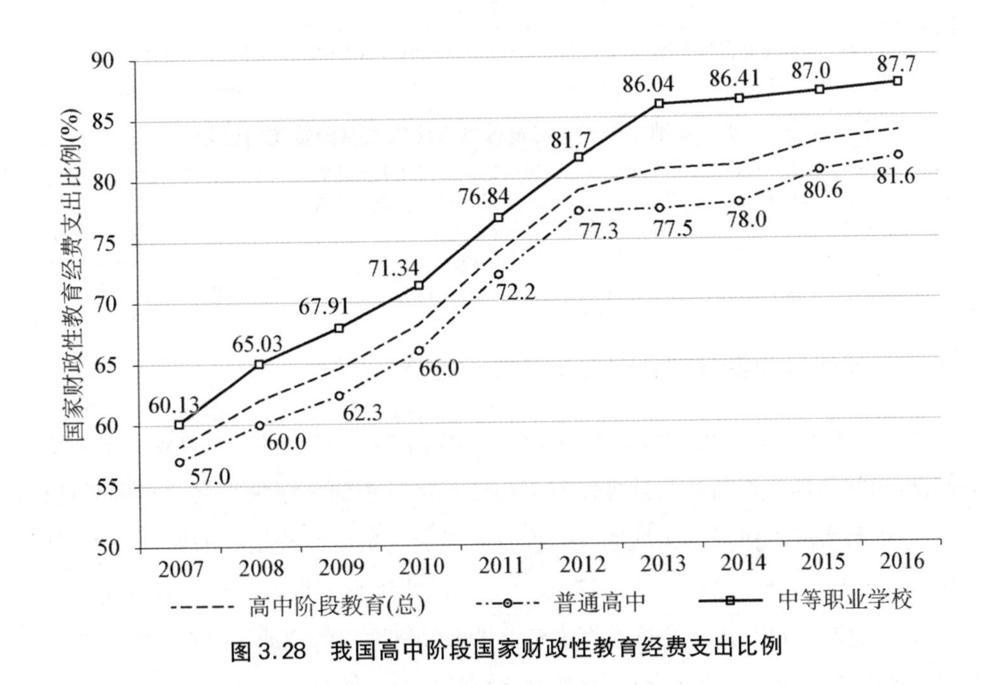

图3.28　我国高中阶段国家财政性教育经费支出比例

3. 高中阶段教育生均经费支出呈逐年增长趋势，但高中阶段教育生均经费低于普通高等学校，也低于同期人均国内生产总值

图3.29所示为各级各类学校生均教育经费支出。可以看出，2000—2016年期间，普通高中中等职业学校生均教育经费虽然高于普通初中生均教育经费，但明显低于普通高等学校的生均教育经费支出水平。具体来看，2016年，中等职业学校生均教育经费为16 985元，普通高中生均教育经费为16 781元，略高于普通初中生均教育经

费(16 010 元),但明显低于普通高等学校的生均教育经费(30 457 元)。换言之,普通高中与中等职业学校生均教育经费约占普通高等学校的 50.0%和 55.7%,足见高中阶段教育生均经费水平仍有待进一步提高。

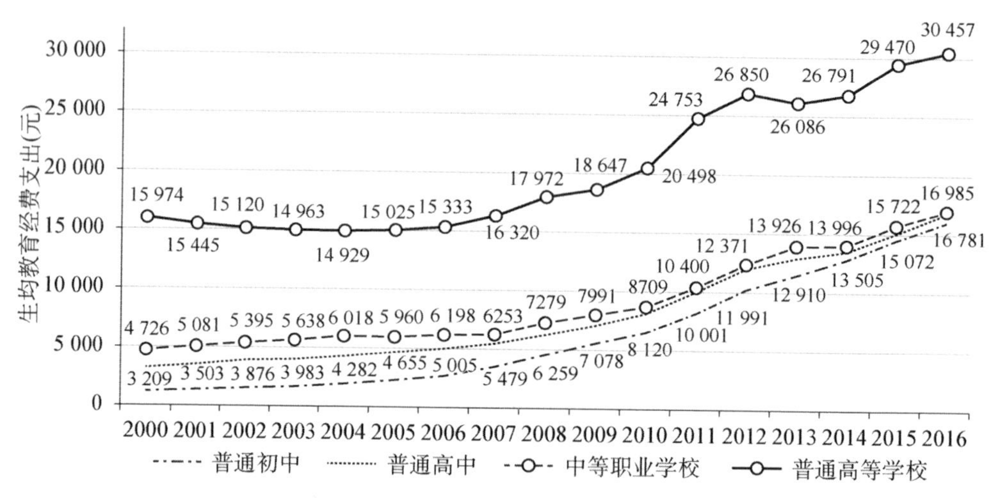

图 3.29 我国中等教育与高等教育生均教育经费支出比较

注：数据来源于《中国教育经费统计年鉴》(2001—2016)“各级各类学校生均教育经费支出(全国教育和其他部门)”。2016 年数据来源于“教育部关于 2016 年全国教育经费统计快报”。

第五节 我国高等教育投资收益及其变动趋势

为考察高等教育投资收益状况,本节基于全国 31 个省、自治区、直辖市的省级面板数据,对我国地方普通高校教育投资与地区经济发展的关系进行格兰杰因果检验。研究发现,超半数省份尚未实现地方高校教育投资与地区经济增长的协调发展;地区经济增长对地方高校教育投资的促进效应在全国范围高于地方高校教育投资对地区经济增长的拉动效应;地方高校教育投资对地区经济增长的拉动效应在区域分布上由西向东梯次递增,而地区经济增长对地方高校教育投资的促进效应则呈现出西、东、中递增的分布特征。基于此,政府应当进一步加大对地方普通高校转型建设的财政支持力度,为强化应用技术型高校转型释放出更加强烈的政策信号;注重调节优化省际与区域地方高校教育经费的分配结构,建立健全与地方转型高校办学规模与应用型人才培养要求相适应的财政保障长效机制;完善地方高校教育经费使用的监督机制,以确保教育投资质量与效益。

一、中央与地方高等学校教育投资比较

高等学校作为我国创新型人才培养和科技创新的主阵地，在高校扩招政策下源源不断地向地区经济实体输送优秀的人才与先进的科学技术。相比初等教育和中等教育而言，高等教育与国家和民族的知识创新有着更直接、更紧密的联系，是国家和地区经济发展的重要支撑。高等教育的发展直接关系到科技创新和技术进步，而经济发展也直接影响着高等教育投资，进而关系到高等教育投资收益的提升。教育经济学理论认为，教育与经济发展之间存在相互影响、相互作用的关系：一方面，经济发展决定着教育发展，集中体现在经济是教育发展的物质基础和条件，决定着高等教育发展的规模、速度和质量；另一方面，教育发展也通过直接或间接的功能影响着国家和地区经济发展，其中直接功能即教育为经济发展提供高技能劳动力和先进科学技术进而提高劳动生产率，而间接功能则为教育通过对人的全面发展影响进而促进经济发展。

从中央与地方高等学校教育投资比较视角来看，2007—2016 年期间我国地方普通高等学校的生均教育经费支出、生均公共财政预算教育经费支出均明显低于同期的中央属普通高等学校。（见图 3.30）

图 3.30　我国中央与地方普通高校生均公共财政预算教育经费变动趋势

由图 3.30 可以看出，2007 年至 2016 年期间，中央与地方普通高校生均公共财政预算教育经费总体上呈现上升态势。2007 年，我国地方普通高等学校生均公共财政预算教育经费支出为 5 724 元，中央属普通高等学校生均公共财政预算教育经费支出

为12 261元，两者相差6 537元；2013年地方普通高等学校生均预算内教育经费支出有所下降，约为14 186元，比2012年减少7.06%。2014年之后开始逐步回升，截至2016年，地方普通高等学校生均预算内教育经费支出达16 854元，比2015年增长3.54%；中央普通高等学校生均公共财政预算教育经费支出为31 025元，比2015年增长3.22%。

比较而言，中央与地方普通高校生均预算内经费支出的差距突出。如图3.31所示，2007年至2016年期间，中央与地方普通高校生均预算内经费支出的差值由2007年的6 537元扩大到2016年的14 171元，比值则由2007年的2.14∶1降至2016年的1.84∶1，(见图3.32)这表明地方普通高校生均公共财政拨款与中央属高校的差距明显。地方普通高校生均预算内经费支出偏低，反映了一些省份公共财政对地方高等教育经费支出的保障能力不足，有些省份因自身财力不足导致对地方高等教育的投入较低，严重影响了地区高等教育事业的发展。

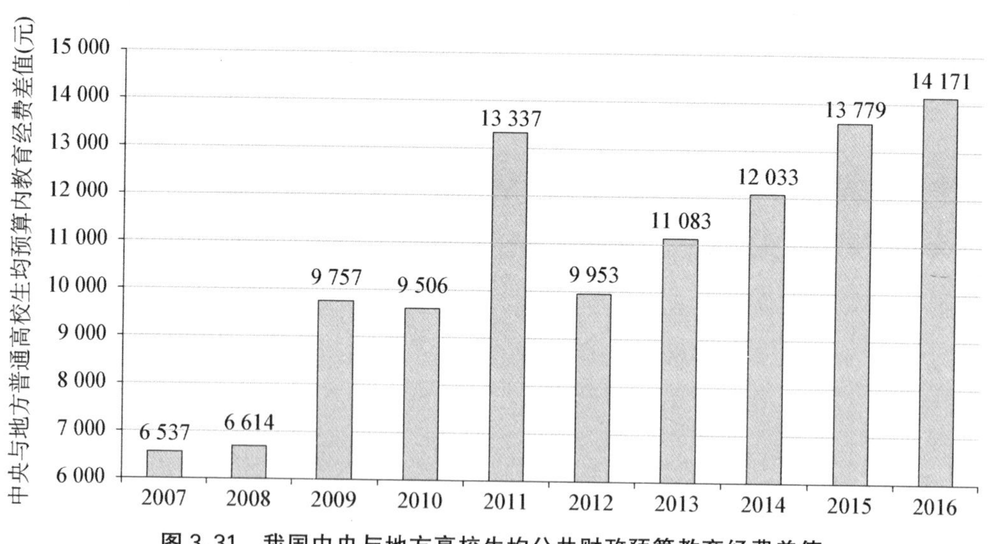

图3.31　我国中央与地方高校生均公共财政预算教育经费差值

从高等教育经费支出结构来看，地方普通高等学校生均预算内人员经费与生均预算内公用经费，均明显低于中央属普通高等学校。中央与地方普通高等学校生均预算内公用经费的比值由2007年的2.52∶1降至2016年的1.69∶1；生均预算内人员经费的比值由2007年的1.80∶1增至2016年的1.97∶1，可见地方普通高等学校的人员经费和公用经费支出与中央属普通高等学校的差距随着时间推移并没有明显缩减，两者差距仍然尤为突出。造成这种不平衡的主要原因是地方普通高等学校财政性教育经费尤其是人员经费投入严重不足，阻碍了地方高等教育均衡协调发展，进而影响了其在全国高校中的竞争力。（见图 3.33）

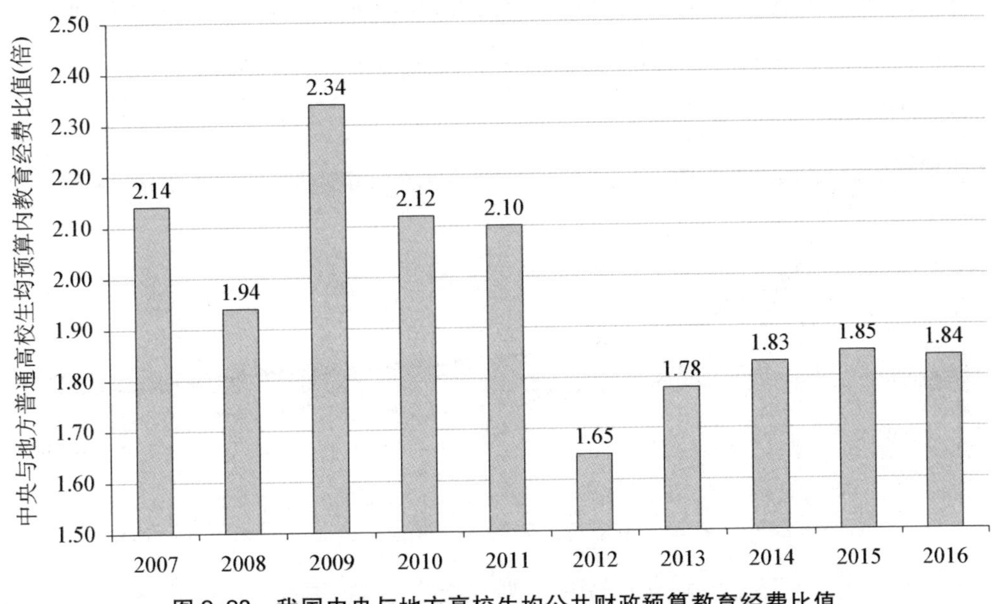

图 3.32　我国中央与地方高校生均公共财政预算教育经费比值

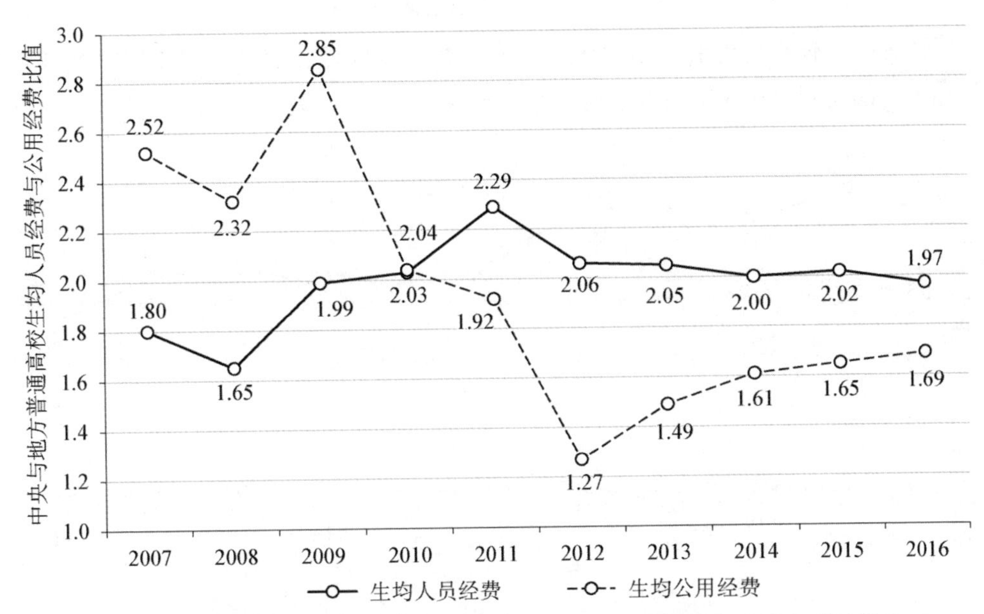

图 3.33　我国中央与地方普通高校生均预算内人员经费与公用经费比值

从高等教育区域均衡发展的视角来看，地方普通高等学校生均教育经费支出高于全国均值的有 14 个省份，由高到低分别是北京、上海、青海、西藏、宁夏、浙江、江苏、广东、天津、新疆、内蒙古、海南、甘肃和福建。其中，北京、上海、浙江、江苏、广东和天津均为经济发达省份，而青海、西藏、宁夏、新疆和内蒙古地处边疆，地方普通高校在校生规模较小，因而其生均教育经费支出较高；河南、山东、安徽等省份地方普通高校在校生人数明显较多，因而其生均教育经费支出明显偏低。（见图3.34）

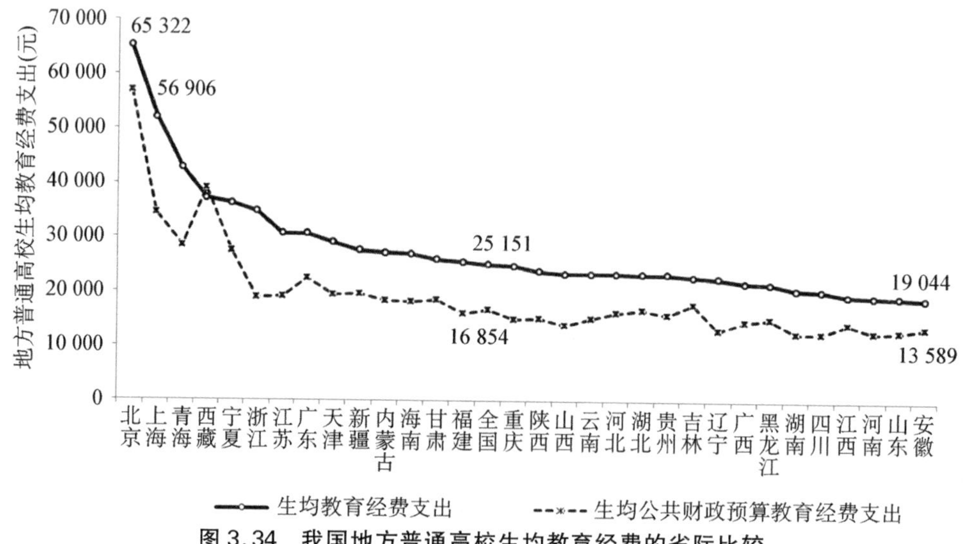

图3.34 我国地方普通高校生均教育经费的省际比较

从省际比较的视角来看，地方普通高校生均公共财政预算教育经费支出的省际差异系数明显高于中央属普通高校。如图3.35、图3.36、图3.37所示，地方普通高

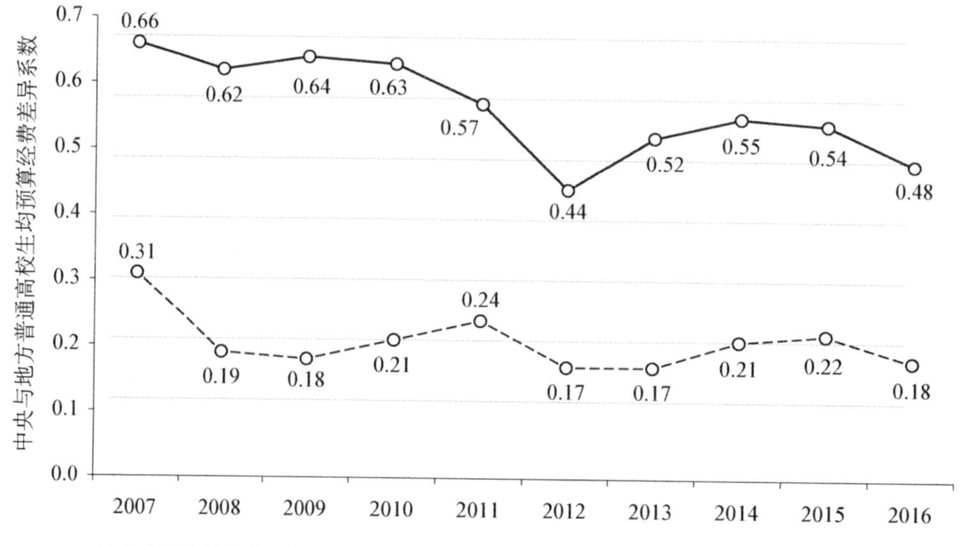

图3.35 我国中央与地方普通高校生均预算内经费省际差异系数

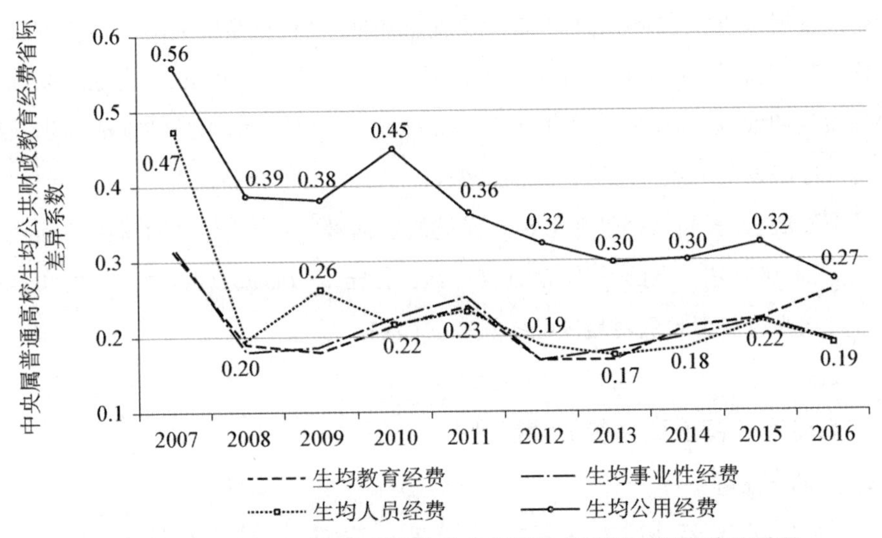

图 3.36　中央属普通高等学校生均公共财政预算教育经费省际差异

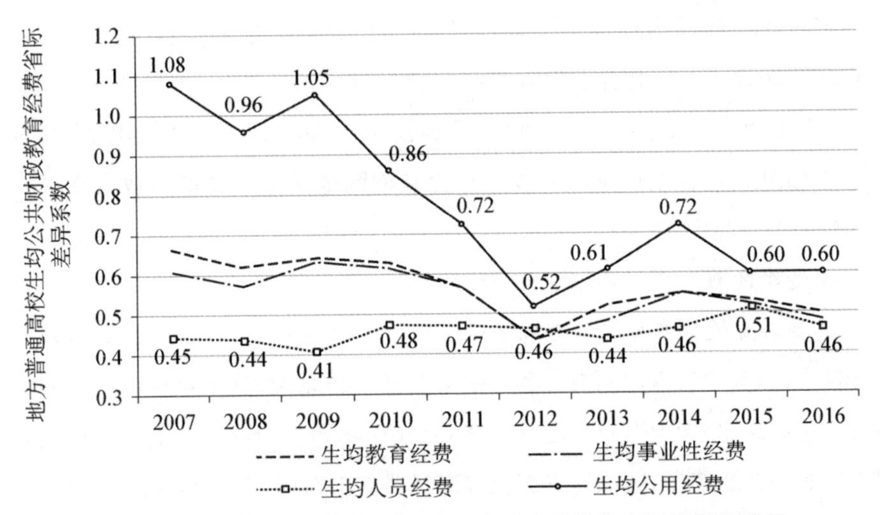

图 3.37　地方普通高等学校生均公共财政预算教育经费省际差异

校生均预算内教育经费省际差异系数由 2007 年的 0.66 降至 2016 年的 0.48；中央属普通高校的则由 2007 年的 0.31 降至 2016 年的 0.18，可见地方普通高校生均预算内教育经费支出的省际差距随着时间推移尽管总体上呈现下降趋势，但与中央属普通高校相比仍然存在较大差距，说明地方普通高校教育投资的非均衡性问题更为突出。

地方高校转型的核心职能是为地方经济发展服务，对促进地方高等教育与地区经济协调发展极具现实意义。地方高等学校应当通过完善地方高等教育的课程体系、优化教师资源配置、创新人才培养方式等途径适应地方经济发展的需要。当前，我国经济发展进入新常态，正处于增长速度换挡期、结构调整阵痛期以及前期刺激政策消化期“三期叠加”的阶段。在经济增长下行压力抬升的形势下，提高地方高等教育发展的质量和效益，加速高等教育引领科技创新、形成动力引擎的转换成为当前推进我国地区经济发展的重中之重。长期以来，我国地方高等教育投资是否以及如何促进地区经济发展，二者间是否呈现出相互促进的正向效应，仍然是悬而未决的问题。在此背景下，本研究基于全国及31个省、自治区、直辖市的面板数据，侧重考察和分析我国地方普通高校教育投资对地区经济发展的影响。

二、高等教育投资收益估计模型

（一）数据来源

本研究所使用的数据来源于教育部财务司、国家统计局社会科技和文化产业统计司编纂的2008—2017年《中国教育经费统计年鉴》，数据实际年份为2007—2016年。选取2007—2016年间的高等教育投资与经济增长的关系进行研究，主要原因有两点：一是考虑到2007年之后国家教育经费统计口径有了新的变化，为保证数据的连贯性故而将时间起点定为2007年；二是由于受到教育经费最新统计数据的限制，将时间节点定为2016年。地区生产总值和以上年为基期的地区生产总值指数均来自2008—2017年《中国统计年鉴》。

（二）变量选取

1. 高等教育投资指标。本文基于投资维度对高等教育进行测量，教育经费具有多方计量口径，其中较常用的有三类：一是教育经费总额，其中包括教育经费收入总额与支出总额；二是国家财政性教育经费；三是生均教育经费。本文选择较具全面性和代表性的经费总额项，选取地方高校教育经费支出指标以从支出端衡量高等教育投资水平。为保证数据的可比性，本文采用以上年为基期的消费者价格指数(CPI)进行消涨处理(2 007＝100)。

2. 经济发展指标。地区生产总值能够较为全面地反映我国经济增长情况，借鉴已有研究的做法，本文选取地区生产总值来表征经济发展指标。在统计地区生产总值数值的基础上，本文利用以上年为基期的地区生产总值指数计算不变价格地区生产总值以得出平减指数(2 007＝100)，并据此计算出实际地区生产总值数据。为消除数据波动带来的异方差问题，所有数据均取自然对数。

在对全国及31个省、直辖市、自治区的地方高校教育投资与经济发展的关系进行研究的基础上，本文将进行区域划分以结合区域特点进行类别分析，故按照国家统计局分类方法将 31 个省份划分为东、中、西部地区三类。按照民族人口密集程度，划分为民族省区、非民族省区两类。按照经济带的分类，划分为京津冀、长三角、珠三角和其他四类。主要变量描述性统计见表 3.15。

表 3.15 主要变量描述性统计

变量	观测值	均值	标准差	最小值	最大值
地方普通高校生均教育经费支出对数	527	9.683	0.431	8.429	11.114
人均地区生产总值	527	9.964	0.816	7.922	11.680
地区					
东部	527	0.354	0.479	0	1
中部	527	0.258	0.437	0	1
西部	527	0.387	0.487	0	1
民族					
民族省区	527	0.258	0.437	0	1
非民族省区	527	0.742	0.437	0	1
经济带					
京津冀	527	0.161	0.368	0	1
长三角	527	0.097	0.295	0	1
珠三角	527	0.032	0.176	0	1
其他	527	0.709	0.454	0	1

(三) 描述性统计分析

经计算归类得出全国及东、中、西部地区进行平减后的地方高校教育经费支出与实际地区生产总值，如图 3.38、图 3.39 和图 3.40 所示。

如图 3.38 和图 3.39 的数据所示，我国地方高等学校教育经费支出具有以下几方面的基本特征：第一，自 2007 年以来，地方高校教育经费支出整体上呈显著增长态势，与中、西部地区相比较而言，东部地区高校教育经费支出递增趋势更为突出，中部则与西部地区的涨幅基本保持一致。第二，高校教育经费支出在区域划分上表现出由西向东逐次递增的特征，且东部与中西部地区经费支出差距较大。第三，在 2009 年，除西部地区经费支出增长以外，全国、东部及中部地区经费支出均存在不同程度的下降，然而消涨处理前的经费数据并未体现出这一下降特征，出现这一结果与

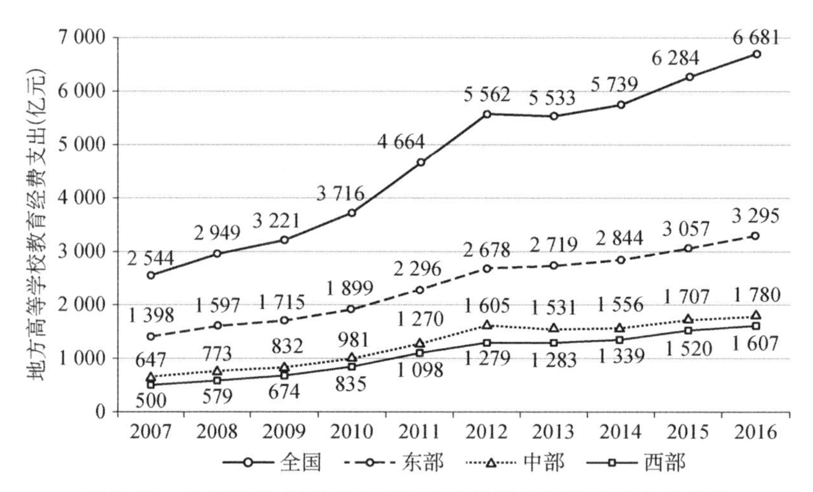

图 3.38 全国及东中西部地区地方高校教育经费支出变动趋势

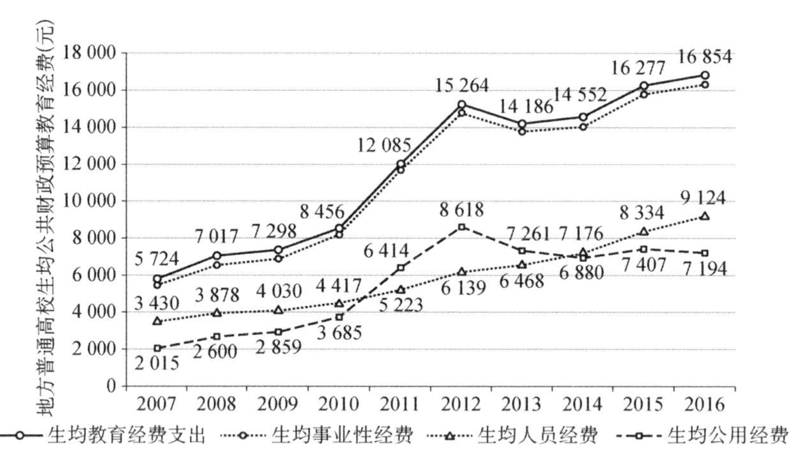

图 3.39 全国地方普通高校生均教育经费变动趋势

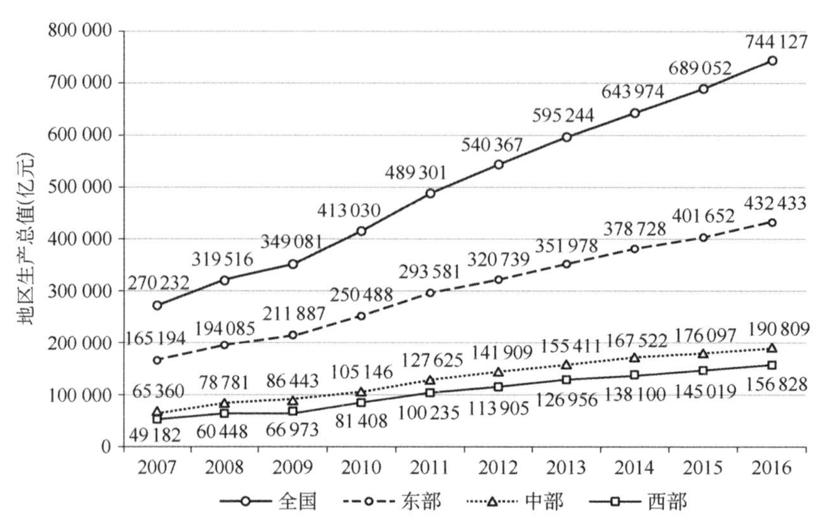

图 3.40 全国及东中西部地区实际地区生产总值变动趋势

这一时期全球金融危机不无关联，我国教育投资在一定程度上受到金融危机影响并减少了地方高校教育经费支出量。第四，2011—2016 年期间，我国地方高校教育经费支出总体呈现逐年稳步上升态势。

如图 3.40 所示，地区经济发展的变化特征如下：其一，东部地区生产总值的涨幅与全国基本保持一致，且增长幅度明显高于中部、西部地区；其二，中部和西部地区的实际地区生产总值在 2007—2017 期间的差距较为微弱；其三，地区生产总值在区域划分上表现出由西向东逐次递增的特征，且东部与中西部地区差距突出。

（四）计量模型

由于本书选择面板数据进行因果检验，因此需要考虑数据间截面相关性和系数同质性的问题。首先，人力资本所特有的外溢性，使得教育在省域、区域间存在溢出效应，因而有必要对数据进行横截面相关性检验。其次，在系数同质性的假设条件之下难以获得由地方特点导致的异质性。研究采用科尼亚提出的 Bootstrap 面板格兰杰因果关系检验方法①，对地方高校教育经费支出和实际地区生产总值进行因果关系检验，该方法能够同时解决相依性和同一性问题。

在检测因果关系时，Bootstrap 面板格兰杰因果关系方法基于一组方程的似不相关回归（SUR）预测和用 Bootstrap 临界值进行 Wald 检验。采用不同省份的 Bootstrap 临界值，系统中的变量首先要求不平稳，意味着同一截面的这些变量和它们的单位根和协整不相关。通过引入省份限制，可以判断出哪些省份的地方高校教育经费支出与经济增长存在格兰杰因果关系。

在 Bootstrap 面板格兰杰因果关系检验方法中，变量之间的格兰杰因果关系可能存在如下四种结果：1. 高等教育投资是经济增长变化的格兰杰原因；2. 经济增长是高等教育投资变化的格兰杰原因；3. 高等教育投资与经济增长之间存在双向的格兰杰因果关系；4. 高等教育投资与经济增长之间不存在格兰杰因果关系。滞后阶数对于格兰杰因果关系检验结果有重要影响，若滞后阶数过多，会降低自由度并增加估计系数的标准误，导致结果准确度有所下降；若滞后阶数过少，则会导致变量遗漏问题继而产生偏误。基于此，研究依据科尼亚的方法，分别对每一组变量依次取滞后期，然后选择相应的一组以满足施瓦兹贝叶斯最小化准则。

---

① Konya, L. Exports and growth: Granger causality analysis on OECD countries with a panel data approach[J]. Economic Modelling, 2006, 23(6):978-992.

三、我国地方高等教育投资收益的实证分析

为检验省级面板数据的平稳性，本书首先对地方普通高校教育经费支出、地方普通高校生均教育经费支出、地区生产总值以及人均地区生产总值分别取对数，并对其进行面板数据的单位根检验。表3.16所示为面板数据的单位根检验结果。

表3.16 面板数据的单位根检验

变量	t 统计量	临界值			P 值	结论
		CV10	CV5	CV1		
地方普通高校生均教育经费支出对数	−2.764***	−1.690	−1.730	−1.820	0.000	平稳
地方普通高校教育经费支出对数	−1.689	−1.700	−1.750	−1.850	0.159	不平稳
地方普通高校教育经费支出对数一阶差分	3.278***	−1.700	−1.750	−1.850	0.000	平稳
人均地区生产总值对数	1.825**	−1.690	−1.730	−1.820	0.034	平稳
地区生产总值对数	0.910	−1.700	−1.750	−1.850	0.999	不平稳
地区生产总值对数一阶差分	2.065***	−1.700	−1.750	−1.850	0.001	平稳

注：采用Stata中的IPSHIN命令运算。*、**、***分别表示在10%、5%、1%的水平上显著，下同。

（一）单位根检验

由表3.16的单位根检验结果可以看出，地方普通高校教育经费支出对数和地区生产总值对数自身非平稳，但是一阶差分的面板都是平稳的（$P<0.001$），而地方普通高校生均教育经费支出对数以及人均地区生产总值对数自身面板是平稳的（$P=0.000$），说明两者存在单位根。由于自身平稳的面板也可以和其他不平稳的面板存在协整关系，因此两个面板分别满足协整分析的初步条件，需要进一步进行协整检验以确定协整关系。

（二）协整检验

基于单位根检验，进一步对地方普通高校教育经费支出与地区生产总值，以及地方普通高校生均教育经费支出和人均地区生产总值的面板数据进行协整检验，结果见表3.17和表3.18。

由表3.17可知，Gt、Ga、Pt和Pa统计量的P值均大于0.05，说明不存在明显的协整关系。前述单位根检验显示地方普通高校教育经费支出和地区生产总值对数本身是非平稳面板，所以，一阶差分后至少存在一个协整。

表 3.17 地方普通高校教育经费支出与地区生产总值协整检验结果

统计项	地方普通高校教育经费支出和地区生产总值对数			地方普通高校教育经费支出和地区生产总值对数一阶差分		
	统计值	*Z* 值	*P* 值	统计值	*Z* 值	*P* 值
Gt	0.631	8.738	1.000	−2.096	−6.089	0.000
Ga	0.911	5.861	1.000	−1.744	2.560	0.995
Pt	3.436	5.418	1.000	−5.818	−2.511	0.006
Pa	0.515	3.012	0.999	−1.837	−1.584	0.057

注：检验方式：采用 Stata 中的 XTWEST 命令运算。

表 3.18 地方普通高校生均教育经费支出与人均地区生产总值协整检验结果

统计项	统计值	*Z* 值	*P* 值
Gt	−1.714	4.013***	0.000
Ga	−3.330	0.588	0.722
Pt	−8.175	4.529***	0.000
Pa	−3.379	4.596***	0.000

注：检验方式：采用 Stata 中的 XTWEST 命令运算。

由表 3.18 可以看出，Gt、Pt 和 Pa 统计量的 P 值均小于 0.001，说明地方普通高校生均教育经费支出和人均地区生产总值之间存在协整关系，前述单位根检验显示的也是平稳面板，所以，地方普通高校生均教育经费支出和人均地区生产总值之间存在协整关系。

上述协整检验结果表明地方普通高校生均教育经费支出和人均地区生产总值之间存在协整关系，可以认为两者之间存在着长期稳定的均衡关系，验证了建立向量自回归模型，分析地方普通高校教育投资对经济发展动态影响的可行性。在上述分析的基础上，分别建立协整回归方程并估计得到：

$$LNGDP_1 = 0.223 * LNEDU_1 + 9.382 + e_1 \quad (1)$$

$$LNPERGDP_2 = 1.501 * LNPEREDU_2 - 4.564 + e_2 \quad (2)$$

其中，e_1 和 e_2 分别为两个方程的残差，对上式的残差分别进行单位根检验，结果显示为平稳面板，不含单位根，因此，地方普通高校生均教育经费支出与人均地区生产总值之间被证实存在协整关系。地方普通高校生均教育经费支出对人均地区生产总值具有极其显著的正向影响（$P<0.001$）。结果见图 3.41 和图 3.42。

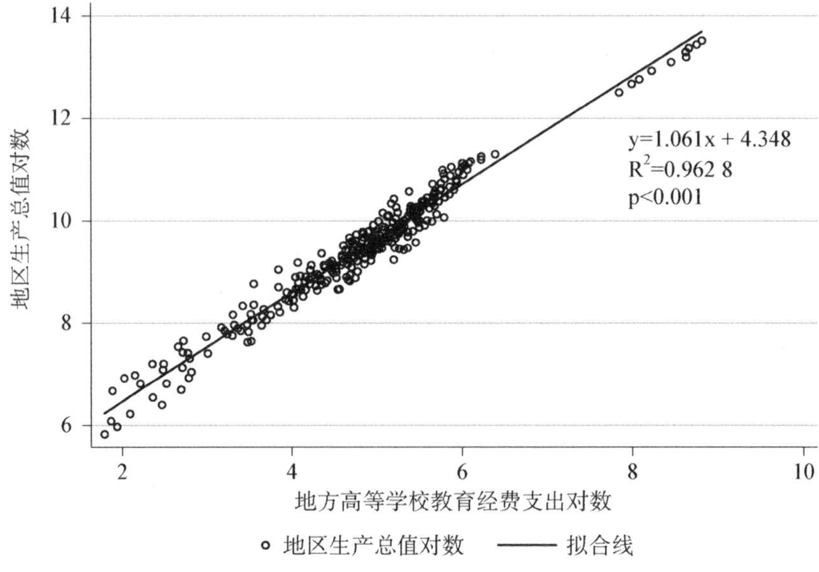

图3.41 地方高校教育投资对地区经济发展的影响

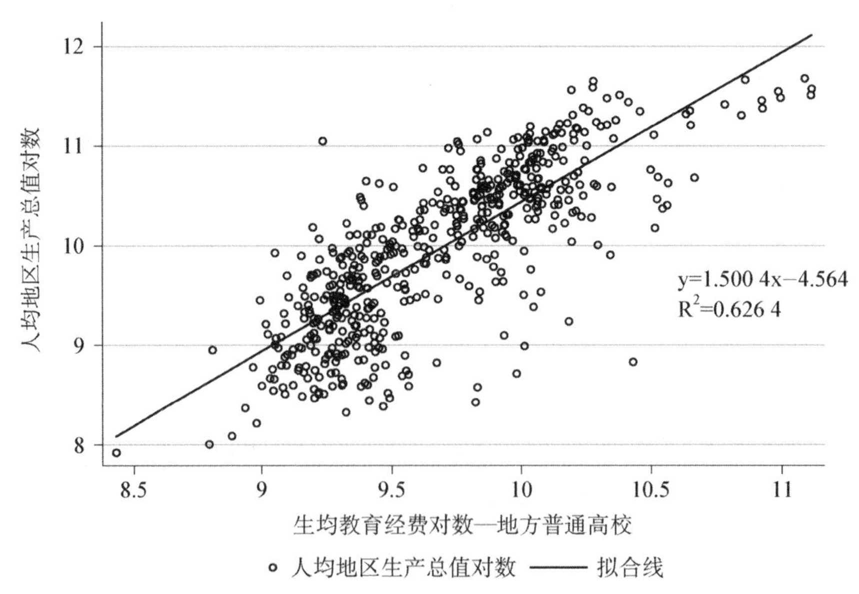

图3.42 地方高校生均教育经费支出对人均地区生产总值的影响

(三) 向量误差修正模型分析

记残差面板 e_1、e_2 分别为 Er_1 和 Er_2，即为误差修正项，在此基础上建立向量误差修正模型，模型结果如下：

$$\mathrm{D}(LNGDP)=0.404\,3*\mathrm{D}(LNEDU)-0.069\,2*Er_1(-1) \tag{3}$$

$$D(LNPERGDP) = 0.2004 * D(LNPEREDU) - 0.1107 * Er_2(-1) \quad (4)$$

在上述向量误差修正模型中，产出的短期波动分为短期地方高校教育投资量波动和长期均衡误差两部分。差分项反映了地方高校教育投资量短期波动对地区生产总值的影响，对应的系数分别为 0.404 3 和 0.200 4，表明在短期内，如果地方高校教育经费支出增加 1%，会促使地区生产总值提升 0.404 3%；地方高校生均教育经费支出增加 1%，会促使人均地区生产总值提升 0.200 4%。Er 项反映了地区生产总值短期内偏离长期均衡时的调整趋势及调整速度，系数为 −0.069 2 和 −0.110 7，符号均为负，符合反向修正机制，其大小表明了对偏离长期均衡的调整力度，在短期内，当地区经济增长偏离了长期均衡状态时，将以 0.069 2 的速度将非均衡状态拉回均衡状态，而生均教育经费的速度为 −0.110 7，约为教育经费支出指标的 2.8 倍。因此，生均教育经费的调整力度明显更强。向量误差修正模型检验见图 3.43。

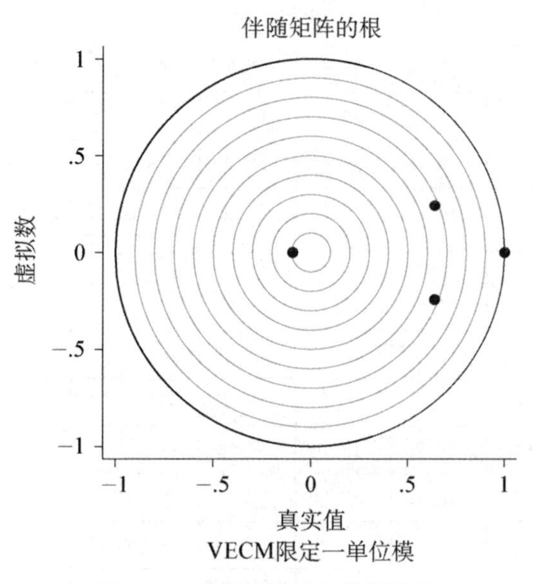

图 3.43　向量误差修正模型检验

(四) 基于 Bootstrap 面板格兰杰因果关系检验

基于向量误差修正模型(向量误差修正模型确定的最优滞后阶数为 2)，对地方高校生均教育经费支出与人均地区生产总值分别进行 Bootstrap 格兰杰因果关系检验，获得各估计系数与残差，并在残差中重新取样 1 000 次，零均值化后得到样本的 Wald 统计量和 Bootstrap 临界值，并对二者进行比较以判断高等教育与经济增长之间是否存在双向因果关系。结果见表 3.19。

表3.19 基于Bootstrap面板格兰杰因果关系检验结果

区域	省份	高校教育经费支出对地区生产总值的格兰杰因果关系检验				地区生产总值对高校教育经费支出的格兰杰因果关系检验			
		Wald统计量	Bootstrap临界值			Wald统计量	Bootstrap临界值		
			0.01	0.05	0.1		0.01	0.05	0.1
全国	全国	18.40**	11.67	15.22	24.93	52.49**	24.11	38.07	62.11
东部	北京	40.29*	38.19	60.23	152.11	10.07	16.11	26.62	56.23
	天津	28.35*	27.01	40.70	89.60	78.29**	28.14	40.85	79.56
	河北	40.75**	23.97	34.77	59.66	77.19**	40.56	60.92	128.85
	辽宁	95.01***	28.99	43.02	85.40	87.92**	47.99	63.76	113.13
	上海	51.89**	32.88	50.67	91.05	17.54	34.77	50.88	107.64
	江苏	61.27**	27.18	45.29	81.24	77.14**	42.04	64.56	148.94
	浙江	66.49**	30.48	46.35	73.03	81.72**	38.25	57.52	104.45
	福建	32.10*	25.09	34.93	69.40	71.19**	35.38	52.36	109.09
	山东	56.86**	27.54	39.65	93.14	69.52**	46.10	66.20	106.31
	广东	103.29***	38.40	56.34	94.51	59.96**	33.50	47.32	93.24
	海南	13.72	20.73	29.52	59.99	86.63**	40.57	61.86	116.81
中部	山西	25.11**	10.39	16.19	34.02	18.45	19.61	28.42	64.08
	吉林	12.47*	12.36	19.80	35.77	108.23***	16.62	24.31	42.53
	黑龙江	20.35**	11.56	17.45	37.71	94.55**	45.24	69.99	141.52
	安徽	5.38	12.76	18.15	38.52	68.82***	13.78	19.54	37.65
	江西	38.86***	9.02	15.54	27.61	48.66**	21.48	33.55	62.31
	河南	18.60*	12.20	18.71	35.25	87.32***	14.90	21.71	38.87
	湖北	3.86	19.78	32.20	67.43	92.26***	12.06	16.61	31.42
	湖南	5.76	21.01	29.25	52.81	48.25***	12.15	18.03	36.91
西部	内蒙古	334.23***	39.72	60.99	123.85	195.55*	78.17	112.30	220.42
	广西	26.20	55.21	74.41	169.68	93.77**	51.53	73.38	140.22
	重庆	23.14	38.64	55.00	112.53	119.94***	41.66	63.45	115.76
	四川	43.61	46.68	65.61	143.88	149.68**	54.60	80.42	201.29
	贵州	21.90	36.35	56.22	115.49	146.56***	49.63	68.53	142.95
	云南	19.86	34.07	51.35	93.51	116.93*	84.63	122.99	257.56
	西藏	3.17	23.86	35.41	71.91	74.10**	33.99	51.38	102.19
	陕西	14.94	44.67	74.23	138.30	186.64*	128.16	201.52	360.85

（续表）

区域	省份	高校教育经费支出对地区生产总值的格兰杰因果关系检验				地区生产总值对高校教育经费支出的格兰杰因果关系检验			
		Wald 统计量	Bootstrap 临界值			Wald 统计量	Bootstrap 临界值		
			0.01	0.05	0.1		0.01	0.05	0.1
西部	甘肃	56.21*	42.24	59.48	112.01	148.37	164.96	238.68	625.01
	青海	22.97	28.09	48.39	113.01	119.85	134.98	207.32	455.73
	宁夏	28.26	30.01	43.53	79.02	124.95**	81.89	114.86	255.55
	新疆	67.73**	32.63	51.11	100.06	66.49	93.87	160.90	323.56

如表 3.19 所示，就全国整体水平而言，我国地方高校教育经费支出与实际地区生产总值在 5%的统计水平下表现出显著的双向格兰杰因果关系。

第一，全国共有 13 个省份（约 42%）表现出地方高校教育经费支出与实际地区生产总值的双向格兰杰因果关系，其中既包括地方高校教育经费支出较多的省份，又包括个别支出较少的省份。例如，2016 年地方普通高校教育经费支出总量位居全国前列的广东、江苏、山东三省，均显著体现出经费支出对实际地区生产总值的双向因果关系；内蒙古和江西地方普通高等教育经费实际支出在 31 个省份中处于较低位置，也表现出双向因果关系。

第二，17 个省份（约 55%）的地方高校教育经费支出与实际地区生产总值存在单向格兰杰因果关系。有 5 个省份经费支出是实际地区生产总值的单向格兰杰原因，其中既包括经费支出较多的省份，也包括经费支出较少的省份。例如，北京、上海地方普通高校教育经费支出均体现出显著促进实际地区生产总值增长的单向因果关系；甘肃、山西及新疆虽经费支出额度虽然较少，但仍然显著拉动了实际地区生产总值增长。另外 12 个省份的实际地区生产总值则为经费支出的单向格兰杰原因，即经费支出并未促进实际地区生产总值增长。西藏和宁夏的实际地区生产总值排名虽然较低，但仍然促进了教育经费支出；湖北、山西、湖南及四川的经费排名虽位居前列，但并未显著促进经济增长。第三，只有青海的经费支出与实际地区生产总值之间不存在任何因果关系。

从区域视角看，第一，存在双向因果关系最多的区域为东部地区，其次为中部地区，西部地区最少。东部地区 11 个省份中有 8 个省份，即约 73%具有双向因果关系；中部地区 8 个省份中有 4 个省份，即半数中部省份存在双向因果关系；而西部地区 12 个省份中只有内蒙古体现出双向因果关系，百分比仅为 8%。第二，表现出高校教育经费支出是实际地区生产总值的单向格兰杰原因的省份包括东部的北京、上海，中部的山西，西部的甘肃、新疆；经费支出显著促进实际地区生产总值增长的省份在各区域所占百分比各为：东部地区 91%、中部地区 63%、西部地区 25%。第三，表现出实际地区生产总值是高校教育经费支出的单向格兰杰原因的省份有西部的广西、重庆、四川、贵州、云南、西藏、山西、宁夏，中部地区的安徽、湖北、湖南以及东部地区的海南；实际地区生产总值显著促进经费支出的省份在各区域的百分比为：东部地区 82%、中部地区 88%及西部地区 75%。

（五）脉冲响应函数分析

以上分析表明，地方高校教育投资与地区经济发展之间具有长期的均衡关系。为了进一步考察自身变动对对方的冲击力度和持久性，给面板一个标准差大小的信息冲击，观察所引起的脉冲冲击。结果见图 3.44。

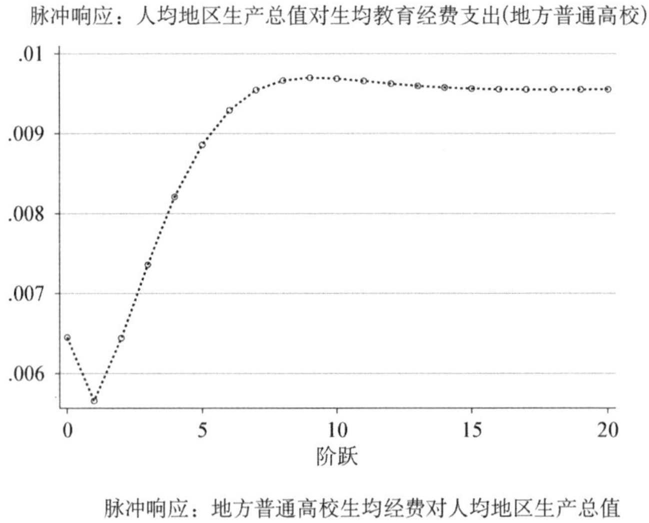

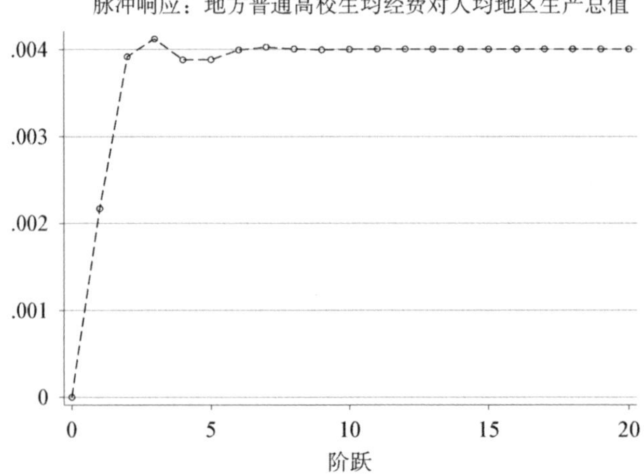

图 3.44　地方高校生均教育经费支出与人均地区生产总值的脉冲响应图

如图 3.44 所示，横轴为冲击作用的滞后期，纵轴为响应数值，实线则表示脉冲响应函数。上图是人均地区生产总值变化一个标准差对地方高校生均教育经费支出的冲击。结果显示，从长期来看，人均地区生产总值变化对地方高校生均教育经费支出总体上产生显著正向冲击，在滞后 1 期时对地方高校生均教育经费支出冲击很弱，随后随着滞后期的增加，冲击程度逐渐增强，在滞后 10 期时达到最强，此后逐渐趋缓。而从下图来看，地方高校生均教育经费支出变化一期后，对人均地区生产总值产生明显冲击，随后冲击成直线型增强，在滞后 4 时达到最强。因此，脉冲响应结果表明地方高校教育投资与地区经济发展之间存在明显的相互促进效果，且产生的影响维持长达 10 期之久，地方高校教育投资对地区经济发展的影响在 4 期之后逐渐明朗并且明显加强，而地区经济发展对地方高校教育投资的保障作用在第 1 期便显现出来。

（六）方差分解分析

利用方差分解方法分析地方高校教育投资水平对地区经济增长的贡献度，结果如图 3.45 所示。其中，横轴表示滞后期，纵轴表示贡献率。由图 3.45 可以看出，地方高校教育投资对地区经济增长的贡献率呈现直线型，不考虑自身的贡献率，地方高校教育投资对地区经济增长的贡献度在 5 期后达到 32%。因此地区经济发展要获得持续的增长动力，对提升地方高校的教育投资也应是持续的。要实现地方高校转型以及提

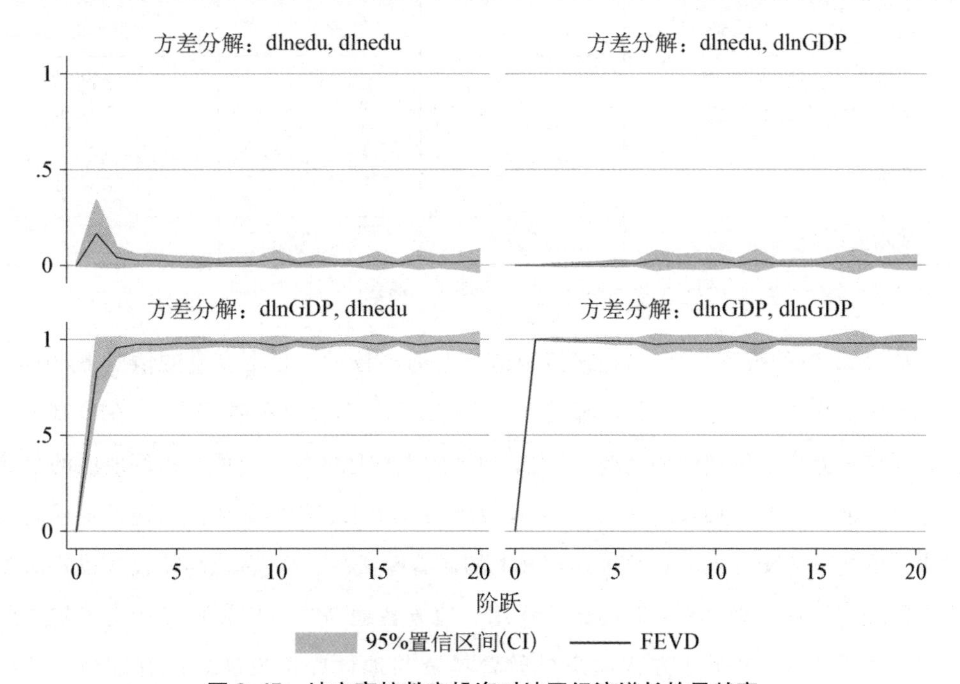

图 3.45　地方高校教育投资对地区经济增长的贡献率

注：lnedu 表示地方高校生均教育经费，LnGDP 表示人均地区生产总值。

高区域经济增长的速度与质量，应该加大对地方高校教育经费投入，并且提高地方高校教育经费使用效率。

（七）面板数据随机效应估计

基于省级面板数据构造回归模型，得到地方普通高校教育投资影响地区经济发展的估计系数值。具体实证结果见表3.20、表3.21和表3.22。

表3.20 面板数据随机效应估计结果(分地区)

	模型1	模型2	模型3
地区(参照组：东部)			
中部	−0.649*** (−4.51)	0.001 (0.001)	0.121 (0.08)
西部	−0.792*** (−6.13)	−0.367*** (−3.38)	2.133 (1.77)
地方普通高校生均教育经费支出对数		1.647*** (34.39)	9.799*** (5.68)
地方普通高校生均教育经费支出对数平方			−0.411*** (−4.78)
交互项			
中部#地方普通高校生均教育经费支出对数			−0.009 (−0.06)
西部#地方普通高校生均教育经费支出对数			−0.256** (−2.09)
常数项	10.44*** (111.84)	−5.846*** (−12.18)	−46.16*** (−5.34)
观测值	527	527	527

注：*、**、***分别表示在1%、5%和1%的水平上显著，括号内为Z值。

如表3.20的模型1所示，在未控制地方普通高校教育投资变量的情况下，中部、西部地区的人均地区生产总值均显著低于东部地区。模型2的数据表明，在控制了地方普通高校教育投资变量的情况下，中部地区的人均地区生产总值与东部地区的差异性显著降低。模型3加入了交互项，交互效应估计结果表明西部地区与地方普通高校教育投资变量的交互效应具有统计意义上的显著性，说明地方普通高校教育投资对缩小地区经济发展差距具有显著的调节作用。地方普通高校生均教育经费支出对数的平方项显著为负，表明地方普通高校教育投资与地区经济发展之间存在倒“U”型关系。

表 3.21 面板数据随机效应估计结果(分民族省区)

	模型 1	模型 2	模型 3
民族省区(参照组：非民族省区)			
民族省区	−0.436** (−2.44)	−0.383*** (−3.15)	3.078*** (3.28)
地方普通高校生均教育经费支出对数		1.663*** (35.20)	9.613*** (6.71)
地方普通高校生均教育经费支出对数平方			−0.401*** (−5.49)
交互项			
民族省区 # 地方普通高校生均教育经费支出对数			−0.356*** (−3.70)
常数项	10.08*** (111.13)	−6.043*** (−13.08)	−45.34*** (−6.45)
观测值	527	527	527

注：*、**、***分别表示在1%、5%和1%的水平上显著，括号内为Z值。

表 3.21 的模型 1 表明，在未控制地方普通高校教育投资变量的情况下，民族省区的人均地区生产总值显著低于非民族省区。模型 2 的数据表明，在控制了地方普通高校教育投资变量的情况下，民族省区的人均地区生产总值与非民族省区的差异性有所降低。模型 3 加入了交互项以后，民族省区与地方普通高校教育投资变量的交互效应极其显著，说明地方普通高校教育投资对缩小民族省区与非民族省区经济发展的差距具有显著的调节作用。

表 3.22 面板数据随机效应估计结果(分经济带)

	模型 1	模型 2	模型 3
经济带(参照组：京津冀)			
长三角	0.232 (1.06)	−0.174 (−0.87)	−1.412 (−0.70)
珠三角	−0.041 (−0.12)	−0.346 (−1.15)	−19.74** (−2.78)
其他经济带	−0.725*** (−4.87)	−0.331** (−2.43)	1.107 (0.78)
地方普通高校生均教育经费支出对数		1.647*** (34.14)	10.69*** (6.01)

（续表）

	模型1	模型2	模型3
地方普通高校生均教育经费支出对数平方			−0.459*** (−5.17)
交互项			
长三角#地方普通高校生均教育经费支出对数			0.121 (0.60)
珠三角#地方普通高校生均教育经费支出对数			1.929** (2.72)
其他经济带#地方普通高校生均教育经费对数			−0.151 (−1.04)
常数项	10.46*** (77.90)	−5.723*** (−11.69)	−50.14*** (−5.61)
观测值	527	527	527

注：*、**、***分别表示在1%、5%和1%的水平上显著，括号内为Z值。

表3.22的模型1表明，在未控制地方普通高校教育投资变量的情况下，除长三角、珠三角以外的经济带的人均地区生产总值显著低于京津冀经济带。模型2的数据显示，在控制了地方普通高校教育投资变量的情况下，除长三角、珠三角以外的经济带的人均地区生产总值与京津冀经济带的差异性有所降低。模型3加入了交互项以后，珠三角经济带与地方普通高校教育投资变量的交互效应显著，表明地方普通高校教育投资对缩小区域经济发展的差距具有调节作用。

四、提高我国高等教育投资收益的政策建议

（一）研究结论

根据实证分析结果，本研究得出的主要结论如下：

1. 我国地方高校教育投资与地区经济发展之间呈现相互促进关系

研究表明，我国地方高校教育投资与地区经济增长之间存在相互促进关系，一方面印证了教育经济学理论的基本观点，同时也支持了地方高等学校教育投资与经济增长互为增进的结论，表明我国地方高等学校教育投资在显著推动地区经济发展的同时，也同步获得了地区经济增长的促进作用，从而显现出我国地方高校教育投资与地区经济增长之间的相互促进关系。

2. 地区经济发展对地方高校教育投资的促进效应总体上高于地方高校教育投资对地区经济增长的拉动效应

面板数据分析表明，经济发展对地方高校教育投资的促进效应总体上高于地方高校教育投资对经济增长的拉动效应。具体表现为，超过半数省份的地方高等学校教育投资拉动经济增长效应显著；约七成省份的经济增长促进地方高校教育投资效应显著。超过 2/5 的省份表现出双向格兰杰因果关系的结论，在一定程度上支持了大多数省份只存在单向因果关系的研究结论，但也说明我国已有超过五分之二的省份能够实现地方高校教育投资与地区经济增长的协调发展。

3. 我国地方高等学校教育投资与地区经济增长的互动关系在区域空间分布上存在显著差异

进一步分析显示，地方高校教育投资对地区经济增长的促进作用由西向东逐步增强，为地方高校教育投资对地区经济增长贡献率呈由西向东梯次递增的研究结论提供了佐证；经济发展对地方高校教育投资促进作用的区域分布特征则有所差异，呈现出西、东、中依次递增的分布特点，即中部地区的经济发展对地方高校教育投资具有显著带动效应；东部地区在二者间的单向作用均十分显著，其中地方高校教育投资对地区经济增长的促进作用仅略高于后者对前者的促进作用；中部地区则呈现出地方高校教育投资对地区经济增长的促进作用较为薄弱，而后者对前者促进作用极为显著的特点；西部地区集中呈现出地方高校教育投资对地区经济增长的促进作用薄弱的现象。

（二）政策建议

实证研究结果表明，从整体来看我国地方高校教育投资与地区经济增长具有双向推动作用，其中地区经济增长对地方高校教育投资的促进作用要显著高于地方高校教育投资对地区经济增长的拉动效应。结合上述实证结果和地方普通高校转型发展路径，提出以下建议：

1. 进一步加大政府对地方普通高校转型建设的财政支持力度，为强化应用技术型高校转型释放出更加强烈的政策信号

研究表明，我国地方高校教育投资在整体范围内表现出对地区经济增长的显著推动效应，表明地方高校作为影响地区经济发展的重要力量而存在。但由于财政支持应用型高校建设的政策信号不强、投入力度不足，导致一些转型中的地方高校面临“纵深推不动、横向铺不开”的转型阻碍。当前我国经济发展正处于增长速度换挡期、结构调整阵痛期和前期刺激政策消化期“三期叠加”阶段，依靠低成本资源和要素投入形成的驱动力已明显减弱，经济增长将更主要地依靠科技创新驱动。而地方高等学校作为国

民教育体系中的地方层次教育，是培养应用技术型人才的主阵地，政府要进一步加大财政对地方普通高校的经费投入力度，为强化转型发展道路释放出更加强烈的政策信号。

2. 注重调节优化省际与区域地方高校教育经费的分配结构，以提升地方高等学校教育投资的经济社会收益

鉴于我国东、中、西部地区在地方高等学校教育推动地区经济增长效应方面的显著差异，应当着重加强对中部、西部地区地方高校教育的财政性经费投入力度。政府对于地方高校生均教育经费较低的欠发达省份和落后地区要有所侧重，既需要有效缩小省际地方高等学校教育发展差距，又需要提升地方高等学校教育投资对经济增长的促进作用。

3. 建立健全与地方转型高校办学规模和应用型人才培养要求相适应的财政保障长效机制

建设高水平应用型大学是一项庞大、复杂而紧迫的系统工程，需要政府部门多措并举、精准施策。通过教育政策引导地方加快高水平应用型大学建设，既要向办学水平高、地域特色鲜明的地方高校倾斜，又要加大对薄弱地区特别是中西部地区高等教育财政转移支付，建立健全与地方转型高校办学规模和应用型人才培养要求相适应的财政保障长效机制。地方高校转型发展需要注重在内涵上不断提升，在经济新常态下保证科技创新动力引擎的有力转换。

4. 完善地方高校教育经费使用的监督机制，以确保教育投资质量与效益

当前尽管部分省份享有较为丰富的地方高等教育资源，但并未能充分发挥其促进经济社会发展的功能。针对此类经费投入较为充裕的省份，应当切实加强对其地方高校教育经费使用的监督管理。特别是对于中西部地区经济发展水平落后，且地方高校教育资金匮乏的地区，教育经费能否得到充分利用直接影响到地方高等教育发展。为此，应当在严格遵循经费使用管理办法的前提下，加强社会各界及政府监察部门的监督管理，充分发挥高校内部自我调节作用，提高地方高校教育经费的使用效率，切实保障地方高校教育投资质量和效益。

第六节　我国特殊教育经费投入规模与配置结构变化趋势

本节基于《中国教育经费统计年鉴》，对近十年来我国特殊教育经费投入规模与配置结构进行实证分析。研究发现，在经费投入规模上，我国特殊教育学校经费投入呈

逐年增长趋势，且国家财政性教育经费是特殊教育学校经费来源的主渠道，非财政性经费特别是社会捐赠经费支出比例日渐萎缩；2010 年以后特殊教育学校生均教育经费支出明显高于普通学校，也高于同期人均国内生产总值；在经费配置结构上，基本建设支出比例于 2010 年达到峰值，其后逐步回落；事业性经费中的人员经费和公用经费的差距有较大起伏，2009 年以后公用经费支出呈逐年增长趋势。与生均人员经费相比，特殊教育学校生均公用经费的区域差异更为突出。相比于东部地区，中西部地区特殊教育学校生均公用经费偏低。建议合理优化特殊教育经费支出结构，科学规划事业性经费中个人部分和公用部分支出比例；加大中西部边远贫困地区特殊教育经费倾斜投入，逐步缩小区域特殊教育发展差距。

一、我国特殊教育财政保障政策回顾

特殊教育发展水平是衡量国家教育现代化程度的重要标尺，是代表国家进步和社会文明的重要象征。“十三五”时期特别是党的十九大，党中央、国务院高度重视特殊教育事业发展，把加快发展特殊教育摆在了更加显要的位置。2017 年，党的十九大报告中明确提出了“办好特殊教育”的要求[①]。“关心特殊教育”、“支持特殊教育”相继写入了 2007 年党的十七大报告和 2012 年党的十八大报告中。2017 年初颁布与实施的《国家教育事业发展“十三五”规划》也明确指出，“办好特殊教育。继续实施好特殊教育提升计划，完善特殊教育学校布局。完善随班就读支持保障政策体系，重点支持贫困地区和农村地区普通中小学开展随班就读，推行融合教育。”[②]为全面落实《国家教育事业发展“十三五”规划》和《“十三五”加快残疾人小康进程规划纲要》，教育部等七部委于 2017 年 7 月 17 日印发《第二期特殊教育提升计划（2017—2020 年）》，旨在通过提高残疾儿童少年义务教育普及水平，加快发展非义务教育阶段特殊教育，健全特殊教育经费投入机制等措施，完善特殊教育体系，增强特殊教育保障能力和提高特殊教育质量[③]。值得特别关注的是，2017 年 1 月 11 日，国务院第 161 次常务会议审议通过《残疾人教育条例（修订草案）》；同年 2 月，国务院正式公布修订后的《残疾人教育条例》，确保特殊教育法律法规得到不断健全和完善，有力推动了我国特殊教育的法治化进程。上述出台的一系列政策和法规充分体现了党中央、国务院加快发展特殊教育、提升特殊教育水平的力度不断加深，为进一步扩大残疾人受教育机会提供了切实

---

① 习近平. 决胜全面建成小康社会　夺取新时代中国特色社会主义伟大胜利——习近平同志代表第十八届中央委员会向大会作的报告摘登[N]. 人民日报，2017 - 10 - 19.

② 国务院. 国务院关于印发国家教育事业发展“十三五”规划的通知[Z]. 2017 - 01 - 10.

③ 教育部等七部门. 教育部等七部门关于印发《第二期特殊教育提升计划（2017—2020 年）》的通知[Z]. 2017 - 07 - 18.

保障。

相比于普通教育，充足、稳定的经费投入对特殊教育事业的发展显得愈加重要。特殊教育规模的扩大和特殊教育质量的提升，都离不开各项经费的投入。近十年来，我国特殊教育经费尤其是财政性经费投入总量不断增长，为特殊教育持续发展提供了有力的物质保障。“十三五”时期要进一步办好特殊教育，不仅要加大国家和社会的经费投入力度，而且要科学合理地进行经费配置。在加大财政性教育经费投入的同时，如何科学合理地分配和使用经费是新时期所面临的新任务和新挑战。综观国内已有文献，有关特殊教育经费投入规模与配置结构的实证研究较为缺乏①。有鉴于此，本节基于教育部财务司、国家统计局社会和科技统计司编制的《中国教育经费统计年鉴》②以及教育部发展规划司编制的《中国教育统计年鉴》③相关统计指标，对近十年来我国特殊教育经费投入状况进行描述和分析。实证考察我国特殊教育经费投入规模与配置结构，从中总结经验，厘清问题，为国家和地方进一步健全和完善特殊教育经费投入机制提供有益的实证依据和决策参考。

二、我国特殊教育经费投入规模的变化趋势

1. 特殊教育学校经费投入呈逐年增长趋势，国家财政性教育经费是特殊教育学校经费收入来源的主渠道，非财政性教育经费特别是社会捐赠经费支出比例日益萎缩

根据教育部财务司和国家统计局调整后的教育经费统计指标，特殊教育学校经费主要来源于五个方面，包括国家财政性教育经费（以公共财政预算教育经费为主）、民办学校中举办者投入、社会捐赠经费、事业收入以及其他教育经费。表3.23所示为2006—2016年我国特殊教育学校经费收入来源及其结构比例。

表3.23的数据表明，我国特殊教育学校教育经费投入由2006年的26.93亿元提高到2016年的129.11亿元，净增102.18亿元，年均增速为17.57%。国家财政性教育经费占特殊教育学校经费总投入比例由2006年的91.32%提高到2016年的97.74%，2010年以后维持在95%以上，总体上呈稳步增长态势，可见国家对特殊教育经费投入力度明显加大。对比各项收入的比重可以看出，国家财政性教育经费是特殊

① 相关文献请参见：赵小红，王丽丽，王雁．特殊教育学校经费投入与支出状况分析及政策建议[J]．中国特殊教育，2014(10)：3—9.
熊琪，雷江华．我国特殊教育学校教育经费支出结构探析[J]．中国特殊教育，2012(3)：21—27.
庞文，尹海洁．我国特殊教育经费投入的数据分析与讨论[J]．中国特殊教育，2008(12)：13—17.

② 教育部财务司，国家统计局社会科技和文化产业统计司．中国教育经费统计年鉴(2017)[M]．北京：中国统计出版社，2018.

③ 教育部发展规划司．中国教育统计年鉴(2017)[M]．北京：中国统计出版社，2018.

教育学校经费收入来源的主渠道，为残疾人教育事业发展提供了有力的物质基础，使残疾儿童少年平等受教育权利的实现得到了有效保障。

表 3.23　2006—2016 年我国特殊教育学校经费收入来源及其结构

年份	合计	国家财政性教育经费		公共财政预算教育经费		民办学校中举办者投入		社会捐赠经费		事业收入		其他教育经费	
	亿元	亿元	%	亿元	%	亿元	%	亿元	%	亿元	%	亿元	%
2006	26.93	24.59	91.32	21.93	81.44	0.02	0.07	0.38	1.42	0.92	3.42	1.02	3.77
2007	31.16	28.81	92.46	26.13	83.85	0.01	0.01	0.38	1.20	1.08	3.47	0.89	2.86
2008	41.01	38.25	93.26	33.38	81.38	0.02	0.04	0.43	1.05	1.31	3.19	1.01	2.46
2009	48.29	45.48	94.19	40.69	84.27	0.01	0.02	0.49	1.01	1.17	2.43	1.13	2.35
2010	71.91	68.38	95.09	61.99	86.21	0.01	0.02	0.64	0.89	1.03	1.43	1.84	2.56
2011	79.04	76.69	97.03	65.49	82.85	0.02	0.02	0.52	0.66	0.77	0.98	1.04	1.31
2012	84.73	82.01	96.79	71.34	84.20	0.02	0.02	0.37	0.44	0.98	1.16	1.35	1.59
2013	96.10	93.19	96.97	77.75	80.90	0.02	0.02	0.37	0.38	0.71	0.74	1.81	1.89
2014	101.87	98.91	97.09	85.85	84.28	0.03	0.03	0.39	0.38	0.69	0.68	1.84	1.81
2015	115.26	112.51	97.61	103.57	89.86	0.13	0.11	0.27	0.23	0.82	0.71	1.53	1.33
2016	129.11	126.19	97.74	115.26	89.27	0.03	0.02	0.29	0.22	0.80	0.62	1.79	1.39

注：数据来源于《中国教育经费统计年鉴》(2006—2016)“各级各类教育机构教育经费收入情况统计(全国)”;2010 年以后“预算内教育经费”变为“公共财政预算教育经费”,“民办学校办学经费”变为“民办学校中举办者投入”,比例由研究者计算得到。此处计算的经费均为特殊教育学校,不包括工读学校。

从非财政性教育经费投入情况来看，民办学校中举办者投入占特殊教育学校经费总投入的比例甚微，除 2015 年以外均低于 0.1%，2009 年以后该比例基本保持在 0.02%左右。包括学杂费在内的事业收入自 2008 年以后逐年降低，事业收入占特殊教育学校经费总投入的比例也从 2008 年的 3.19%下降至 2016 年的 0.62%。值得注意的是，2016 年社会捐赠经费占特殊教育学校经费收入的比例为 0.22%，比 2006 年减少近 1.2 个百分点，显现出日益萎缩的迹象。这一现象表明我国在引导社会力量捐资助学、吸纳社会资金、发动社会团体和公民个人举办特教机构方面仍有待进一步加强。充分挖掘广泛而丰富的社会资源，是保障我国特殊教育持续稳定发展的必要途径。

2. 特殊教育学校的国家财政性教育经费占 GDP 的比重低于 0.02%，占全国教育经费支出的比例不足 0.4%，占国家财政性教育经费的比例偏低

为考察国家对特殊教育的财政投入水平，表 3.24 列出特殊教育学校的国家财政

性教育经费占国内生产总值、公共财政支出、全国教育经费支出和国家财政性教育经费的比例。

如表3.24所示，2006—2016年期间特殊教育学校国家财政性教育经费占GDP的比例处于0.011%～0.017%之间。其中2006—2007年的比例平均为0.011%，2010年的比例达到峰值，其后略有下降，2016年达到2010年的同等水平，为0.017%。其间，特殊教育学校国家财政性教育经费占公共财政支出的比例处于0.058%～0.076%之间。其中，2006—2009年的比例平均为0.06%，2010年的比例达到最高值，为0.076%，其后有所下降。2010年以后，特殊教育学校国家财政性教育经费投入占GDP和公共财政支出的比例呈减弱态势，说明特殊教育财政性经费的稳定增长机制有待加强。尽管近年来我国特殊教育经费投入持续稳定增长，但是在全国教育经费投入总量中，特殊教育财政性投入比重偏低。

表3.24 2006—2016年我国特殊教育学校国家财政性教育经费及其比例

年份	特殊教育学校国家财政性教育经费	GDP		公共财政支出		全国教育经费支出		国家财政性教育经费	
	亿元	亿元	%	亿元	%	亿元	%	亿元	%
2006	24.59	219 438.5	0.011	40 422.7	0.061	9 815.3	0.251	6 348.4	0.387
2007	28.81	270 232.3	0.011	49 781.4	0.058	12 148.1	0.237	8 280.2	0.348
2008	38.25	319 515.5	0.012	62 592.7	0.061	14 500.7	0.264	10 449.6	0.366
2009	45.48	349 081.4	0.013	76 299.9	0.060	16 502.7	0.276	12 231.1	0.372
2010	68.38	413 030.3	0.017	89 874.2	0.076	19 561.8	0.350	14 670.1	0.466
2011	76.69	489 300.6	0.016	109 247.8	0.070	23 869.3	0.321	18 586.7	0.413
2012	82.01	540 367.4	0.015	125 953.0	0.065	28 655.3	0.286	23 147.6	0.354
2013	93.19	595 244.4	0.016	140 212.1	0.066	30 364.7	0.307	24 488.2	0.381
2014	98.91	643 974.0	0.015	151 785.6	0.065	32 806.5	0.301	26 420.6	0.374
2015	112.51	685 505.8	0.016	175 877.8	0.064	36 129.2	0.311	29 221.5	0.385
2016	126.19	744 127.2	0.017	187 755.2	0.067	38 888.4	0.324	31 396.2	0.402

注："特殊教育学校国家财政性教育经费"、"全国教育经费支出"和"国家财政性教育经费"数据来源于《中国教育经费统计年鉴》(2007—2017)；"GDP"和"公共财政支出"数据来源于《中国统计年鉴》(2007—2017)，比例由研究者计算得到。

此外，特殊教育学校国家财政性教育经费占全国教育经费支出比例处于0.237%～0.350%之间。尽管2007年的比例略有下降，但2008年以后逐步回升，

2010 年的比例达到 0.350%，达到历年最高值。究其原因，2010 年我国特殊教育学校的基本建设支出为 10.7 亿元，比 2009 年净增 8.2 亿元，占特殊教育学校经费支出比例为 15.94%，这一比例显著高于其他年份的基本建设支出份额。

3. 特殊教育学校生均教育经费支出明显高于普通学校，也高于同期人均国内生产总值

对比各级各类学校生均教育经费支出数据，(见图 3.46)可以发现，2006 年以后特殊教育学校生均教育经费支出均高于学前到普通高等学校的生均教育经费。具体来看，截至 2016 年，特殊教育学校的生均教育经费支出为 61 395 元，比 2006 年净增 44 773 元；普通小学和普通初中的生均教育经费支出分别为 11 399 元和 16 010 元，分别占特殊教育学校生均教育经费的 18.6%和 26.1%。换言之，特殊教育学校的生均教育经费支出分别是普通小学和普通初中的 5.4 倍和 3.8 倍，足见特殊教育学校的生均教育经费远高于普通学校的。

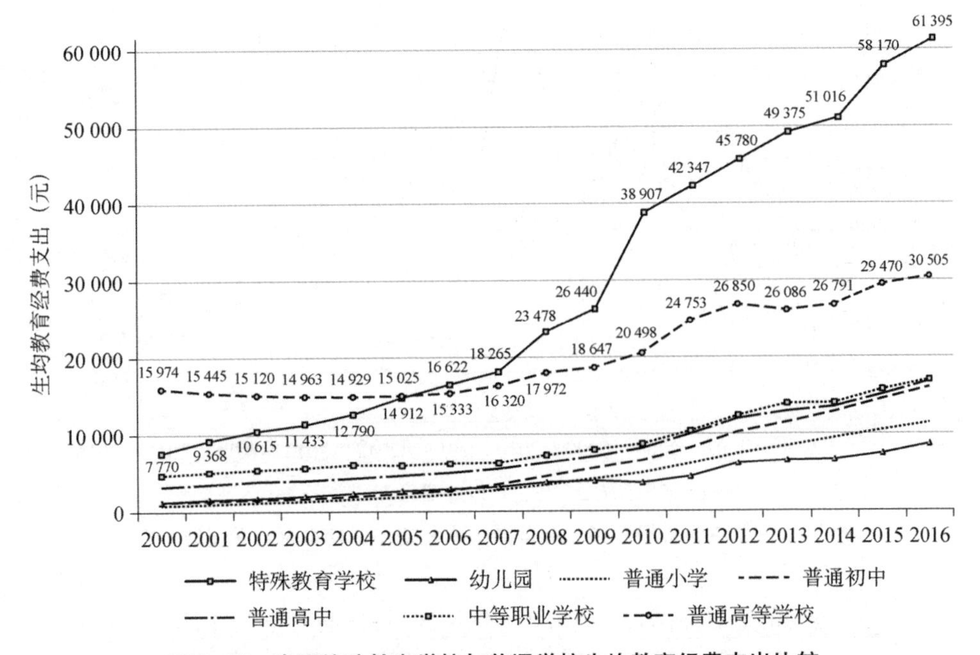

图 3.46　我国特殊教育学校与普通学校生均教育经费支出比较

注：数据来源于《中国教育经费统计年鉴》“各级各类学校生均教育经费支出(全国教育和其他部门)”。

相比于普通教育，特殊教育学校生均成本显著更高。究其原因，特殊教育学校需要配置有别于普通学校的专用资源教室、生活无障碍设施和辅助设备等，而且很多残疾儿童少年接受教育时需要寄宿，如 2014 年寄宿生占特殊教育在校生人数比例为

30%,生均成本相应提高,加之各省市在制定各级教育的生均财政拨款标准时向特殊教育重点倾斜,因而特殊教育学校的生均教育经费支出明显高于普通学校。

从历年增长速度来看,除2008年、2010年和2015年以外,特殊教育学校生均教育经费支出增速均低于普通小学;除2010年、2015年以外,特殊教育学校生均教育经费支出增速均低于普通初中。2010年特殊教育学校生均教育经费支出的增速高达47.2%,且明显高于其他年份。(见图3.47)2006—2016年期间,特殊教育学校生均教育经费年均增速为13.9%,低于普通小学(18.3%)和普通初中(18.6%)。比较而言,特殊教育学校生均教育经费支出水平明显高于普通小学和普通初中,但增速低于普通小学和普通初中。相比之下,特殊教育学校生均教育经费增速较低,特殊教育经费保障长效机制有待进一步完善。

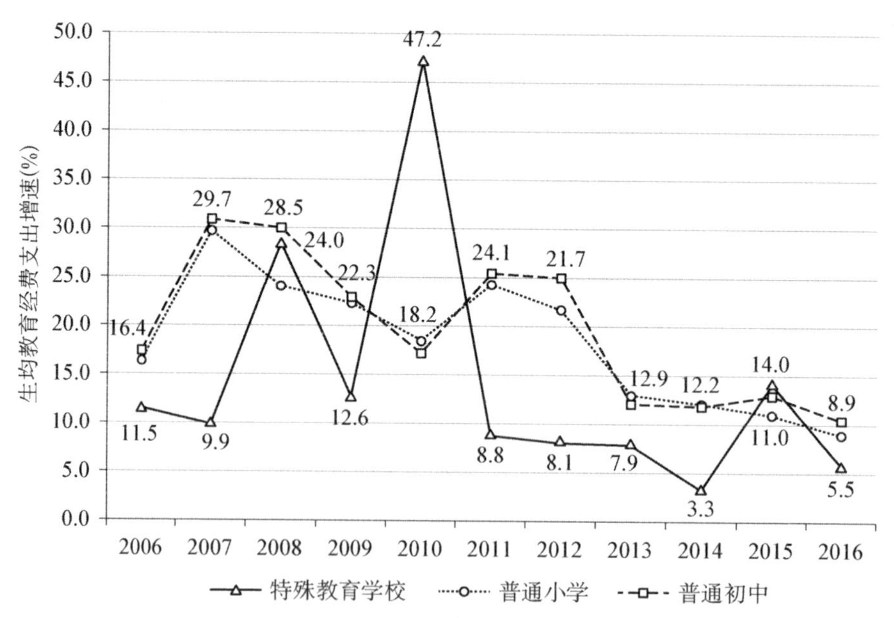

图3.47 我国特殊教育学校与普通小学和初中生均教育经费增速比较

图3.48呈现的数据显示,2006—2016年期间,特殊教育学校生均教育经费支出呈逐年增长态势。从绝对值来看,特殊教育学校生均教育经费由2006年的1.66万元增加到2016年的6.14万元,净增4.48万元。其间,年均增速保持在14.79%,2010年增幅最大,达47.15%。除2006—2008年以外,特殊教育学校生均教育经费支出均高于同期人均国内生产总值。特别是2010年以后,特殊教育学校生均教育经费的增幅愈加明显。数据显示,2016年我国特殊教育学校生均教育经费指数为1.14,比2006年高出了15个百分点,足见我国特殊教育学校生均教育经费得到了大幅提高。

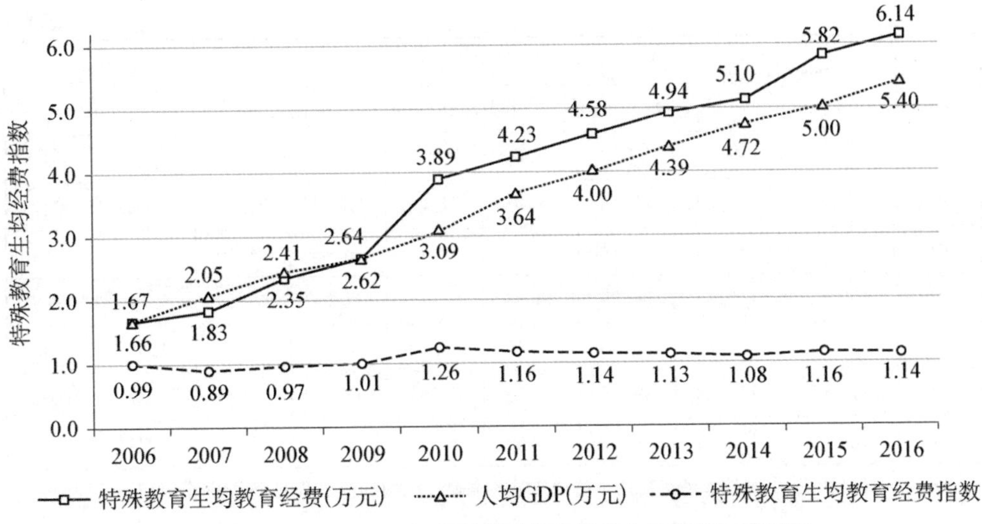

图 3.48 2006—2016 年我国特殊教育学校生均教育经费指数

注:“特殊教育生均经费”数据来源于《中国教育经费统计年鉴》“各级学校生均教育经费支出(全国教育和其他部门)”;“人均 GDP”数据来源于《中国统计年鉴》“国内生产总值”;“特殊教育生均经费指数”由生均特殊教育经费/人均 GDP 计算得到。

三、我国特殊教育经费配置结构的变化趋势

1. 事业性经费支出占据主体地位,基本建设支出比例 2010 年达到峰值,其后逐步回落

从经费支出结构来看,特殊教育学校教育经费支出主要由事业性经费支出和基本建设支出两部分构成。表 3.25 所示为 2006—2016 年我国特殊教育学校教育经费支出结构及其比例。

表 3.25 我国特殊教育学校教育经费支出结构及比例

年份	特殊教育学校经费支出(亿元)	事业性经费支出						基本建设支出	
		合计		个人部分		公用部分			
		亿元	%	亿元	%	亿元	%	亿元	%
2006	26.24	25.44	96.95	16.55	63.08	8.89	33.87	0.80	3.05
2007	29.54	28.96	98.01	20.20	68.36	8.76	29.65	0.59	1.99
2008	39.10	37.92	96.98	24.10	61.64	13.82	35.34	1.18	3.02
2009	45.66	43.21	94.65	28.37	62.15	14.84	32.50	2.45	5.35
2010	67.10	56.40	84.06	33.14	49.39	23.26	34.67	10.70	15.94

（续表）

年份	特殊教育学校经费支出(亿元)	事业性经费支出						基本建设支出	
		合计		个人部分		公用部分			
		亿元	%	亿元	%	亿元	%	亿元	%
2011	73.81	66.82	90.53	37.98	51.46	28.84	39.07	6.99	9.47
2012	82.61	80.22	97.11	43.54	52.71	36.68	44.40	2.39	2.89
2013	90.95	89.38	98.28	48.34	53.15	41.04	45.13	1.57	1.72
2014	93.45	91.77	98.20	53.16	56.89	38.61	41.32	1.68	1.80
2015	114.07	112.88	98.96	67.28	59.98	45.60	39.98	1.19	1.04
2016	129.33	128.10	99.05	79.65	61.59	48.45	37.46	1.23	0.95

注：数据来源于《中国教育经费统计年鉴》“各级各类教育机构教育经费支出明细(全国)”。

表3.25呈现的数据表明，2006—2016年期间，特殊教育学校事业性经费支出总量呈逐年增长趋势。具体而言，特殊教育学校事业性经费支出由2006的25.44亿元增加到2016年的128.10亿元，净增102.66亿元。其间，事业性经费支出占特殊教育学校教育经费支出比例处于84.06%～99.05%之间，其中2010年比例最低，2016年达到峰值。相比之下，事业性经费支出总量及比例远远高于基本建设支出，足见事业性经费支出是特殊教育学校教育经费支出的主要部分，也是特殊教育学校经费支出增长的主要来源。

如表3.25所示，特殊教育学校基本建设支出历年变化幅度较大，具有较高的波动性。2006—2016年期间，特殊教育学校基本建设支出处于0.59—10.70亿元之间；相应的，基本建设支出占特殊教育学校经费支出的比例处于0.95%～15.94%之间，总体呈先下降后上升再下降的变化趋势。2006年基本建设支出比例为3.05%，2007年该比例降至1.99%，2008年以后向上稳步增长，到2010年快速增至历年峰值，为15.94%。究其原因，2010年国家大力推动新建与改扩建特殊教育学校项目，使得基本建设经费支出显著增多。2010年特殊教育学校基本建设支出为10.70亿元，比2009年净增8.25亿元。2010年以后，随着特殊教育学校基础建设逐步完善，基本建设支出规模及比例整体趋于回落。截至2016年，基本建设支出占特殊教育学校经费支出比例降至历年最低，仅占0.95%。

从人员经费和公用经费占特殊教育学校经费支出比例来看，大致上可以划分为三个时期：一是2006—2009年期间，人员经费和公用经费的比例差距较大，两者之比为6∶4，差距最为明显的是2007年，两者之比接近于7∶3；二是2010—2013年期间，人员经费和公用经费的比例差距逐步缩小，两者之比约为5∶3，其中差距最小的是2013年，两者之比接近于1∶1，说明用于购置固定资产、购建基础设施、大型修缮等资本性支出的“公用部分”经费比例较高；三是2014—2016年期间，人员经费和公用经费的比例差距再次拉大，表现为人员经费增长较快，公用经费增长较为缓慢，2016年两者之比接近于6∶4，说明用于教师工资福利、对个人和家庭补助等“个人部分”经费支出比例较高。

2. 工资福利支出占特殊教育学校人员经费支出的比例总体呈先下降后上升趋势，对个人和家庭补助支出占人员经费支出比例呈反方向变动

从事业性经费中“个人部分”支出情况来看，分为工资福利支出以及对个人和家庭补助支出两部分。如表3.26所示，2008—2014年期间，工资福利支出占特殊教育学校的人员经费支出比例总体趋于下降。相应的，对个人和家庭补助支出占人员经费支出的比例呈逐年增长趋势。截至2016年，全国特殊教育学校的工资福利支出累计为59.03亿元，占人员经费支出的74.11%；对个人和家庭补助支出为20.62亿元，占人员经费支出的25.89%。

表3.26 我国特殊教育学校人员经费支出结构及比例

年份	人员经费	工资福利支出		对个人和家庭的补助支出			
				合计		助学金	
	亿元	亿元	%	亿元	%	亿元	%
2006	16.55	12.47	75.35	4.08	24.65	0.31	1.86
2007	20.20	15.41	76.28	4.79	23.72	0.45	2.23
2008	24.10	18.16	75.36	5.94	24.64	0.74	3.06
2009	28.38	21.01	74.05	7.36	25.95	0.82	2.90
2010	33.14	24.21	73.04	8.94	26.96	0.96	2.89
2011	37.98	27.50	72.39	10.49	27.61	1.18	3.12
2012	43.54	30.98	71.15	12.56	28.85	1.93	4.43
2013	48.34	34.30	70.95	14.04	29.05	1.71	3.54
2014	53.16	37.49	70.52	15.67	29.48	2.06	3.88
2015	67.28	48.76	72.47	18.52	27.53	2.49	3.70
2016	79.65	59.03	74.11	20.62	25.89	2.66	3.34

注：数据来源于《中国教育经费统计年鉴》“教育经费支出明细(特殊教育学校)”。2007年以后，按照政府收支分类改革的要求对教育经费统计部分指标进行调整，“基本工资、职工福利费、社会保障费和其他工资”更改为“工资福利支出”，“补助工资、奖贷助学金”更改为“对个人和家庭的补助支出”，比例由研究者计算得到。

从个人和家庭补助支出中的助学金比例来看，大致上分为两个时期：一是2006—2008年期间，特殊教育学校的助学金由2006年的0.31亿元提高到2008年的0.74亿元，助学金占人员经费支出比例呈逐年上升趋势，由2006年的1.86%增至2008年的3.06%；二是2009—2016年期间，特殊教育学校的助学金由2009年的0.82亿元增加到2016年的2.66亿元，助学金占人员经费支出的比例由2009年的2.90%增至2016年的3.34%。

3. 特殊教育学校生均教育经费的省际差距总体趋于缩小，但特殊教育学校生均公用经费的省际差异较为突出

表3.27的数据显示，2007—2016年期间，我国特殊教育学校生均教育经费支出省际差异系数处于0.37—0.62之间。其中，差异系数峰值为2012年的0.62，最低值为2011年的0.37。2016年特殊教育学校生均教育经费支出最高的是北京，均值为150 003元；特殊教育学校生均教育经费最低的是四川，均值为37 799元，最大值是最小值的4.0倍。从事业性经费中"个人部分"和"公用部分"支出情况来看，特殊教育学校生均人员经费支出的省际差异系数处于0.43—0.55之间，生均公用经费支出的省际差异系数处于0.46—0.79之间。上述数据表明我国特殊教育学校生均教育经费的省际差距总体趋于缩小，但省际差异仍较为明显。而且与生均人员经费相比，特殊教育学校生均公用经费的省际差距更加突出。

表3.27 我国特殊教育学校生均事业性经费省际差异比较

年份	生均教育经费			生均人员经费			生均公用经费		
	最大值（元）	最小值（元）	差异系数	最大值（元）	最小值（元）	差异系数	最大值（元）	最小值（元）	差异系数
2007	46 373	6 994	0.49	27 433	5 232	0.48	18 686	1 762	0.61
2008	77 086	10 256	0.59	37 705	5 344	0.55	36 077	2 245	0.79
2009	66 548	14 597	0.48	43 980	6 526	0.55	29 153	4 019	0.62
2010	123 266	22 353	0.49	51 745	9 360	0.51	40 968	3 973	0.59
2011	87 040	26 136	0.37	55 546	10 222	0.50	48 081	7 338	0.50
2012	191 619	27 638	0.62	62 210	11 537	0.47	51 953	6 485	0.47
2013	124 287	27 531	0.47	68 900	12 509	0.47	55 387	9 121	0.52
2014	123 303	25 923	0.41	78 197	14 837	0.45	45 033	9 331	0.46
2015	130 500	31 983	0.41	90 240	16 426	0.43	72 491	11 678	0.53
2016	150 003	37 799	0.44	102 929	19 956	0.46	57 871	12 214	0.49

注：数据来源于《中国教育经费统计年鉴》"生均教育经费支出（地方特殊教育学校）"，2010年以前为"分地区地方特殊教育学校生均教育经费支出"，2007年之前数据缺失，差异系数由研究者计算得到。

从各省份特殊教育生均教育经费与人均地区生产总值的关系来看，特殊教育生均教育经费位居前列的北京、上海、天津，其人均 GDP 也较高；特殊教育生均教育经费较低的新疆、河南、贵州等省份，其人均 GDP 也较低。这反映了地区经济发展是特殊教育发展的重要基础，各省份特殊教育发展差距与地区经济发展不平衡不充分有着高度关联性。回归分析发现，人均 GDP 对特殊教育生均教育经费的回归系数为 0.847 7（$P<0.001$），说明地区经济发展水平对区域特殊教育发展有极其显著的正向影响，表明经济越发达省份，地区特殊教育财政投入越多，特殊教育经费投入水平越高。与经济较发达的东部地区相比，四川、广西、江西、河南、贵州等中西部地区特殊教育学校生均经费偏低，整体落后于全国特殊教育发展的步伐，成为深化区域特殊教育改革发展亟须加强的薄弱地带。（见图 3.49）

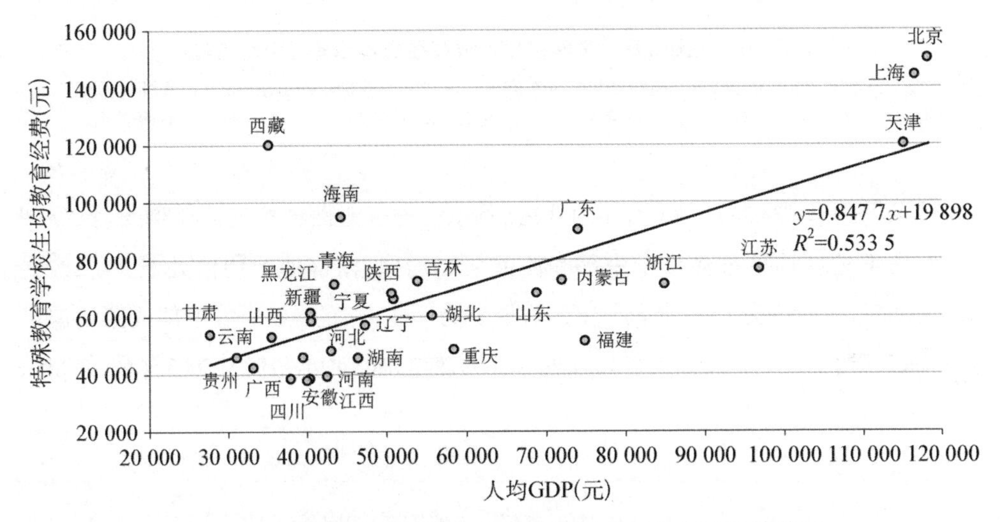

图 3.49　我国特殊教育学校生均教育经费与人均 GDP 的关系

注：特殊教育学校生均教育经费数据来源于《中国教育经费统计年鉴》，人均 GDP 数据来源于《中国统计年鉴》。

图 3.50 呈现的数据表明，2007—2015 年期间，我国 31 个省市自治区特殊教育学校生均教育经费的变异系数处于 0.37—0.59 之间，其中变异系数最高为 2008 年的 0.59，变异系数最低为 2011 年的 0.37。对比各省生均事业性经费可以发现，变异系数最高为 2008 年的 0.57，最低为 2014 年的 0.41。从事业性经费支出中的个人部分和公用部分来看，生均人员经费的变异系数处于 0.43—0.55 之间，生均公用经费的变异系数处于 0.50—0.79 之间。上述数据表明我国特殊教育学校生均教育经费的省际差距整体趋于缩减，但特殊教育学校生均公用经费的区域差距比较突出。这与前面的估计结果是一致的。

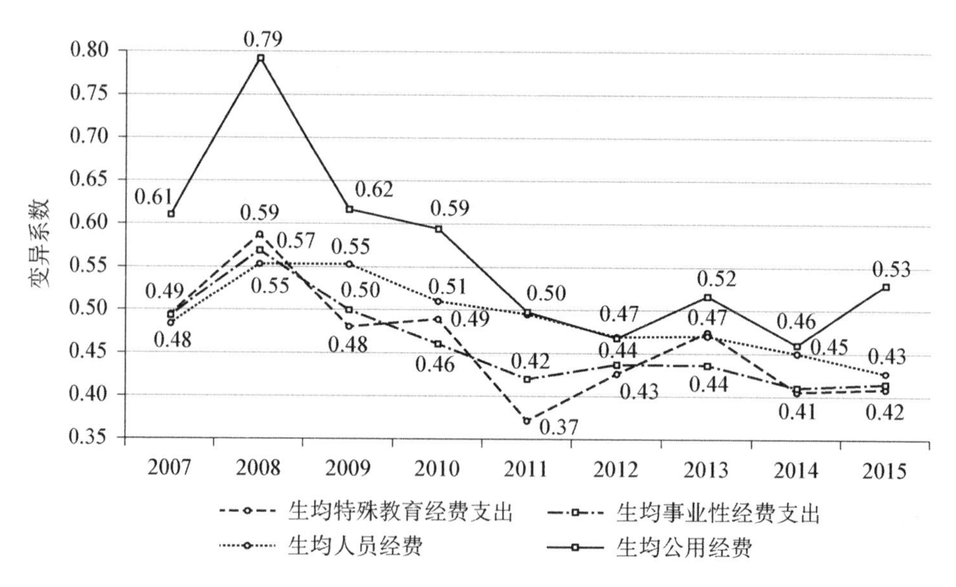

图 3.50 我国特殊教育学校生均教育经费省际差异变动趋势

注：数据来源于《中国教育经费统计年鉴》(2008—2016)"生均教育经费支出(地方特殊教育学校)"、"分地区地方特殊教育学校生均教育经费支出"，2007 年之前数据缺失，变异系数由研究者计算得到。

从东中西部地区特殊教育学校生均公用经费占事业性经费支出比例来看(见图 3.51)，东部地区均值整体低于中部和西部地区均值，东部地区均值处于 31.1%～44.8%之间，最低值为 2007 年的 31.1%，最高为 2013 年的 44.8%；中部地区均值最低为 2007 年的 32.4%，最高为 2012 年的 50.6%；西部地区均值最低为 2007 年的 29.3%，

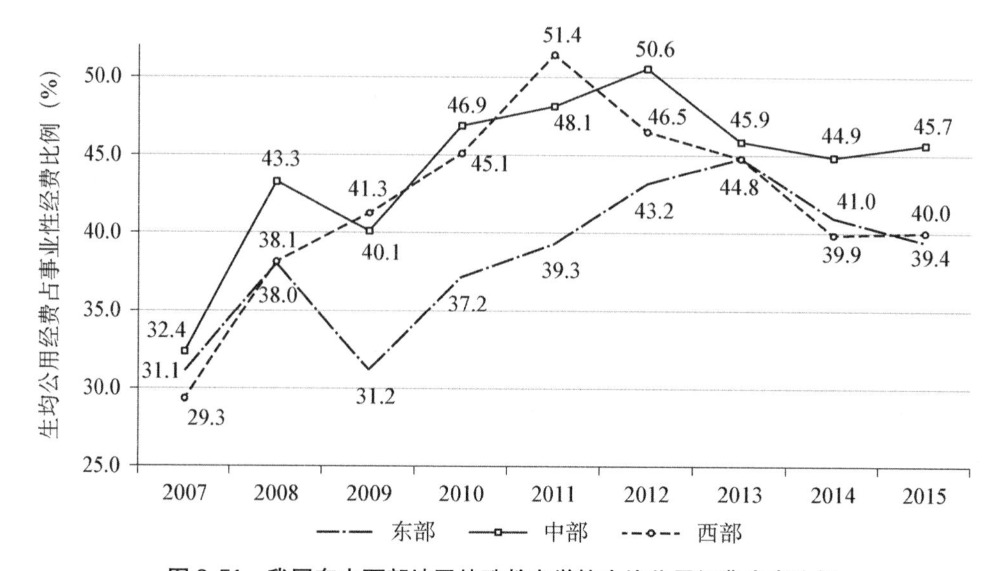

图 3.51 我国东中西部地区特殊教育学校生均公用经费支出比例

注：数据来源于《中国教育经费统计年鉴》"生均教育经费支出(地方特殊教育学校)"、"分地区特殊教育学校教育经费支出明细"，比例由研究者计算得到。

峰值为2011年的51.4%。与全国其他省市自治区相比，中部地区的河南、山西和江西，西部地区的甘肃、广西、四川、重庆和云南等地，特殊教育学校生均公用经费均低于全国均值，亟待进一步提高。从全国范围来看，中部地区的江西、河南、山西和湖南，西部地区的四川、云南、甘肃、广西和贵州等地，特殊教育学校生均教育经费偏低。因此要缩小区域特殊教育发展差距，必须加大对中西部农村地区和边远贫困地区特殊教育倾斜投入。

四、小结

（一）健全和完善特殊教育经费保障长效机制，积极拓展特殊教育资金来源渠道

实证数据显示，2006—2016年期间，我国特殊教育学校经费投入规模呈逐年扩大趋势，且国家财政性教育经费是特殊教育学校经费收入来源的主渠道，为我国特殊教育事业稳定发展提供了有力的物质基础和财力保障。相比之下，非财政性经费尤其是社会捐赠经费呈逐年下降趋势。虽然近十年来我国特殊教育经费投入逐年增长，但是在国家财政性教育经费投入总量中所占的比重偏低。特殊教育属于公共产品范畴，国家财政性教育经费必然成为特殊教育经费收入来源的主渠道。加快发展特殊教育离不开日益丰富的社会资源。只有国家、社会和家庭的共同参与，才能为特殊教育的稳定发展提供充足的经费保障。在继续加大特殊教育财政性经费投入的同时，需要积极拓展特殊教育的经费来源渠道，鼓励和引导企事业单位、社会团体和公民个人开展合作办学、捐资助学，加大实施“残疾儿童学前教育助学项目”和“残疾人事业专项彩票公益金助学项目”，广泛吸纳社会资金，逐步增加社会捐赠经费、民办学校中举办者投入以及其他非财政性教育经费。

加大特殊教育经费投入力度是扩大特殊教育规模、提高特殊教育质量的迫切需要。截至2016年，全国特殊教育学校数量为2 080所，比2010年净增313所；特殊教育在校生人数为49.2万人，比2010年净增9.3万人。总体来看，特殊教育规模扩大是今后一段时期内我国特殊教育发展的主要趋向。《国家教育事业发展“十三五”规划》也明确指出：“每个省（区、市）集中力量办好至少一所面向全省（区、市）招生的残疾人中等职业学校、一所盲生高中、一所聋生高中。支持招收残疾学生较多的普通学校建设资源教室，扩大特殊教育规模。”在我国中西部农村地区尤其是边远贫困地区，残疾儿童少年义务教育普及水平仍然偏低。未来一段时间内要按照“一人一案”的要求，由区县设立台账，加强精准施策，全面解决实名登记的未入学学龄残疾儿童入学问题；加之特殊教育在校生规模不断扩大，以及对提高特殊教育质量的需求日益增长，为特

殊教育提供充足而稳定的财政性经费成为必然趋势。

（二）继续加强对特殊教育学校的经费保障和支持，为开展随班就读、附设特教班的普通学校提供充足的财政性经费

研究表明，目前我国特殊教育经费专门用于对残疾儿童少年开办的特殊教育学校，而附设特教班、随班就读的普通学校实际所获得的经费投入相对不足。国家在继续加强对特殊教育学校的经费保障和支持的同时，应逐步重视对开展随班就读、附设特教班的普通学校提供充足的财政性经费。根据《中国教育统计年鉴》(2015)数据显示，截至2014年，我国小学和初中附设特教班和随班就读的残疾儿童少年累计23.97万人，占残疾儿童在校生人数的比例为54.2%；相应的，特殊教育学校就读的残疾儿童少年占45.8%。随班就读的残疾儿童少年比例约占一半，与发达国家相比仍有较大差距，说明我国融合教育水平有待进一步提高。另外，《中国教育经费统计年鉴》中仅呈现特殊教育学校的收支状况，缺乏对接收残疾儿童少年的普通学校的经费统计。《第二期特殊教育提升计划(2017—2020年)》明确提出了“随班就读、特教班和送教上门的义务教育阶段生均公用经费标准按特殊教育学校执行”的要求，今后要进一步明确规定各地区和各学校随班就读比例，对于接收随班就读残疾学生较多的普通学校要设立特殊教育资源教室，在资源教室、师资配备、医教结合、生活无障碍设施建设等各方面保证随班就读学校的经费投入，提高普通学校接收残疾儿童少年的能力。深入推进融合教育，要建立健全随班就读支持保障政策体系，重点支持中西部地区、农村地区和边远贫困地区普通中小学校开展随班就读，探索建立随班就读质量监测评价体系，防止出现“随班就读”变成“随班就坐”、“随班混读”和“随班陪读”的现象。

据《中国教育统计年鉴》数据显示，我国义务教育阶段在校残疾儿童少年人数由2010年的38.89万人增加到2014年的43.22万人，净增4.33万人；高中教育阶段在校残疾儿童少年人数由2010年的9 881人增加到2014年的10 067人，仅净增186人。相比之下，非义务教育阶段特殊教育学校的在校生规模明显偏低，非义务教育阶段特殊教育发展相对滞后。加快推进非义务教育阶段的特殊教育发展是今后一段时期内的主要方向，无论是提高残疾儿童少年义务教育普及水平还是加快非义务教育阶段特殊教育的发展，必然要增加事业性经费和基本建设经费，因此今后一段时间内我国特殊教育的事业性经费支出和基建经费支出预期将呈现增长趋势。

（三）合理配置特殊教育经费支出结构，科学规划事业性经费中“个人部分”和“公用部分”支出比例

研究表明，近十年来我国特殊教育学校用于工资福利支出、对个人和家庭补助支出的“个人部分”经费支出逐年增长，而用于商品和服务支出及其他资本性支出的“公用部分”支出则有较大的起伏变化。从“个人部分”和“公用部分”占特殊教育学校经费支出比例来看，大致上可以分为三个时期：一是2005—2009年期间，人员经费和公用经费的比例差距较大，“个人部分”经费支出比例明显高于“公用部分”；二是2010—2013年期间，人员经费和公用经费的比例差距趋于缩减，到2013年两者之比接近于1∶1；三是2014—2015年期间，人员经费和公用经费的比例差距扩大，2015年两者之比接近于6∶4。随着特殊教育学校兴建与改扩建项目逐步推进和完善，基本建设支出规模及比例趋于回落。

人员经费支出直接影响教师工资福利以及对个人和家庭的补助，如果人员经费无法与公用经费协调增长，无疑会降低教师职业的吸引力，进而影响教师队伍的稳定性，而降低个人和家庭的补助支出，则会减少家庭经济困难的残疾儿童就学机会；公用经费支出比例则直接影响特殊教育学校的资本性支出，包括购置固定资产、构建基础设施以及大型修缮。因此今后一段时间内，各地区和各学校要合理优化特殊教育经费支出结构：一方面，完善特殊教育教师工资保障机制和激励机制，增强特殊教育教师职业吸引力；另一方面，完善覆盖从学前到高等教育阶段的残疾学生资助体系，落实残疾儿童接受普惠性学前教育资助政策，从学前到高等教育阶段要优先资助家庭经济困难的残疾学生，为家庭经济困难的残疾儿童少年提供12年免费教育，完善残疾学生特殊学习用品、教育训练、生活费和交通费等补助政策。对于“公用部分”支出，则要统筹各类资源向特殊教育学校倾斜，确保各省义务教育阶段特殊教育学校生均公用经费按年生均6 000元及以上标准补助，科学规划每年的事业性经费中“个人部分”和“公用部分”支出比例，确保事业性经费支出和基本建设支出的协调增长。

（四）充分挖掘和利用数字教育资源，缩小区域特殊教育发展差距

研究发现，我国特殊教育学校生均教育经费的省际差距趋于缩小，但地区间仍有较大的差距。与生均人员经费相比，各省特殊教育学校生均公用经费的差异明显更大。相比于东部地区，中西部地区特殊教育学校生均公用经费偏低。根据《中国教育统计年鉴》数据显示，截至2014年，全国特殊教育学校校舍危房面积为65 111.06平方米，其中中西部地区为60 088.35平方米，占全国的92.3%；校舍面积当年新增429 385.44平方米，其中中西部地区255 067.32平方米，占全国的59.4%。全国特殊教育学校生均校舍建筑面积为21.52平方米，其中西部地区平均为18.27平方米，中部地区平均为20.94平方米，均低于东部地区均值（23.76平方米）和东北地区均值（28.21平方米）。全国特殊教育学校生均图书册数为19.98册，其中西部地区平均为

12.56册，中部地区平均为16.27册，均低于东部地区均值（26.71册）和东北地区均值（34.62册）。全国特殊教育学校生均数字资源为1.40GB，其中西部地区平均为0.54 GB，东北地区平均为1.59 GB，中部地区平均为1.71 GB，均低于东部地区均值（2.21 GB）。上述数据表明我国中西部地区的生均校舍建筑面积、生均图书册数、生均数字资源均低于东部地区，区域间特殊教育资源分配不均衡。由于受历史、经济社会发展和自然条件等诸多因素的制约，导致中西部地区特殊教育发展相对滞后。

基于此，在加大特殊教育经费投入力度的同时，应着力推进特殊教育资源配置的均衡化，缩小区域和城乡特殊教育发展差距。如前文所述，特殊教育学校危房校舍集中分布在中西部地区。因此新建和改扩建特殊教育学校校舍项目、改善办学条件、教育经费的增量部分应优先向中西部农村地区和边远贫困地区倾斜，统筹推进东中西部地区特殊教育学校标准化建设。在综合考虑各地区历史、经济社会背景和自然条件的基础上，设立特殊教育专项补助资金，在教育资源的配置上将逐步缩小地区差异、城乡差异作为主要方向。根据《第二期特殊教育提升计划（2017—2020年）》的政策目标和举措，以完善特殊教育学校布局、增强特殊教育保障能力和提高特殊教育质量为重点，扎实推进中西部贫困地区特殊教育学校基础建设，继续改善特殊教育学校办学条件，充分挖掘和利用数字教育资源，重点提高中西部地区特殊教育信息化水平，加快实现区域义务教育均衡发展，以共享优质均衡发展促进教育公平。

第四章 走向2035，未来可期

本章基于人口普查数据和统计年鉴数据，构建学龄人口预测模型，估计2020—2035年各级教育学龄人口和在校生数，并根据学龄人口规模和国内生产总值、公共财政支出增长率，运用生均经费指数法和计量模型，给出教育财政投入规模及投资比例的预测值。同时从教育发展适应人口与经济发展需求的角度出发，估计2020—2035年教育经费投入规模的预测值。

对于教育财政投入比例的合理预测应当具有一定弹性，因为教育财政投入规模既需要考虑经济发展水平和财政能力的约束，也需要考虑教育发展适应经济发展的实际需求。教育发展对财政拨款的需求与政府财政供给能力实际提供的教育财政经费往往存在一定差距，而且通常后者要低于前者。由此，本章从教育供给侧结构性改革和经济发展需求的角度，构建教育经费投入规模与投资比例的预测模型。

第一节 学龄人口变动对教育经费配置的影响

本节以第六次全国人口普查数据为基础，根据总和生育率等指标设计了高、中、低三个方案，对2020—2035年我国人口特别是学龄人口规模及变动趋势进行预测，并通过对三个预测方案预测结果的对比，分析学龄人口变动对我国各级各类教育经费资源配置的影响，从而为政府部门相关教育政策制定提供决策依据。

一、基于国际人口预测系统对人口参数的设定

在运用PADIS-INT进行分年龄分性别人口预测时，其关键点在于对生育水平、预期寿命、出生人口性别比、迁移水平等参数的设定。本文以全国第六次人口普查数据为基础，结合对历次人口普查资料和人口发展趋势的分析，对基础参数设置如下：

1. 总和生育率及生育模式

生育率是形成新增人口的重要变量，是影响人口数量增长的因素。我国总和生育率(total fertility rate，简称TFR)的预测与设定主要是基于对生育政策的分析。

自20世纪90年代中后期以来，由于计划生育政策严格执行，我国人口发展进入"低生育率"阶段。2010年全国人口普查资料表明，全国总和生育率仅为1.18，远低于人口世代更替水平(2.1)。受"全面二孩"政策的影响，短期内我国可能出现生育"高峰"，总和生育率略有抬升，但高于世代更替2.1的可能性较小，而且长期来看生育水平不会大幅度上升，也不会出现大起大落的波动。通过政策调整把生育率提高到更加接近于世代更替水平，是一种乐观的设想。总和生育率在未来30年应保持在1.8左右，过高或过低都不利于人口与经济社会的协调发展。

基于总和生育率假设，联合国发布的《世界人口展望》(World Population Prospects)为人口预测提供了9种方案：高方案、中方案、低方案、固定生育率方案、固定死亡率方案、即时替换生育方案、零迁移方案、动量方案以及无变动方案。

联合国预测的中国人口峰值最早出现的年份在2021年(低方案)，最晚出现的年份在2044年(高方案)，其中有7个方案预测的人口峰值出现在2032年及之前。中方案、固定生育率方案及无变动方案对未来中国总和生育率设定值为1.6左右，比较接近于《国家人口发展规划(2016—2030年)》提出的2015年总和生育率在1.5—1.6之间的预估区间。假设按照总和生育率为1.6，中方案、固定生育率方案和无变动方案预测的中国人口峰值分别出现在2023年、2026年、2029年，人口峰值分别为14.2亿人、14.3亿人、14.4亿人。所以，中国人口峰值可能出现在2020—2030年前后，峰值出现的具体年份在很大程度上取决于未来中国的生育水平。按照目前的低生育率态势，中国人口总量波峰渐趋渐近，只是何时达到人口峰值仍存在较大的争议。

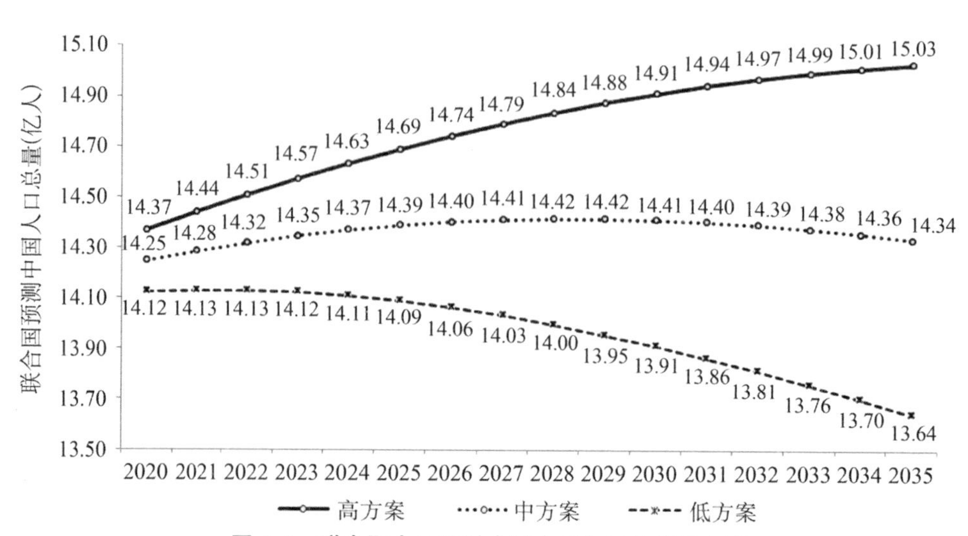

图4.1 联合国人口司对中国人口总量的预测方案

注：数据来源于联合国人口司发布的《世界人口展望2017》(World Population Prospects: The 2017 Revision)。

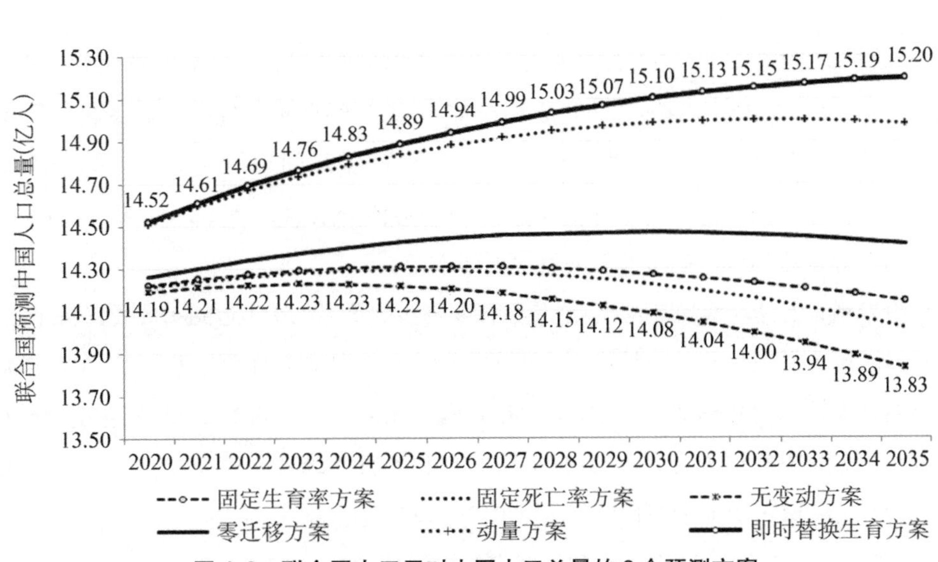

图 4.2　联合国人口司对中国人口总量的 6 个预测方案

注：动量方案(momentum variant)是指即时替换生育(instant-replacement-fertility)、固定死亡率(constant-mortality)、零迁移(zero-migration)假设；无变动方案是指固定生育率(constant-fertility)、固定死亡率假设。

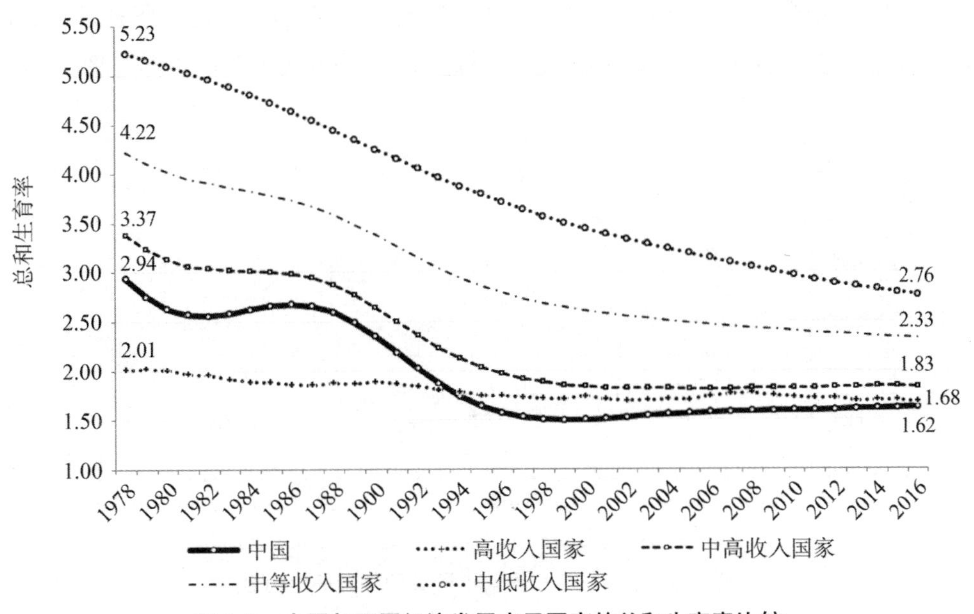

图 4.3　中国与不同经济发展水平国家的总和生育率比较

参照联合国人口司的做法，根据总和生育率这一关键指标，设计了高、中、低三种人口预测方案。

高方案：生育政策全面放开，总和生育率明显提高，2020 年提高到 2.1(世代更替水平)后保持平稳。高方案主要考虑生育政策全面放开以后,育龄妇女的生育水平明显提高,出生人口规模显著扩大,生育水平从"全面二孩"政策实施后开始逐渐上升,以预测基年的人口队列为基数逐步外推,2015—2020年区间均值为1.88,2020—2025年、2025—2030年、2030—2035年总和生育率的均值分别为2.06、2.19、2.21,到2035年总和生育率达到甚至超过2.1的世代更替水平。

中方案:生育政策局部调整,总和生育率稳步提高,2020年达到1.8后保持平稳。根据国家统计局人口和就业统计司主编的《中国人口和就业统计年鉴》关于各年龄段育龄妇女生育率的数据加以测算,2016年我国总和生育率达到1.25,明显低于世代更替水平。国家卫生健康委员会指出,中国的总和生育率维持在1.5—1.6之间。考虑到"全面二孩"政策短期的"释放效应",2015—2020年区间值为1.63,2020—2025年、2025—2030年、2030—2035年总和生育率的均值分别为1.66、1.69、1.71。到2035年提高到1.7。

低方案:生育政策维持不变,总和生育率缓慢变动,到2020年处于1.5后保持平稳。"全面二孩"政策实施后,出生人口规模虽然短时期内有所波动但期间变化不明显。2015—2020年区间值为1.38,2020—2025年、2025—2030年、2030—2035年总和生育率的均值分别为1.26、1.19、1.21。到2035年,总和生育率处于1.5以下。(见图4.4)

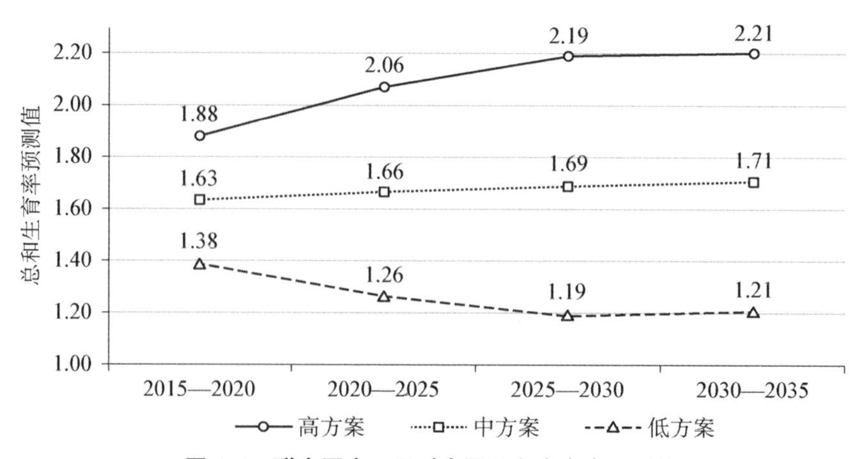

图4.4 联合国人口司对中国总和生育率预测值

2. 人口预期寿命

人口预期寿命是国际上用来评价一个国家人口的生存质量和健康水平的重要参考指标之一。随着我国经济迅速发展,医疗水平显著提高,人民物质生活水平的改善,人口寿命有较大幅度的提高。第六次全国人口普查数据显示,2010年我国人口平均预期寿命达到 74.83 岁,比 2000 年提高了 3.43 岁。其中,男性人口平均预期寿命为 72.38 岁,比 2000 年提高 2.75 岁;女性为 77.37 岁,比 2000 年提高 4.04 岁。男女平均预期寿命之差与十年前相比,由 3.70 岁扩大到 4.99 岁。

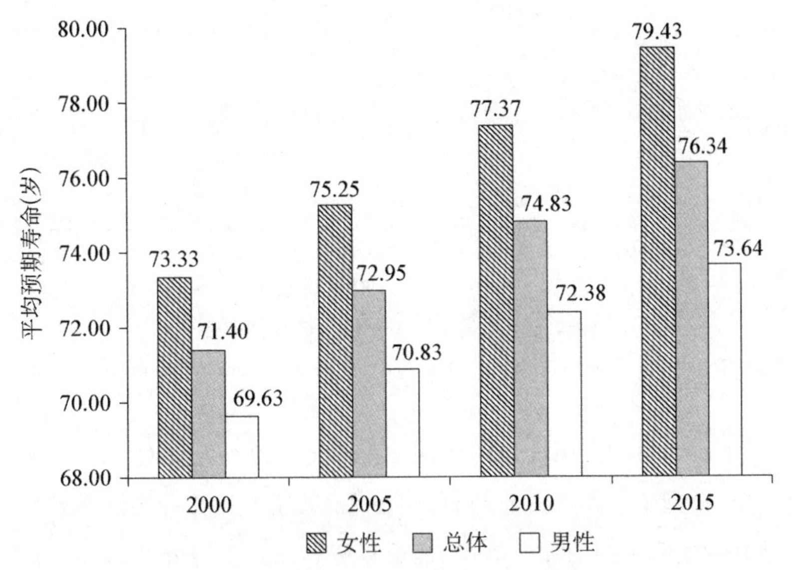

图 4.5　我国男性与女性人口平均预期寿命

注:2000 年、2010 年为全国人口普查数据,2005 年、2015 年为全国 1%人口抽样调查数据。

中国科学院 2007 年发布的《中国可持续发展总纲(国家卷)》指出到 2050 年人口预期寿命可达到 85 岁;2012 年卫生部课题组发布的《"健康中国 2020 战略"研究总报告》提出到 2020 年主要健康指标基本达到中等发达国家水平,人均预期寿命达到 77 岁。参照以上文献,本书假设我国人口预期寿命在 2020 年、2030 年和 2050 年分别达到 77 岁、80 岁和 85 岁。

国家统计局人口司的有关负责人分析指出,在我国人口平均预期寿命不断提高的过程中,女性提高速度快于男性,并且两者差距也进一步扩大,这与世界其他国家平均预期寿命的变化趋势是一致的。(见图 4.6)本书根据 2000 年、2005 年、2010 年和 2015 年四次全国人口普查和抽样调查资料中男性与女性的平均预期寿命之差,线性趋势外推,得到 2020—2035 年男女平均预期寿命之差,进而计算出 2035 年男性和女性的平均预期寿命分别为 79.9 岁和 90.1 岁。

3. 生命模型

使用软件 PADIS-INT 进行人口预测时,人口死亡模式的确定受项目设置中所选择的模型生命表的影响,软件提供了寇尔-德曼(Coale-Demeny)模型生命表和联合国

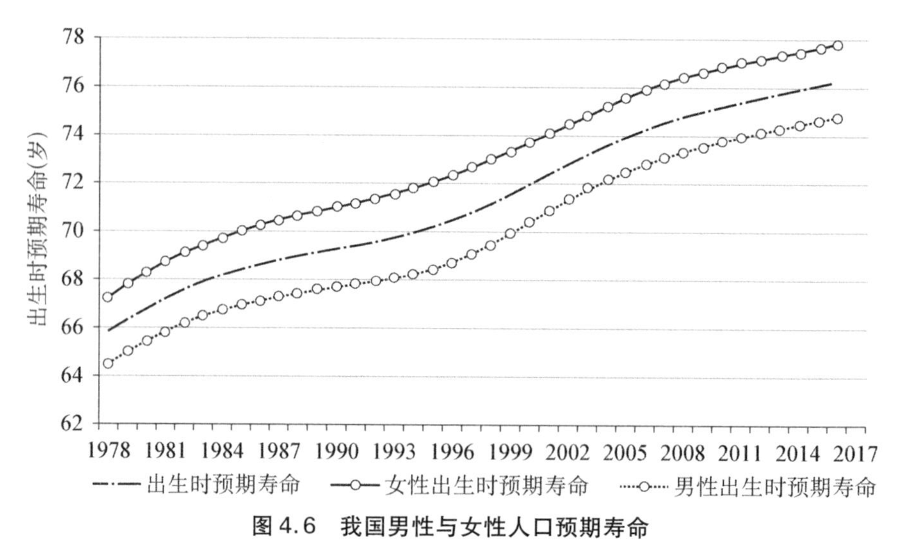

图4.6 我国男性与女性人口预期寿命

注：数据来源于联合国人口司发布的《世界人口展望2017》(World Population Prospects：The 2017 Revision)。

模型生命表两大类，其中应用较为广泛的是寇尔-德曼模型生命表。

寇尔-德曼模型生命表开发于1966年，是在192张实际生命表的基础上构造出来的。生命表按照实际不同的死亡类型、地域特征和模式进行分类、处理，分别推导出“东区、南区、西区、北区”4个系列的生命表，每一组生命表代表一种死亡模式。其中，西区模型是在130个实际生命表数据的基础上建立的，这些生命表主要来源于亚洲和非洲，如以色列、日本、南非等。西区模型的死亡数据无明显的系统偏差，因此，较之其他三组，这组模型具有较可靠的质量和更广泛的代表性，普遍视为“标准生命表”。综上分析，本书采用寇尔-德曼的西区模型生命表对我国学龄人口变动趋势进行预测和分析。

4. 出生人口性别比

出生人口性别比反映的是活产男婴出生数与活产女婴出生数之比，是衡量人口性别结构的重要指标。在没有人为因素干扰的情况下，出生人口性别比是较为稳定的，以女性=100为参照，出生人口性别比的正常值通常处于102—107之间。若严重偏离这一正常值，则可能引起人口性别比失衡的社会问题。近年来，我国出生人口性别比持续升高。根据全国第六次人口普查数据统计显示，2010年我国出生人口性别比是118.06，此后持续下降，截至2017年降至111.9，这表明在持续加强综合治理以后，我国出生人口性别比呈下降态势，但仍超过联合国认定的正常值。出生人口性别比偏高是我国长期存在又亟待解决的问题，这一现象应当引起政府部门的高度重视。以2017出生人口性别比111.9为基础，假设经过十几年的时间实现正常水平，到2025年线性递减到 107，此后保持 107 的水平不变。2000 年、2005 年、2010 年及 2015 年不同年份、不同年龄组我国男性与女性人口性别比见图 4.7 所示。

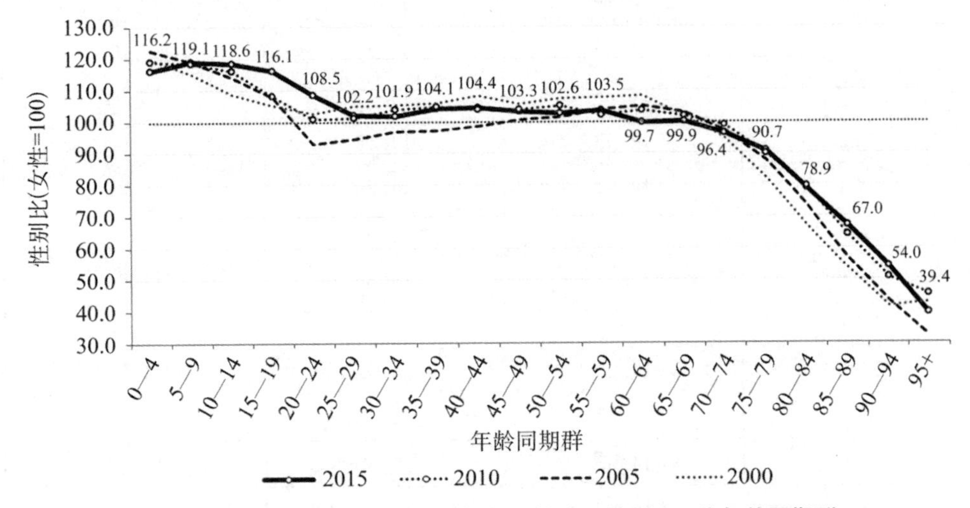

图 4.7　2000—2015 年我国男性与女性人口性别比：分年龄同期群

注：2000 年、2010 年数据来自全国人口普查，2005 年、2015 年数据来自全国 1% 人口抽样调查。

5. 迁移水平和迁移模式

不考虑内部区域之间的人口流动，我国作为一个整体，内部地域范围的人口迁移并不会对人口总量变化产生实质影响，而我国与境外的人口净迁移率较低，人口迁移因素对人口数量变化的影响可忽略不计，因此迁移人口的影响不予考虑。

二、预测结果

根据以上人口数据及相关参数假设，运行人口预测软件 PADIS-INT，得到高、中、低三种方案下 2020—2035 年的各预测年份分年龄、性别的人口规模及结构的预测结果如下。

1. 总人口数："全面二孩"政策的调整使人口总量缓慢增长，总体呈上升态势

预测结果显示，若总和生育率维持在较高水平上，我国总人口数将由 2020 年的 14.19 亿人增加到 2035 年的 15.20 亿人，比 2020 年增加了 1.01 亿人；若总和生育率维持在中等水平上，我国总人口数将由 2020 年的 14.09 亿人增加到 2035 年的 14.55 亿人，比 2020 年增加了 4 652.9 万人；若总和生育率维持在 1.5 以下的较低水平上，我国总人口数将由 2020 年的 13.99 亿人缓慢增加到 2025 年的 14.07 亿人，并在 2035 年降至 13.91 亿人，比 2020 年减少了近 8 000 万人。（见表 4.1）

表4.1 2020—2035年中国总人口数三种预测方案 （单位：亿人）

年份	高方案	中方案	低方案
2020	14.19	14.09	13.99
2021	14.26	14.14	14.02
2022	14.35	14.19	14.04
2023	14.43	14.24	14.05
2024	14.51	14.29	14.06
2025	14.59	14.33	14.07
2026	14.66	14.36	14.07
2027	14.73	14.40	14.06
2028	14.80	14.43	14.05
2029	14.87	14.45	14.04
2030	14.93	14.48	14.02
2031	14.99	14.50	14.00
2032	15.04	14.51	13.98
2033	15.10	14.53	13.96
2034	15.15	14.54	13.94
2035	15.20	14.55	13.91

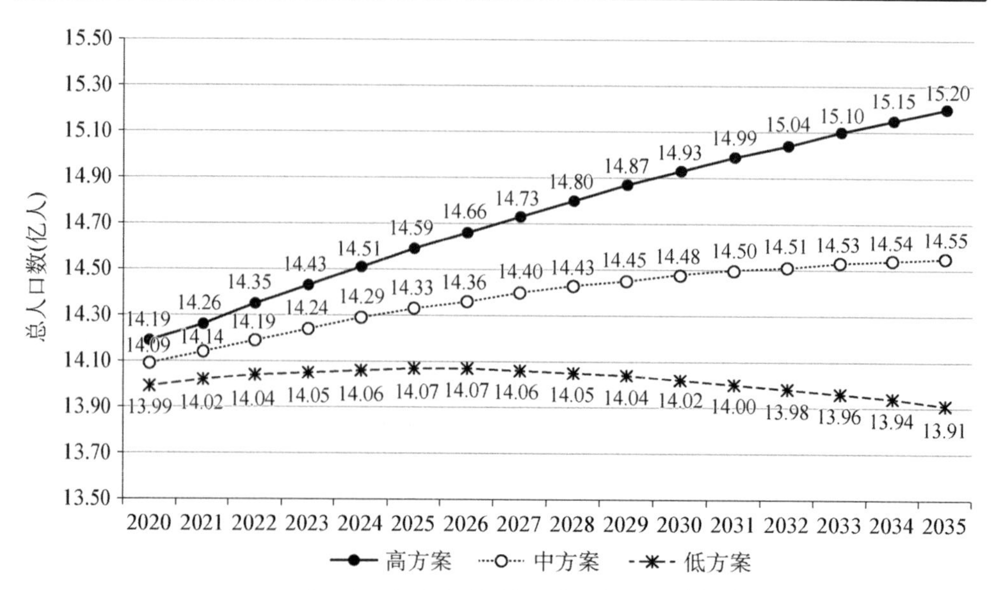

图4.8 不同生育政策下我国总人口数变动趋势

按照中方案的预测结果，2035年我国总人口数达到14.55亿人，比联合国人口司发布的《世界人口展望 2017》中关于中国人口总量将会在 2035 年达到 14.34 亿人的预测结果略高。究其原因,这是由于“全面二孩”政策的实施,使总和生育率在短期内略有波动,2030—2035 年平均达到 1.7,从而使总人口数呈现增长态势,但并未出现大幅度增长。

2. 出生人口数:“全面二孩”政策实施并未带来出生人口的暴涨

“全面二孩”政策的出台和实施会使我国在 2016—2020 年前后出现一次生育小高峰,并从 2020 年开始出生人口数量总体趋于下降。(见图 4.9)

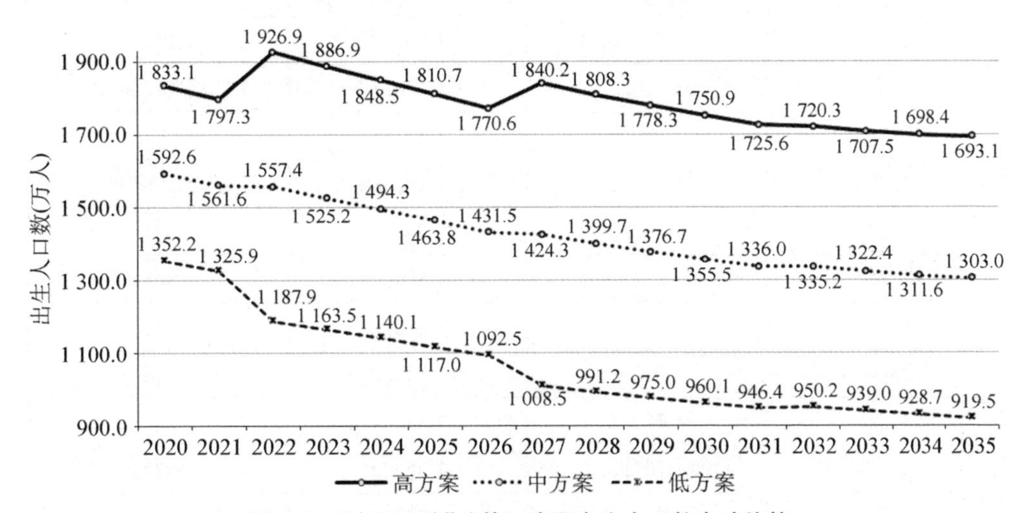

图 4.9 “全面二孩”政策下我国出生人口数变动趋势

预测结果显示,若总和生育率维持在较高水平上,我国出生人口数将由 2020 年的 1 833.1 万人降低到 2035 年的 1 693.1 万人,比 2020 年减少了 140 万人;若总和生育率维持在中等水平上,我国出生人口数将由 2020 年的 1 592.6 万人降低到 2035 年的 1 303.0 万人,比 2020 年减少了 289.6 万人;若总和生育率维持在 1.5 以下的较低水平上,我国出生人口数将由 2020 年的 1 352.2 万人降至 2035 年的 919.5 万人,比 2020 年减少了 432.7 万人。

与高方案不同,中方案、低方案的预测一致地表明我国出生人口数呈下降态势。“全面二孩”政策的实施并未带来新生人口的暴涨,但大力鼓励生育政策,有利于适度提高生育水平,减缓人口总量在达到峰值以后过快下滑的势头,有利于促进人口长期均衡发展。(见表 4.2)

3. 总抚养比:劳动人口抚养重点有明显转变,将由少儿人口转向老年人口

在 2020—2035 年期间我国总抚养比将呈现持续增长的趋势,按中方案估算到 2035 年达到 59.4%。(见图 4.10)

表 4.2　2020—2035 年中国出生人口数三种预测方案

年份	高方案	中方案	低方案
	万人	万人	万人
2020	1 833.1	1 592.6	1 352.2
2021	1 797.3	1 561.6	1 325.9
2022	1 926.9	1 557.4	1 187.9
2023	1 886.9	1 525.2	1 163.5
2024	1 848.5	1 494.3	1 140.1
2025	1 810.7	1 463.8	1 117.0
2026	1 770.6	1 431.5	1 092.5
2027	1 840.2	1 424.3	1 008.5
2028	1 808.3	1 399.7	991.2
2029	1 778.3	1 376.7	975.0
2030	1 750.9	1 355.5	960.1
2031	1 725.6	1 336.0	946.4
2032	1 720.3	1 335.2	950.2
2033	1 707.5	1 322.4	939.0
2034	1 698.4	1 311.6	928.7
2035	1 693.1	1 303.0	919.5

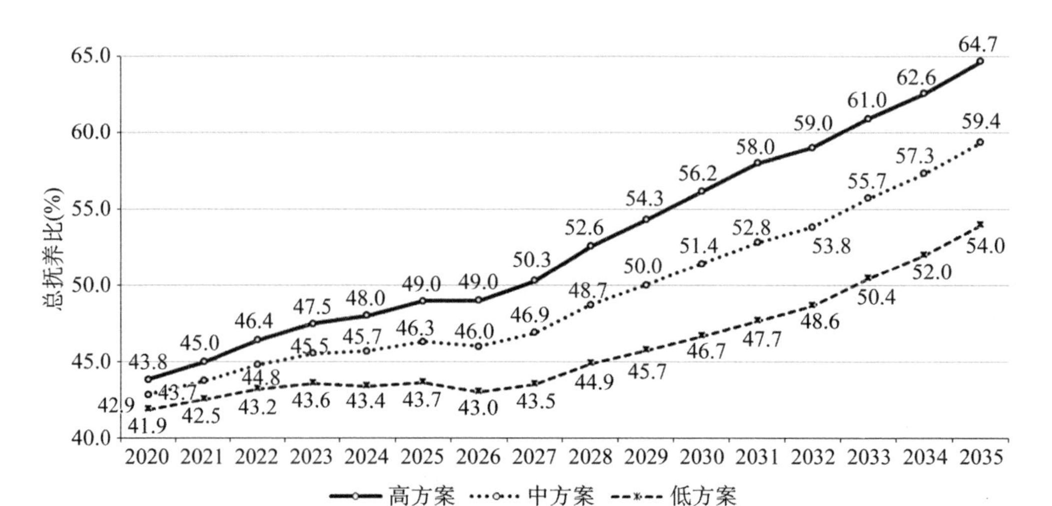

图 4.10　不同生育政策下的总抚养比

总抚养比包含少年抚养比、老年抚养比两部分。预测结果显示，在“全面二孩”政策环境下，若总和生育率提高在较高水平上，我国少年抚养比将由 2020 年的 25.3%提高到 2035 年的 28.5%，比 2020 年增加 3.2%；若总和生育率维持在中等水平上，我国少年抚养比将由 2020 年的 24.3%降低到 2035 年的 22.8%，比 2020 年下降 1.5%；若总和生育率维持在 1.5 以下的较低水平上，我国少年抚养比在 2020 年达到 23.3%，此后开始下降，到 2035 年降至 17.0%，比 2020 年下降了 6.3 个百分点。(见图 4.11)

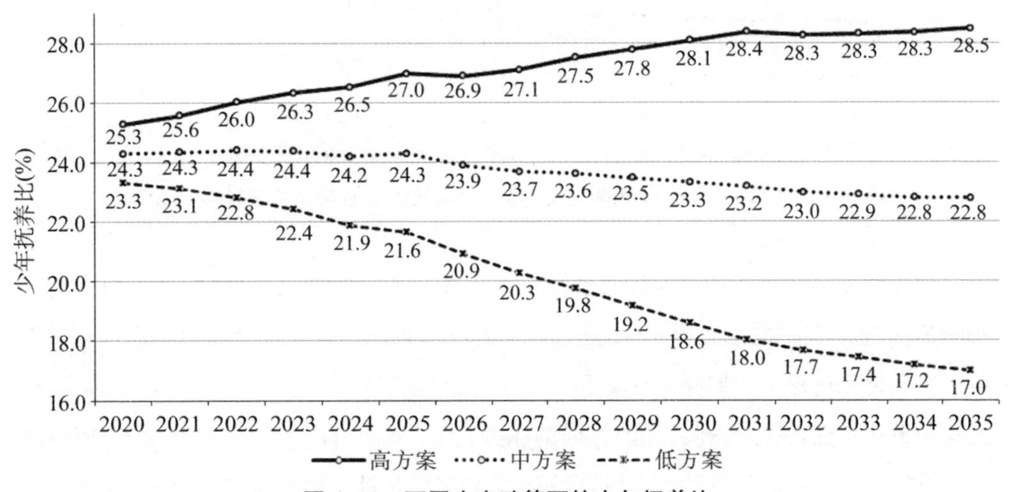

图 4.11　不同生育政策下的少年抚养比

与少年抚养比不同，我国老年抚养比总体呈现上升趋势。中方案预测数据显示，2020—2035 年期间，老年抚养比由 2020 年的 18.6%增长到 2035 年的 36.6%，超过少年抚养比。由此，劳动人口抚养重点有了明显转变，将由少儿人口转向老年人口。未来我国总抚养比的变化，很大程度上取决于老年抚养比的持续抬升，因而老年抚养比的变动与劳动人口总抚养比的变动总体上趋于同步。

预测结果表明，“全面二孩”政策的实施使我国在 2020—2035 年期间少年抚养比有所增长，但与此同时，老年抚养比不断攀升。在这两种效果的综合作用下，社会总抚养比在 2020—2035 年总体趋于上升。

根据以往的研究，劳动人口总抚养比低于 44%时，属于“人口暴利期”；总抚养比在 44%～47%的区间时，属于人口高利期；总抚养比在 47%～50%的区间时，为人口红利期；当总抚养比大于 50%时，则为人口红利窗口消失的拐点。根据《中国统计年鉴》数据显示，2018 年我国总抚养比达到 40.4%，其中老年抚养比 16.8%，少年抚养比为 23.7%，总体上处于 44%以下，属于“人口暴利期”。(见图 4.12)

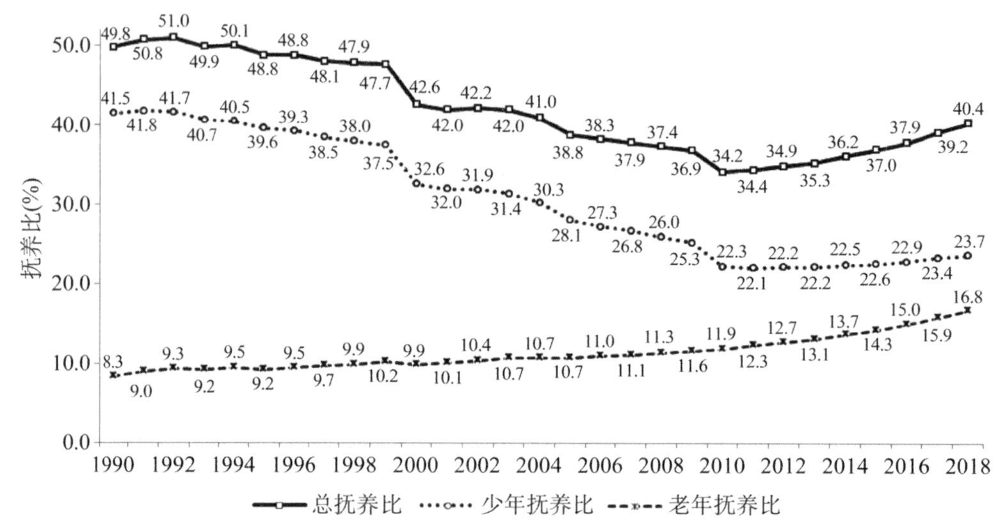

图4.12 1990—2018年我国总抚养比、少年抚养比及老年抚养比变动趋势

由此可见，随着时间推移，我国总抚养比尤其是老年抚养比不断攀升，人口老龄化不断加快，人口红利将会逐渐消失，这会对我国经济长期持续发展产生直接而深刻的影响。在老龄化进程不断加快的环境下，一方面我们应在社会保障政策上做好妥善准备，主动缓解在养老、医疗等社会保障方面的压力，另一方面可以通过人口政策的调整，激活经济持续增长亟需的劳动力人口，以积极应对老龄化社会对经济增长带来的新挑战。

三、面向2035各级教育学龄人口预测

以教育层级为划分标准，学龄人口可分为幼儿园学龄人口、小学学龄人口、初中学龄人口、高中阶段学龄人口、高等教育学龄人口。按照现行学制，我国幼儿园学龄人口是指3—5岁年龄组人口数；小学学龄人口各省(市)略有差别，尽管部分地区实行五年制，但目前我国小学学制主要以六年制占绝大多数，因此本研究中小学学龄人口是指6—11岁年龄组人口数；初中学龄人口是指12—14岁年龄组人口数；高中阶段学龄人口指15—17岁年龄组人口数；高等教育学龄人口指18—22岁年龄组人口数。

1. 高方案下，"全面二孩"政策效应释放使我国3—5岁学龄人口数有所增长，之后渐趋下降

2017年，我国学前三年毛入园率达到79.6%。2020—2035年，我国学前教育学龄人口将呈现短期增长之后渐趋平缓的趋势。根据高方案的预测结果，伴随着我国"全面二孩"政策效应的释放，3—5岁学前幼儿数量将会出现短时期的增长，特别是2020年以后增速将逐渐加快，2022年达到峰值，之后人口生育率恢复平稳，幼儿学龄人口

将逐渐降低。根据学龄人口高方案预测结果，学前学龄人口数量将由 2022 年高峰时的 5 555.3 万人降低到 2035 年的 5 114.2 万人。受学前学龄人口变化影响，2020—2035 年我国在园幼儿数将呈现先增长后走低的趋势。（见图 4.13）

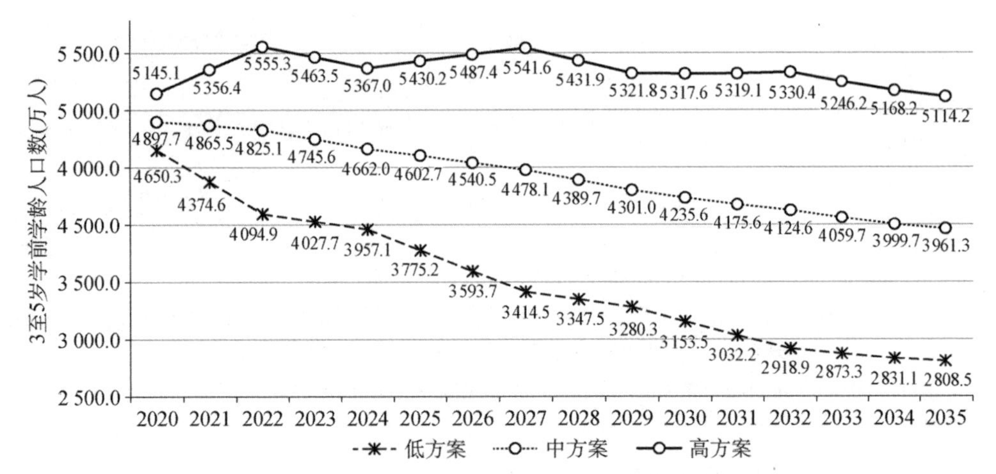

图 4.13　三种预测方案下全国 3—5 岁学前学龄人口数

2. 高方案下我国义务教育阶段学龄人口 2028 年之前将缓慢增长，之后趋于平缓下降

由于 2022 年以前的 6－11 岁学龄人口出生于 2020 年之前，其规模不受预测方案的影响，三种方案的预测结果保持一致。结合小学和初中学龄人口高方案预测结果，2020—2035 年我国义务教育阶段学龄人口将在 2028 年之前呈现一段时期的缓慢增长，并于 2028 年左右开始回落。伴随着“全面二孩”政策的实施，预期近年来我国将迎来一波生育高峰，而人口生育高峰对学龄人口的影响存在着“时滞效应”。因此，2020—2035 年小学学龄人口的高峰在 2028 年先到来，之后，初中学龄人口高峰于 2031 年开始显现。其中，小学学龄人口 2020 年开始呈现增长趋势，2028 年达到波峰，初中学龄人口起伏变化，2028 年之后呈现增长趋势，之后逐渐回落。（见图 4.14 和图 4.15）

3. 高方案下，高中阶段学龄人口呈现在波动中总体趋于上升

高中阶段学龄人口包括普通高中、中等职业教育学龄人口数。根据高、中、低三种方案预测结果，2020—2035 年期间，我国高中阶段学龄人口呈现波动变化但处于相对平稳状态。具体来看，2020—2024 年期间高中阶段学龄人口数量呈现上升趋势，之后略有降低，2026—2028 年期间又缓慢增长，之后，2029—2031 年总体趋于下降。根据

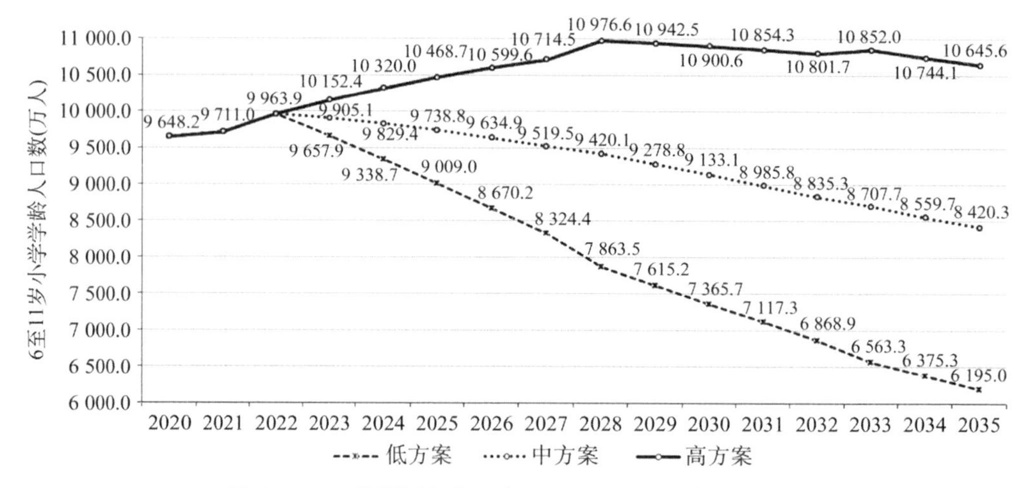

图 4.14　三种预测方案下全国 6—11 岁小学学龄人口数

注：由于 2022 年前的小学学龄人口现在已经出生，不受未来生育率变动的影响，因此，三种方案中 6—11 岁小学学龄人口的数量在 2022 年之前相同。

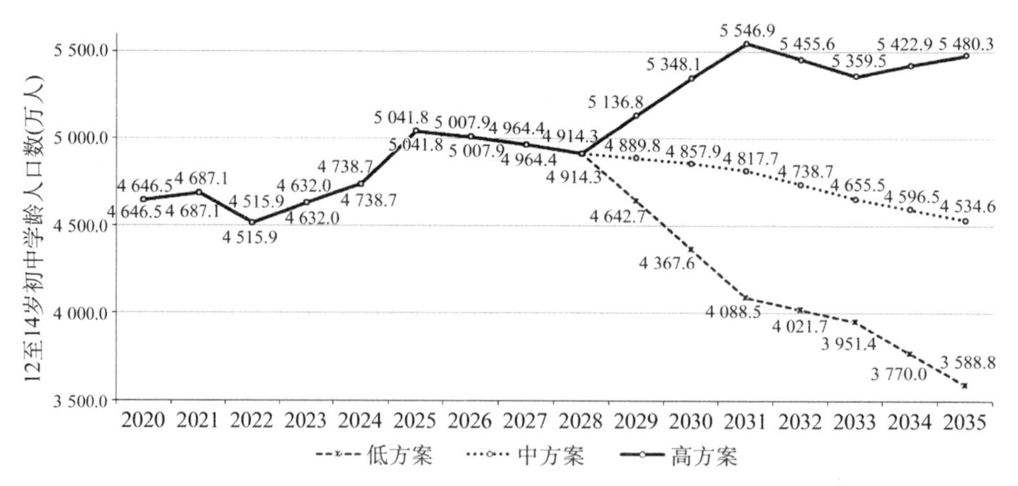

图 4.15　三种预测方案下全国 12—14 岁初中学龄人口数

注：由于 2028 年前的初中学龄人口现在已经出生，不受未来生育率变动的影响，因此，三种方案中 12—14 岁初中学龄人口的数量在 2028 年之前相同。

高、中、低三种方案预测结果，2035 年我国高中阶段学龄人口约为 5 453.6 万人、4 736.9 万人、4 020.2 万人。根据学龄人口及在校生方案预测结果，2020 年我国高中阶段毛入学率预期达 92%，2030 年预期达 95%，进而实现高中阶段教育的普及。到 2035 年，由于学龄人口趋于增长，高中阶段毛入学率将维持在 95%左右。

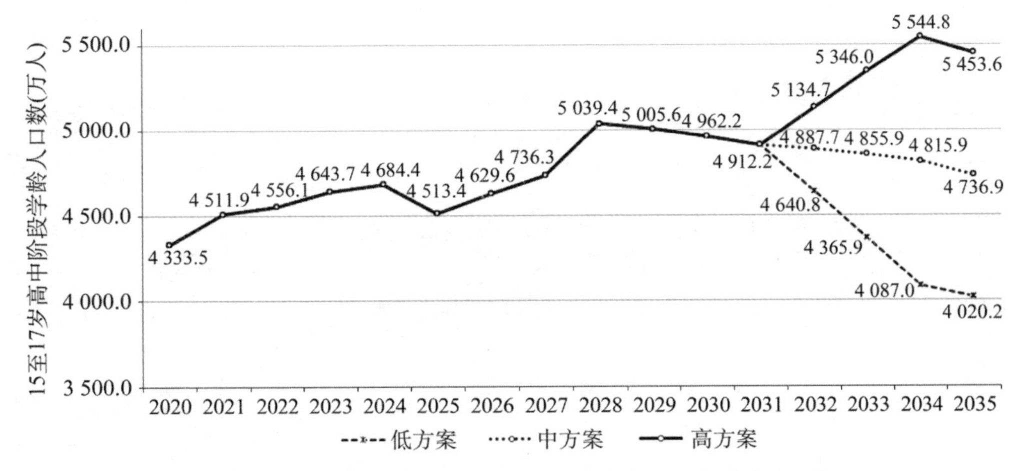

图 4.16　三种预测方案下全国 15—17 岁高中阶段学龄人口数

注：由于 2031 年前的高中阶段学龄人口现在已经出生，不受未来生育率变动的影响，因此，三种方案中 15—17 岁高中阶段学龄人口的数量在 2031 年之前相同。

4. 受总和生育率偏低的影响，2020—2035 年我国 3—17 岁人口规模总体呈波动下降态势

总体来看，假如 2020—2025 年、2025—2030 年、2030—2035 年总和生育率的均值分别达到 1.66、1.69、1.71，即根据中方案的预设，那么我国 3—17 岁人口规模到 2020 年预计达到 23525.9 万人，其后略有上升，预期 2023 年左右出现“小高峰”，达到 23926.5 万人，但此后渐趋下降，直至 2035 年下降到 29857.3 万人；低方案下，假如 2020—2025 年、2025—2030 年、2030—2035 年总和生育率的均值分别为 1.26、1.19、1.21，那么 3～17 岁人口规模到 2020 年预期为 23278.5 万人，2021 年微幅上升，其后逐年下降，直至 2035 年降至 16612.5 万人。而依照高方案，即 2020—2025 年、2025—2030 年、2030—2035 年我国总和生育率的均值分别达到 2.06、2.19、2.21，那么我国 3—17 岁人口规模到 2020 年预测达到 23773.3 万人，此后逐步增加，预期 2028 年左右出现“小高峰”，其后渐趋平缓上升，到 2035 年提高到 26693.7 万人。不过，鉴于目前我国总和生育率低于 2.0 的水平，发生中方案或低方案的可能性更大，据此可以推断 2020—2035 年我国 3—17 岁人口规模总体呈波动下降态势。(见图 4.17)

三、面向 2035 各级教育在校生规模预测

基于人口变动对教育经费投入的需求预测，首先需要明确的是学龄人口总量以及在校生数量。2020—2035 年期间，从学前教育、小学、初中、高中阶段到高等教育各级各类教育的学龄人口，有一部分是已经出生的人口，还有一部分学龄人口需要预测出

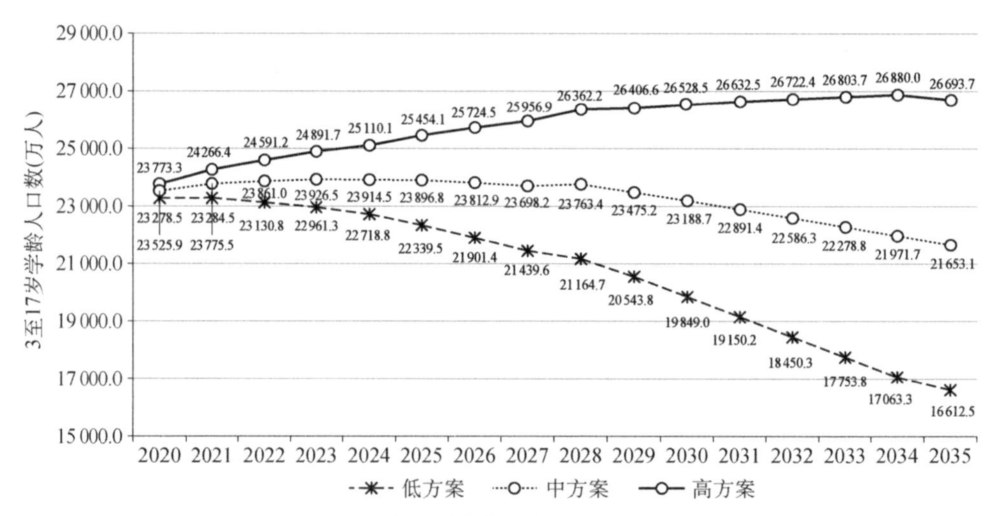

图 4.17　三种预测方案下全国 3—17 岁人口数

生人口。已出生的学龄人口的数据主要有两种来源：一是人口普查和大规模调查数据，根据 2000 年“五普”、2010 年“六普”以及 2015 年全国 1%人口抽样调查，以 5 岁间隔为划分标准，0—100 岁的人口分布均呈现“金字塔”形态，其中 65 岁及以上人口占总人口比重在不断增长，由 2000 年的 6.91%增至 2010 年的 8.92%，到 2015 年提高到 10.47%，截至 2017 年这一比例已达到 11.39%。（见图 4.18、图 4.19 和图 4.20）

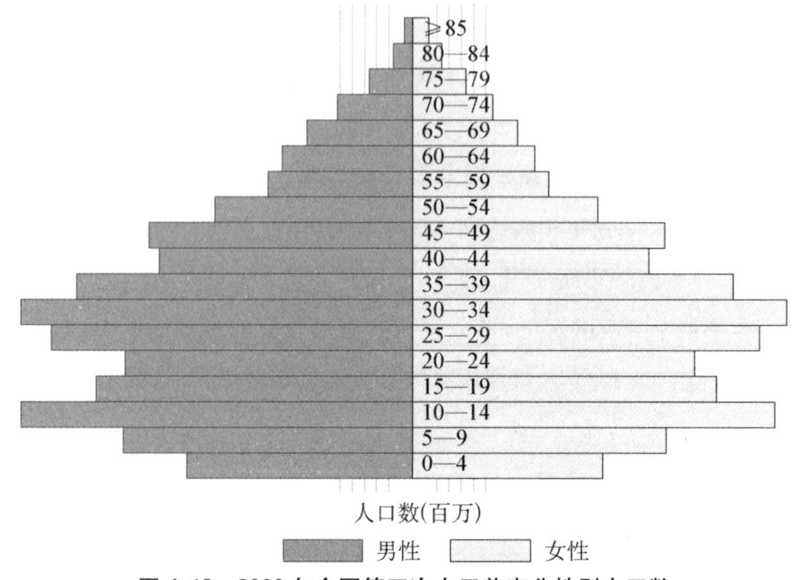

图 4.18　2000 年全国第五次人口普查分性别人口数

数据来源：国家统计局第五次人口普查数据。

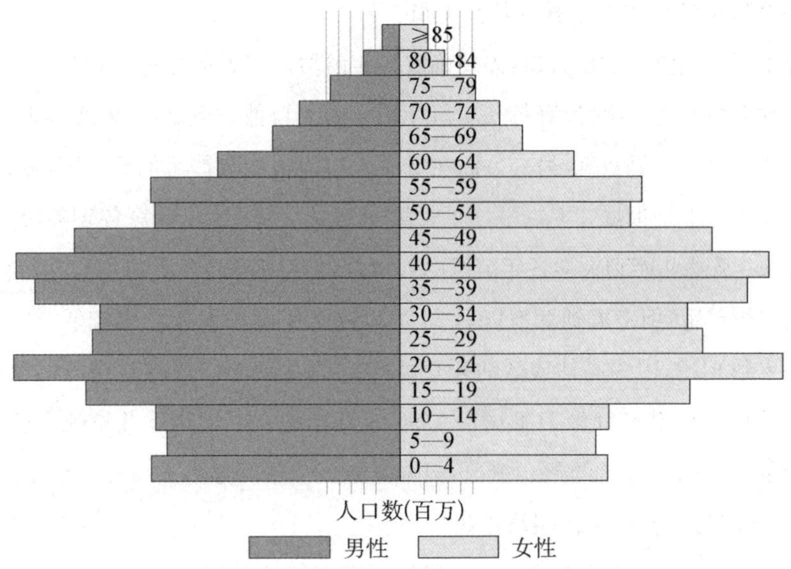

图 4.19　2010 年全国第六次人口普查分性别人口数

数据来源：国家统计局第六次人口普查数据。

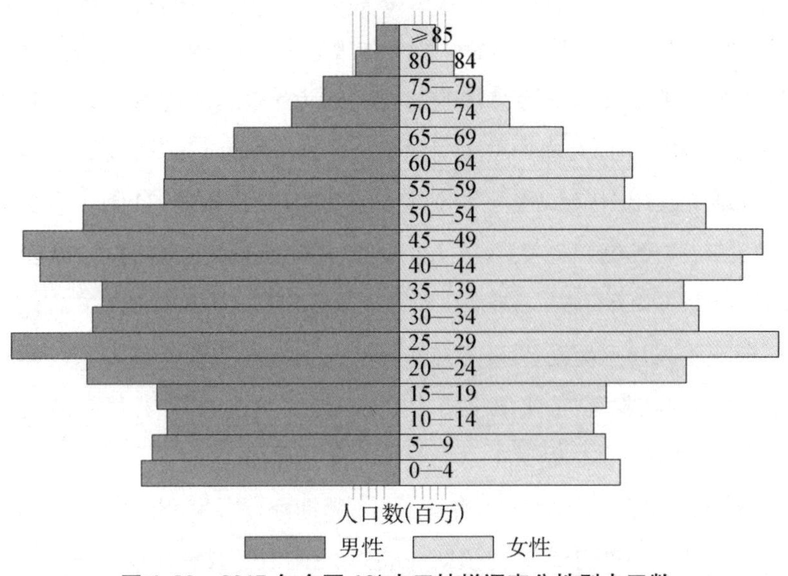

图 4.20　2015 年全国 1%人口抽样调查分性别人口数

数据来源：2015 年全国 1%人口抽样调查样本数据。

二是国家统计局历年发布的《国民经济与社会发展统计公报》中公布的出生人口数据。值得注意的是，人口普查数据中的学龄人口数据有漏报的可能性，特别是 0—9 岁人口的漏报较为严重。根据历年统计公报的出生人口数，减去估计的死亡儿童数，可以得到留存的学龄人口数据。基于以上考虑，根据历年统计公报出生人口数，经过死亡率调整后可计算出各级教育学龄人口。

将出生人口调整为学龄人口，需要确定各年龄段人口的死亡率。理论上，应该根据各年每一岁人口的死亡率，计算每一岁留存的学龄人口数。但是，一方面得不到各年每一岁人口死亡率的可靠数据，另一方面在低龄人口漏报比较严重的情况下，复杂估计的意义不是很大。于是根据 5 岁以下（0—4 岁）儿童死亡率，统一计算各年龄段学龄人口的简便方法：从幼儿园到大学各年龄段的人口，出生后都按 5 岁儿童死亡率留存。尽管这个方法不很严密，但考虑到 3 岁以后 22 岁以前各年龄段的死亡率较低，与人口统计中漏报的人数相比，因为高估或低估死亡率导致的学龄人口数的差错可以忽略不计。我国卫生部妇幼保健与社区卫生司自 1990 年开始建立 5 岁以下儿童死亡监测网，动态监测全国 5 岁以下儿童的死亡情况，根据其数据来估算学龄人口和在校生数①。

（一）学前学龄人口与在园幼儿数

根据国家统计局发布的《国民经济和社会发展统计公报》，2011 年至 2017 年出生的婴儿数分别为 1 604 万人、1 635 万人、1 640 万人、1 687 万人、1 655 万人、1 786 万人、1 723 万人。2014 年，我国人口生育政策有了明显变化，实行了“单独二胎”政策，出生人口比 2013 年增加 47 万人。据人口专家王广州、张丽萍（2012）的估计，“单独二胎”政策的影响全部显现后，每年多出生的婴儿约为 100 万人左右。2015 年 10 月，中共中央又提出全面实施一对夫妇可生育两个孩子的“全面二孩”政策，2016 年因为“全面二孩”政策刚实施，出生人口有了明显增长，比 2015 年增加 131 万人。到 2017 年，出生人口数比 2016 年减少 63 万人。人口学专家易富贤曾经认为，如果放开全面二孩，每年会多出生 200 万左右人口。但事实上，2014 年出生人口比 2013 年只多出 47 万人，2015 年出生人口反而比 2014 年减少 32 万人，完全出乎人口专家的预料。尽管 2015 年出生人口的减少受“羊年出生不吉利”等传统观念的影响，但育龄人口生育意愿低于人口学专家的预估也是其中不可忽视的重要原因。

在生育政策未改变之前的 2008 年至 2013 年期间，平均每年增加 6 万出生人口。由于育龄妇女生育意愿低于专家的预期，假定“全面二孩”政策导致平均每年多增加出生人数为 6 万人，根据这一假定，计算出 2020 年至 2035 年出生婴儿数。根据上述五岁以下儿童死亡率，估计出 2020 年至 2035 年期间，每年可以进入幼儿园的 3 岁人口数在 1 635 万人至 1 810 万人之间。

---

① 根据《中国卫生统计年鉴》和《中国儿童发展纲要（2011—2020 年）》统计监测报告数据显示，2010—2017 年我国 5 岁以下儿童死亡率分别为：16.4‰、15.6‰、13.2‰、12.0‰、11.7‰、10.7‰、10.2‰、9.1‰。基于此，假定 2020—2035 年的 5 岁以下儿童死亡率为 9‰。

2020 年至 2035 年 3—5 岁人口数，是 2015 年至 2032 年出生婴儿。2015 年至 2032 年出生婴儿死亡率按上述五岁以下儿童死亡率千分之九计算，根据相应年份出生婴儿数，估计出 2020 年至 2035 年 3—5 岁人口数。

2017 年我国幼儿园在园幼儿数达 4 600 万人。2011 年至 2017 年期间，学前教育在园幼儿数每年比上年分别增加 448 万人、261 万人、209 万人、156 万人、214 万人、149 万人和 186 万人，增幅总体趋于平缓。（见图 4.21）

随着我国 3—5 岁幼儿数的持续增加，学前教育的需求也将持续增加。由于“全面二孩”政策对在园幼儿数的影响在 2019 年和 2022 年开始显现，按每年平均增加 150 万在园幼儿数计算，按照上述方法，估算出 2020 年至 2035 年期间各年份学前教育在园幼儿数。（见图 4.22）

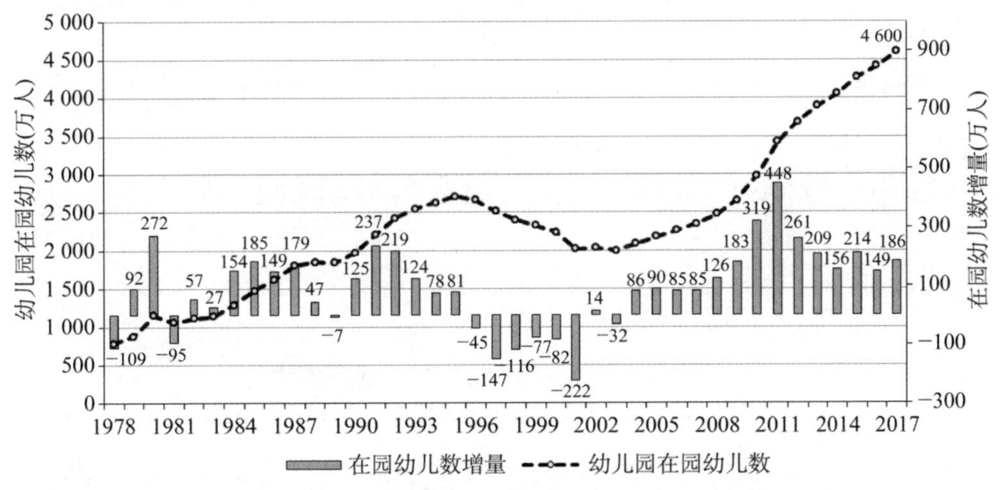

图 4.21　1978—2017 年我国幼儿园在园幼儿数及其增量变化

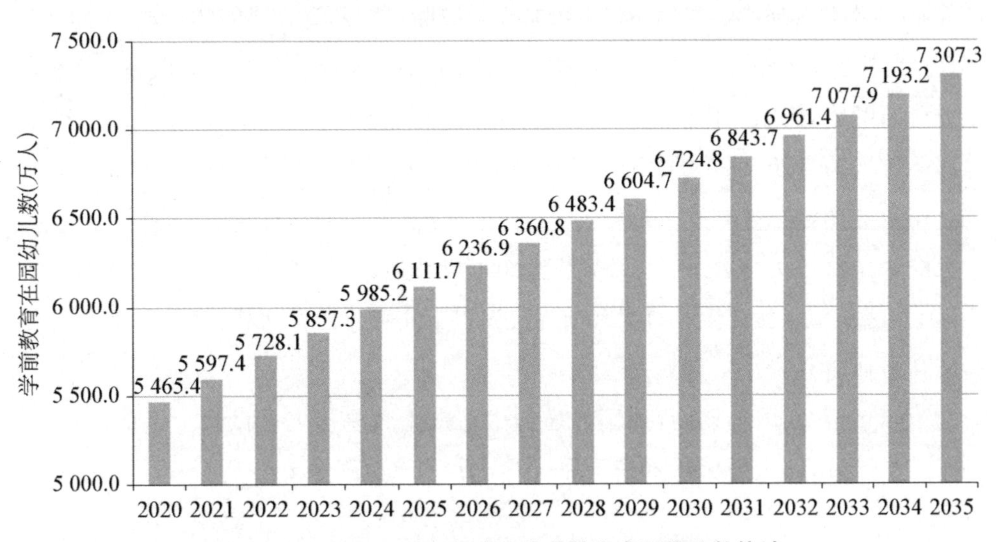

图 4.22　2020—2035 年我国学前教育在园幼儿数估计

（二）义务教育学龄人口与在校生数

1. 小学学龄人口与在校生数

按 6 岁入学的规定，2020 年至 2035 年普通小学在校生由 2009 年至 2029 年出生的儿童构成，根据上述五岁以下儿童死亡率，估计出 2020 年至 2035 年普通小学学龄人口数。由于 2015 年至 2017 年近三年普通小学的净入学率都在 99.9%左右，如果以这个净入学率和学龄人口数估计，可计算出 2020 年至 2035 年普通小学在校生数。

2015 年至 2017 年期间，我国小学在校生数总体上呈缓慢上升的趋势，由 2015 年的 9 692 万人增加到 2017 年的 10 094 万人。（见图 4.23）

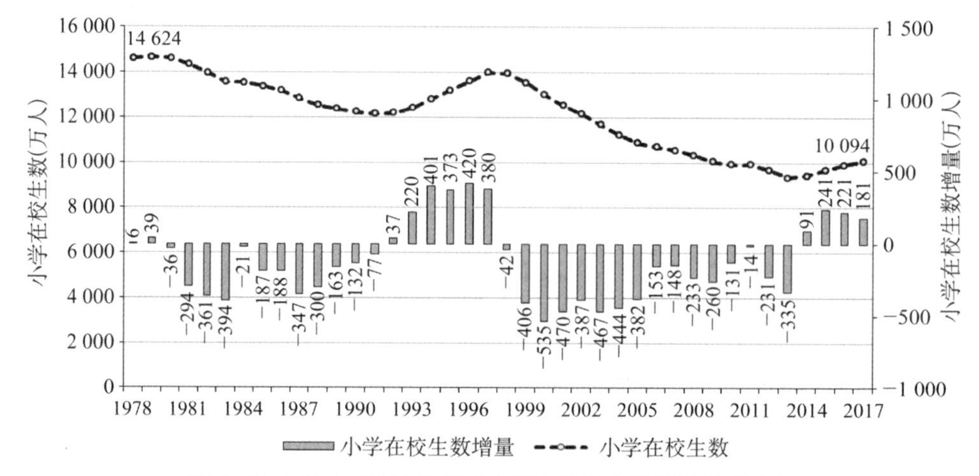

图 4.23 1978—2017 年我国小学在校生人数及其增量变化

但由于人口统计存在出生人口漏报，部分儿童早于或晚于 6 岁入学，以及加上复读等原因，导致普通小学实际在校生数要高于按照学龄儿童计算的学生数，按净入学率计算在校生不够精准。2010 年至 2017 年期间，平均每年实际在校生数高于学龄儿童数约 120 万人左右。按照这个平均数调整，即将每年的学龄人口数加上 120 万人，计算得到 2020 年至 2035 年普通小学在校生数。（见图 4.24）

2. 初中学龄人口与在校生数

按 12—14 岁为学龄人口，2020 年至 2035 年普通初中学龄人口由 2006 年至 2023 年出生儿童构成。按出生人口数和前述五岁以下儿童死亡率估算，可得到 2020 年至 2035 年普通初中学龄人口数。

2015 年至 2017 年期间，我国普通初中在校生数总体上呈微弱上升的态势，由 2015 年的 4 312 万人增加到 2017 年的 4 442 万人。（见图 4.25）

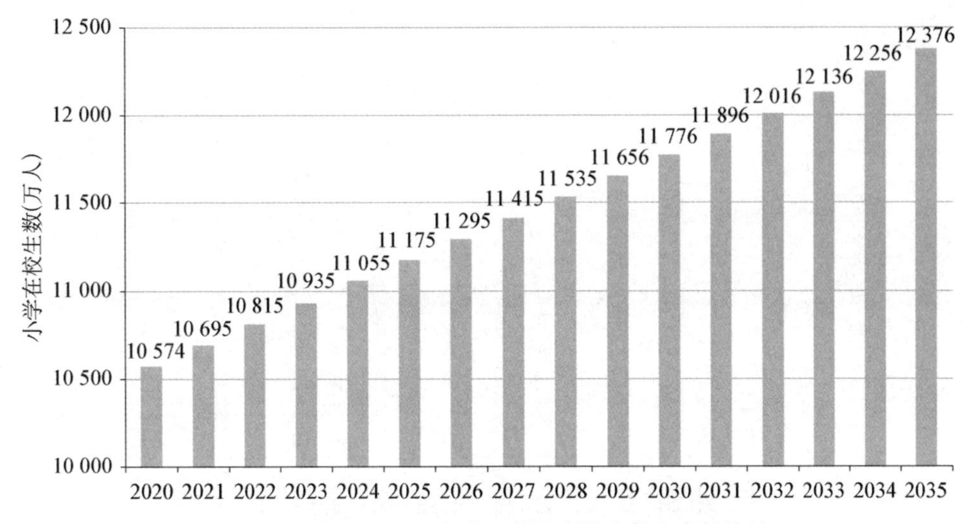

图 4.24 2020—2035 年我国普通小学在校生人数估计

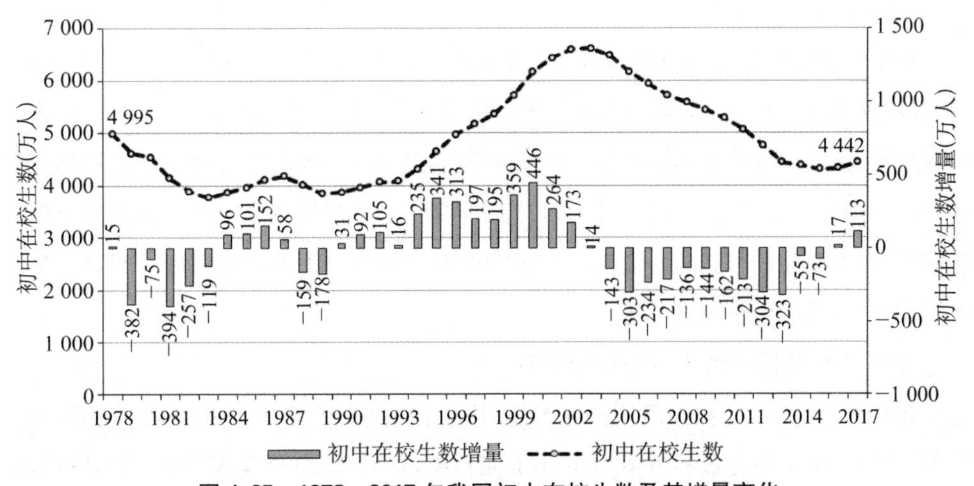

图 4.25 1978—2017 年我国初中在校生数及其增量变化

2015 年至 2017 年期间，我国初中毛入学率分别为 104.0%、104.0%、103.5%。如果按照这一期间的毛入学率平均数估计，可计算出 2020 年至 2035 年普通初中在校生人数。但是，与小学阶段不同，教育部公布的初中在校生人数要低于按照出生人口数计算的学龄人口。基于此，按照《国家中长期教育改革和发展规划纲要(2010 年—2020 年)》(以下简称《教育规划纲要》)提出的九年义务教育巩固率 2020 年达到 95% 的目标，以 2017 年之后每年 0.4 个百分点匀速提高，根据前述估计的学龄人口数，估计出 2020 年至 2035 年普通初中在校生数。(见图 4.26)

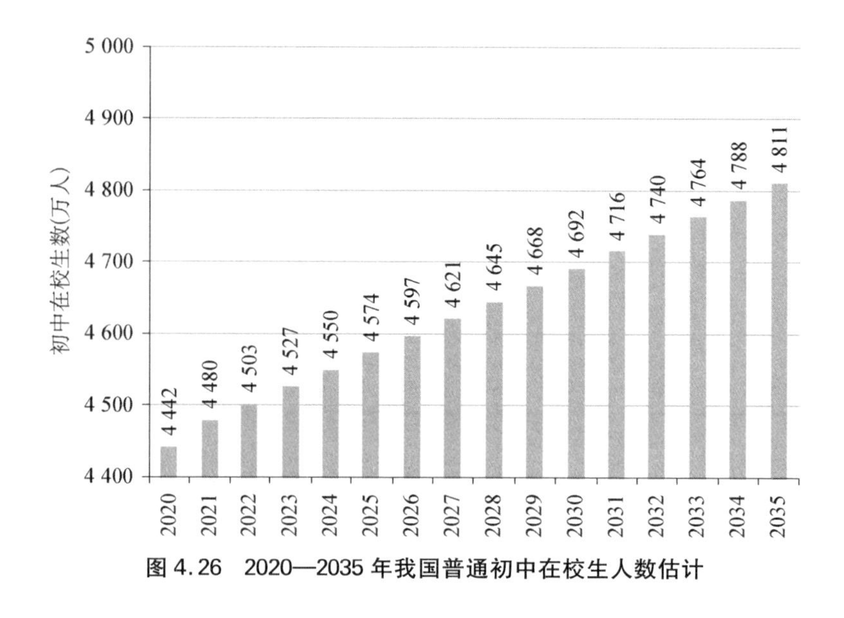

图 4.26　2020—2035 年我国普通初中在校生人数估计

3. 义务教育在校生数

将小学和初中学生数合计起来，可以形成 2020 年至 2035 年义务教育学生人数。《教育规划纲要》提出的义务教育在 2015 年和 2020 年在校学生数是 16 100 万人和 16 500 万人，高于本研究的预测值。究其原因，由于制定《教育规划纲要》时，相当一部分 2015 年和 2020 年义务教育学龄人口还没有出生，是在预测出生人口的基础上估计在校生，而本研究的分析是在全部义务教育学龄人口已出生的基础上进行的，比《教育规划纲要》的预测值更符合实际。

（三）高中阶段学龄人口与在校生数

2020 年至 2035 年高中阶段的在校生，出生在 2003 年至 2020 年之间。根据 2003 年至 2020 年出生婴儿数和五岁以下儿童死亡率，估计出 2020 年至 2035 年期间每年的高中阶段学龄人口数。

《教育规划纲要》提出，2020 年高中阶段在校生数达到 4 700 万人，毛入学率为 90.0%。根据上述预测的学龄人口数，按 90.0%毛入学计算，2020 年高中阶段在校生数应为 4 216.5 万人。这一结果与《教育规划纲要》有较大差距。从学龄人口数可以得知，到 2020 年，即使毛入学率达到 100%，高中阶段在校生数也只有 4 685 万人左右，难以达到 4 700 万人。因此，不能简单根据《教育规划纲要》确定 2020 年至 2035 年期间高中阶段的在校生数。结合近几年高中阶段实际的招生和在校生数，根据高中阶段学龄人口数和《教育规划纲要》的毛入学率目标，分析预测 2020 年至 2035 年高中阶段在校生数。

统计数据显示，2010 年至 2017 年期间我国普通高中在校生数的变化并不明显。2010 年至 2017 年，高中阶段在校生数从 4 677.34 万人减少到 3 970.99 万人，年平均减少 101 万人，减少 15%；招生数从 1 706.66 万人减少到 1 382.49 万人，年平均减少 46 万人，减少 19%。学龄人口的减少对应着招生数和在校生数更大比例的下降。因此，“十三五”期间，高中阶段招生人数急剧下降的问题应引起相关部门的重视和关切。为实现《教育规划纲要》提出的目标，未来几年高中阶段的招生数和在校生数应保持相对稳定并有小幅增长。（见图 4.27、图 4.28）

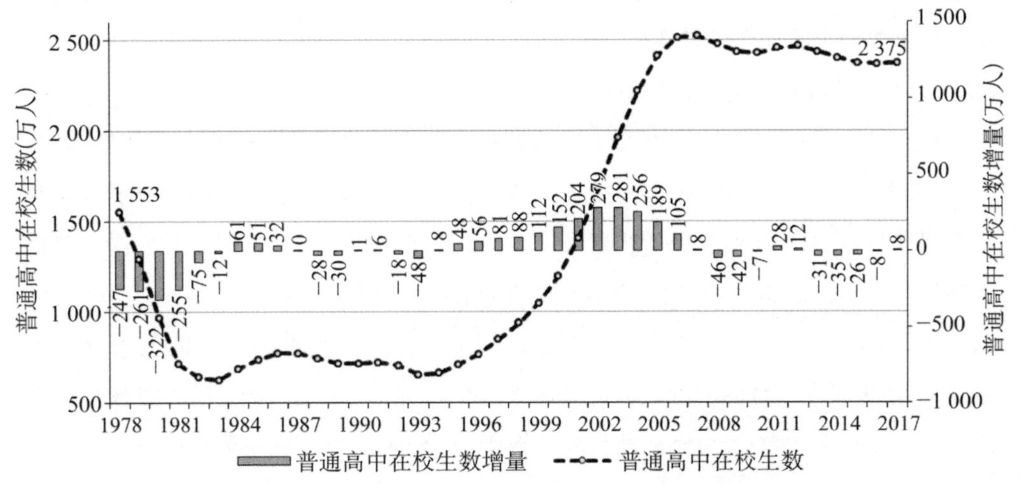

图 4.27 1978—2017 年我国普通高中在校生数及其增量变化

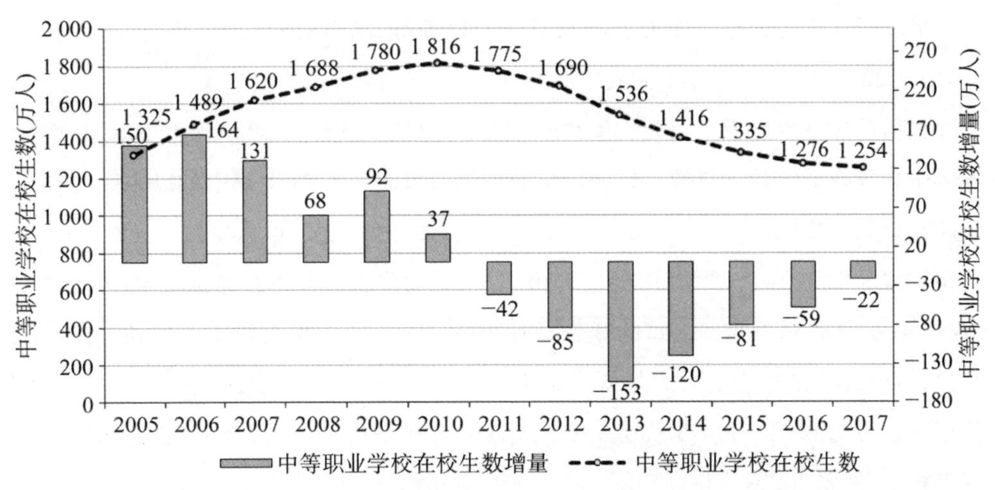

图 4.28 2005—2017 年我国中等职业学校在校生数及其增量变化

高中阶段主要分为普通高中和中等职业学校。《教育规划纲要》提出，2020年二者在校生数的比例达到1∶1。统计数据显示，2010年至2017年期间，普通高中与中等职业学校在校生数的实际比值处于1.3∶1和1.9∶1之间，普通高中在校生数所占比例相对较高。事实上，《教育规划纲要》确定的高中阶段在校生数以及普通高中与中职学校在校生比例目标都偏高。未来几年，普通高中比例提高的速度不会像过去几年那么快速，但也不可能彻底扭转格局。估计2020年至2035年期间，普通高中的比例基本稳定，各年相对于中等职业学校的比重约为1.5∶1。根据前述高中阶段在校生总数的估计和普通高中与中等职业学校比例的估计，计算出2020年至2035年普通高中在校生数和中等职业学校在校生数。

（四）高等教育学龄人口与在校生数

《教育规划纲要》提出的2020年高等教育发展主要目标是：在学总规模3 550万人，在校生3 300万人，其中研究生200万人，毛入学率40.0%。《教育规划纲要》颁布以后，我国高等教育继续保持较快发展的态势。截至2017年，我国高等教育在学总规模达到3 779万人，其中，普通高等学校本专科在校生数达2 753.59万人，在学研究生数达263.96万人，成人本专科在校生数达544.14万人；教育部公布的毛入学率为37.5%，按本研究估计的学龄人口计算的毛入学率为35.7%。2017年高等教育在学总规模和在校生人数均已达到《教育规划纲要》提出的2020年的发展目标。

由于学龄人口变动，即使保持2017年的在学总规模，2020年毛入学率也将达到40.8%。因此，2020年至2035年高等教育发展水平将超出《教育规划纲要》提出的目标。根据近年高等教育的发展实际和学龄人口预测，结合《教育规划纲要》的发展指标，估计2020年至2035年期间我国高等教育在校生数。

根据前述五岁以下儿童死亡率和历年出生人口数，估计出2020年至2035年期间各年份高等教育学龄人口数。根据历史的数据，2010年是20世纪中期以来高等教育学龄人口的最高峰，达到了10 659万人，此后急剧减少，2014年减少到9 972万人，平均每年减少172万人。2020年至2035年，高等教育学龄人口继续急剧减少，平均每年减少241万人。虽然学龄人口的减少没有如高中阶段那样引起招生人数和在校生的减少，但导致增加的速度大大降低。2010年至2017年期间，普通高等学校在校生增长率分别为4.1%、3.4%、3.6%、3.2%、3.2%、3.0%、2.7%、2.1%，增长率总体呈下降趋势。（见图4.29）

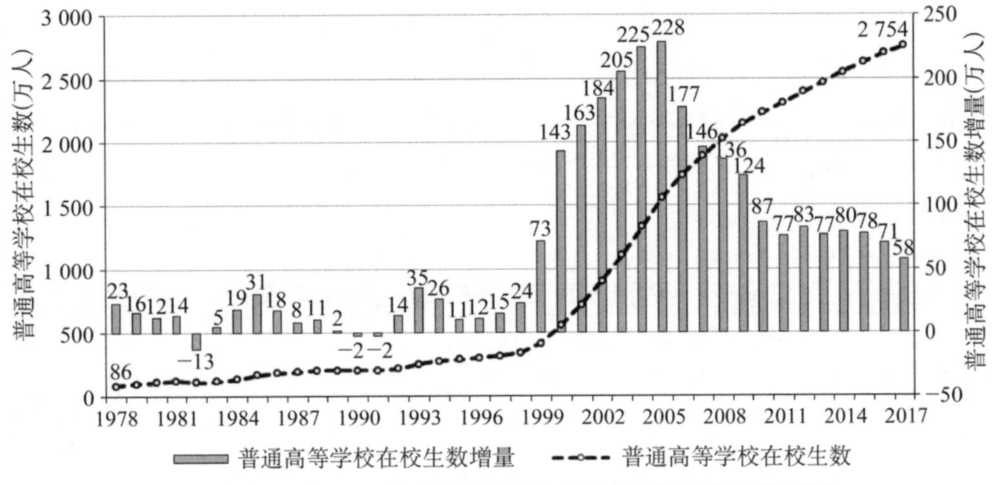

图 4.29　1978—2017 年我国普通高等学校在校生数及其增量变化

基于以上数据的分析，各类高等学校在校生数的增长率将有所下降，2020 年至 2035 年高等教育学龄人口将趋于减少。

综上所述，2020—2035 年期间，我国学前教育和小学阶段学龄人口及在校生将出现小幅增长；初中学龄人口有所下降，在校生数有小幅增长；高中阶段学龄人口及在校生将趋于下降；高等教育学龄人口数将趋于减少，在校生数将小幅度增长。

四、各级教育经费需求预测

在估计各级教育在校生数的基础上，运用生均经费指数法预测 2020 年至 2035 年我国教育经费需求。生均经费指数法是根据各级各类教育生均经费指数、预测期内各年的人均 GDP 和各级各类教育在校生数，计算出各级各类教育经费需求和教育总经费需求。①

(一) 采用生均经费指数法预测教育经费需求

采用生均经费指数法预测教育经费需求，基本数据是各级教育在校生数和生均经费指数。生均经费指数，是指年生均经费与年人均 GDP 之比，是教育的相对成本指数。具体而言，将每年的某一级教育在校生数乘以生均经费指数，就得到了该级教育经费，将各级各类教育经费相加，就得到了教育总经费。前一部分已经预测了各级教

① 岳昌君(2008)、陈国良和张振助(2009)、胡瑞文和王红(2010)等学者曾采用生均经费指数法对教育经费需求进行预测。详见参考文献：
岳昌君. 我国公共教育经费的供给与需求预测[J]. 北京大学教育评论，2008(2)：152-166.
陈国良，张振助. 2020 年上海教育发展及财政投入预测研究[J]. 教育发展研究，2009，29(1)：61-66.
胡瑞文，王红. 2020 年我国教育经费投入强度需求预测及实施方案构想[J]. 教育发展研究，2010，30(1)：1-7.

育在校生数，为计算教育经费需求，还需要预测各级教育生均经费指数。

通过分析近十多年来生均公共财政预算教育经费与人均 GDP 数据，参考国际上的相关数据，对 2020 年至 2035 年期间我国各级教育生均经费指数进行估算。表 4.3 是根据历年《中国教育经费统计年鉴》数据计算出的 2007—2018 年各级教育生均经费指数。

表 4.3 2007—2018 年我国各级教育生均经费指数

	2007	2008	2009	2010	2011	2012	2013	2014	2015	2016	2017	2018
幼儿园	0.09	0.09	0.09	0.06	0.07	0.10	0.09	0.08	0.10	0.11	0.12	0.12
小学	0.11	0.12	0.13	0.13	0.14	0.16	0.16	0.17	0.18	0.18	0.18	0.18
初中	0.13	0.15	0.17	0.18	0.19	0.21	0.22	0.23	0.25	0.25	0.27	0.26
普通高中	0.14	0.14	0.15	0.16	0.17	0.20	0.20	0.20	0.22	0.23	0.26	0.25
普通高等学校	0.34	0.34	0.35	0.33	0.40	0.43	0.37	0.36	0.38	0.36	0.36	0.34

注：2007—2016 年生均公共财政预算教育经费数据来源于《中国教育经费统计年鉴》，2017—2018 年生均公共财政预算教育经费数据来源于教育部发展规划司，人均 GDP 数据来源于国家统计局。

从表 4.3 可以看到，2007 年至 2018 年期间，高等学校生均经费指数总体呈下降趋势，普通高中阶段和幼儿园保持基本稳定的状态，小学和初中在 2010 年前处于较低水平，此后几年有很大幅度的提高。（见图 4.30）

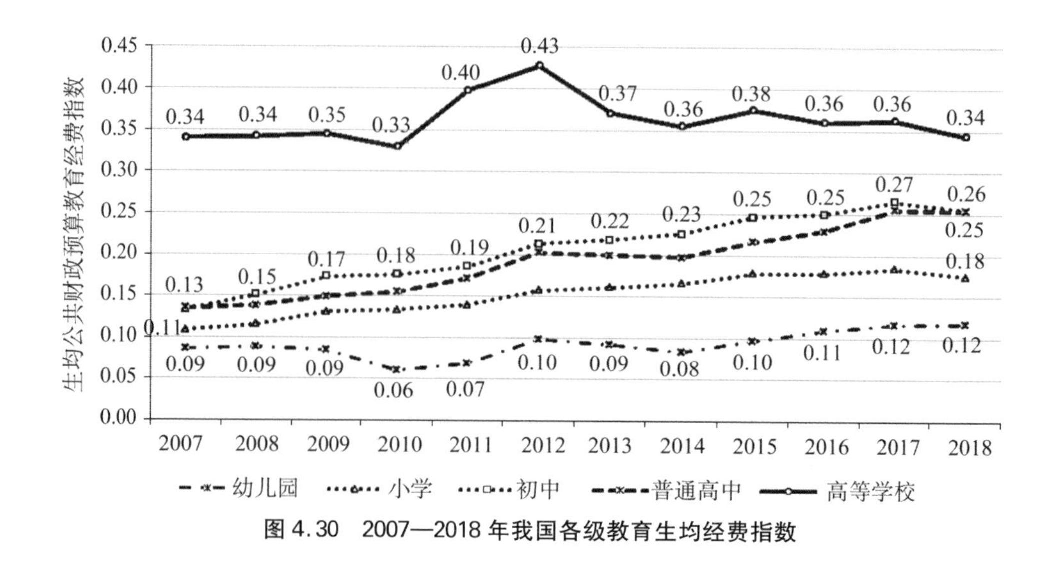

图 4.30 2007—2018 年我国各级教育生均经费指数

图 4.30 的数据表明，2007 年以来，我国高等学校生均经费指数波动较大，小学、初中和普通高中阶段都有一定幅度的提高，学前教育 2010 年和 2011 年出现小幅下

降，2014年之后渐趋增长。

国际上的生均公共教育经费指数与我国的生均财政性经费指数口径大致相当。联合国教科文组织提供了除学前教育以外的各级教育生均公共经费指数，计算了2011年数据齐全的高收入国家各级教育生均公共财政经费指数的平均数，其中，高等教育为0.27，低于同年我国高等教育0.36的水平；中等教育为0.25，也低于我国同年中等教育水平；初等教育为0.21，与同年我国初等教育水平相同。

从生均公共教育经费指数看，我国已经高于发达国家平均水平。不过，尽管近年来我国教育经费充足水平有了很大提高，办学条件明显改善，但教育质量总体上还不高，需要继续适度提高投入水平。虽然我国生均公共教育经费指数高于高收入国家的平均值，但由于非财政性经费低于除欧洲外的多数国家，教育总经费的充裕程度并不显著高于多数国家。

《中华人民共和国国民经济和社会发展第十三个五年规划纲要》提出，到2020年我国国内生产总值(GDP)要比2010年翻一番。要实现这一目标，“十三五”期间，GDP年均增长速度必须保持在6.5%左右。经济的持续增长为增加教育投入提供了必要基础。根据“十三五”规划和近年来我国经济发展的速度，估计2020年至2035年期间，我国GDP总量年均增长保持在5%～6%的区间。

根据各级教育在校生数和人均GDP的预测数，在设定了生均教育经费指数后，就可以预测各级教育总经费需求和财政性教育经费需求，将各级教育经费需求合计起来，再加上特殊教育、成人教育、教育行政单位、事业单位和其他教育需求，就可以预测出各级各类教育总经费和财政性经费的需求。

基于上述分析，按照三个不同的生均经费指数的假定，预测2020年至2035年教育经费总需求和财政性教育经费需求：

(1) 2020年至2035年各级教育生均经费指数(生均经费投入强度)保持2018年同等水平。

(2) 2020年至2035年学前教育至高中阶段教育比2018年小幅提高0.01，高等学校与2018年水平持平(考虑到高校前几年的下降趋势)。

(3) 2020年至2025年学前至高中阶段比2018年水平小幅提高0.01，高校保持2018年水平；2026至2035年学前至高中阶段比2018水平提高0.02，高校比2018年小幅提高0.01。

以2018年各级教育生均一般公共财政预算教育经费为基准，对2020—2035年我国各级教育生均公共财政预算教育经费进行预测。(见图4.31)

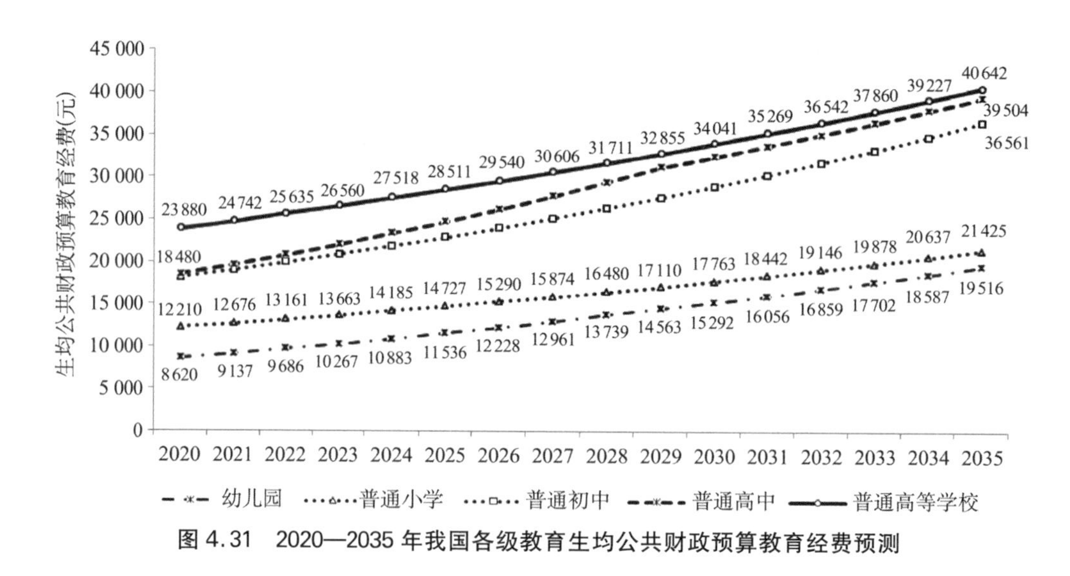

图 4.31　2020—2035 年我国各级教育生均公共财政预算教育经费预测

基于前面预测的各学段学龄人口与生均教育经费，即可得到各级教育所需的经费总投入，即根据预测的学龄人口规模和生均经费指数，估算出 2020—2035 年期间基础教育经费投入总量，并测算出教育发展所需的经费投入规模。结果见表 4.4。

表 4.4　教育经费支出需求预测

	教育经费需求预测(亿元)					
	幼儿园	小学	初中	高中	高等学校	合计
低方案：						
2020	4 008.6	11 780.4	8 416.5	8 008.1	17 259.0	49 472.7
2021	3 997.2	12 310.1	8 897.0	8 837.9	17 391.5	51 433.7
2022	3 966.1	13 113.1	8 983.0	9 460.2	18 237.0	53 759.3
2023	4 135.1	13 195.9	9 655.6	10 220.6	18 964.9	56 172.1
2024	4 306.3	13 247.2	10 351.4	10 928.7	19 914.1	58 747.8
2025	4 355.0	13 267.7	11 541.6	11 161.5	21 081.4	61 407.2
2026	4 394.3	13 256.5	12 013.5	12 135.7	22 483.8	64 283.8
2027	4 425.6	13 214.0	12 480.0	13 160.5	23 546.9	66 827.0
2028	4 599.2	12 959.1	12 946.2	14 842.8	24 019.5	69 366.8
2029	4 777.3	13 029.3	12 817.1	15 627.9	25 396.4	71 648.0
2030	4 822.2	13 083.8	12 635.6	16 112.0	26 805.6	73 459.2
2031	4 868.5	13 125.6	12 395.2	16 587.6	28 113.8	75 090.7
2032	4 920.9	13 151.4	12 777.1	16 298.0	29 423.9	76 571.4

（续表）

	教育经费需求预测(亿元)					
	幼儿园	小学	初中	高中	高等学校	合计
2033	5 086.3	13 046.2	13 155.4	15 945.8	31 514.7	78 748.4
2034	5 262.2	13 156.6	13 153.1	15 524.2	32 379.4	79 475.6
2035	5 481.1	13 272.9	13 121.2	15 881.6	32 340.4	80 097.3
中方案:						
2020	4 221.9	11 780.4	8 416.5	8 008.1	17 259.0	49 685.9
2021	4 445.7	12 310.1	8 897.0	8 837.9	17 391.5	51 882.2
2022	4 673.3	13 113.1	8 983.0	9 460.2	18 237.0	54 466.5
2023	4 872.2	13 533.7	96 55.6	10 220.6	18 964.9	57 247.0
2024	5 073.5	13 943.2	10 351.4	10 928.7	19 914.1	60 211.0
2025	5 309.5	14 342.5	11 541.6	11 161.5	21 081.4	63 436.6
2026	5 552.0	14 731.5	12 013.5	12 135.7	22 483.8	66 916.6
2027	5 804.2	15 111.0	12 480.0	13 160.5	23 546.9	70 102.5
2028	6 031.0	15 524.4	12 946.2	14 842.8	24 019.5	73 363.9
2029	6 263.8	15 875.7	13 499.1	15 627.9	25 396.4	76 662.9
2030	6 476.8	16 223.4	14 053.9	16 112.0	26 805.6	79 671.7
2031	6 704.5	16 571.4	14 605.9	16 587.6	28 113.8	82 583.2
2032	6 953.7	16 916.3	15 054.9	17 165.3	29 423.9	85 514.0
2033	7 186.5	17 308.7	15 499.5	17 735.7	31 514.7	89 245.1
2034	7 434.2	17 664.5	16 036.6	18 293.1	32 379.4	91 807.8
2035	7 731.1	18 040.7	16 579.0	18 712.9	33 343.6	94 407.2
高方案:						
2020	4 435.2	11 780.4	8 416.5	8 008.1	17 259.0	49 899.2
2021	4 894.3	12 310.1	8 897.0	8 837.9	17 391.5	52 330.8
2022	5 380.6	13 113.1	8 983.0	9 460.2	18 237.0	55 173.8
2023	5 609.2	13 871.6	9 655.6	10 220.6	18 964.9	58 321.9
2024	5 840.7	14 639.3	10 351.4	10 928.7	19 914.1	61 674.2
2025	6 264.1	15 417.3	11 541.6	11 161.5	21 081.4	65 465.9
2026	6 709.8	16 206.5	12 013.5	12 135.7	22 483.8	69 549.4
2027	7 182.8	17 008.0	12 480.0	13 160.5	23 546.9	73 378.1

（续表）

	教育经费需求预测(亿元)					
	幼儿园	小学	初中	高中	高等学校	合计
2028	7 462.9	18 089.6	12 946.2	14 842.8	24 019.5	77 361.0
2029	7 750.3	18 722.2	14 181.1	15 627.9	25 396.4	81 677.9
2030	8 131.5	19 363.0	15 472.1	16 112.0	26 805.6	85 884.1
2031	8 540.4	20 017.3	16 816.6	16 587.6	28 113.8	90 075.7
2032	8 986.5	20 681.1	17 332.7	18 032.6	29 423.9	94 456.7
2033	9 286.7	21 571.2	17 843.6	19 525.6	31 514.7	99 741.8
2034	9 606.2	22 172.4	18 920.0	21 061.9	32 379.4	104 140.0
2035	9 981.1	22 808.4	20 036.7	21 544.2	34 346.7	108 717.1

2020—2035 年期间，高、中、低三种方案预测得到各级教育经费支出需求呈现出较大差异。特别是受到学龄人口波动的影响，随着时间不断推移，三种方案预测得出各级教育经费需求在一定时期内显现出较大起伏。

从幼儿园教育经费支出需求看，按照低方案假定的 2020—2025 年、2025—2030 年、2030—2035 年总和生育率的均值分别达到 1.26、1.19、1.21，3—5 岁适龄人口规模将由 2020 年的 4 650.3 万人降到 2035 年的 2 808.5 万人，幼儿园生均教育经费由 2020 年的 8 620.1 元提高到 2035 年的 19 516.4 元，相应的，幼儿园教育经费支出需求将从 2020 年的 4 008.6 亿元增加到 2035 年的 5 481.1 亿元。中方案下，幼儿园教育经费支出需求预期由 2020 年的 4 221.9 亿元增至 2035 年的 7 731.1 亿元；高方案下，幼儿园教育经费支出需求将由 2020 年的 4 435.2 亿元增加到 2035 年的 9 981.1 亿元。（见图 4.32）

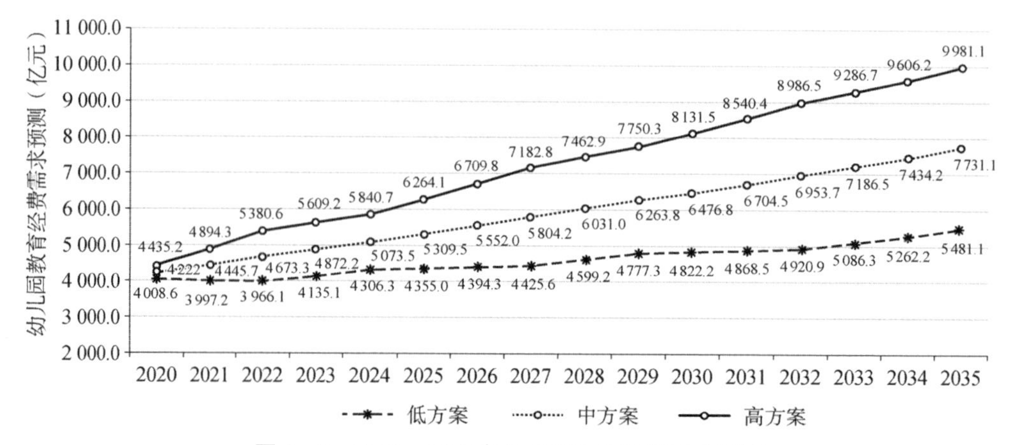

图 4.32　2020—2035 年幼儿园教育经费需求预测

从小学教育经费支出需求看，按照低方案假定的 2020—2025 年、2025—2030 年、2030—2035 年总和生育率的均值分别达到 1. 26、1. 19、1. 21，6—11 岁适龄人口规模将由 2020 年的 9 648. 2 万人降至 2035 年的 6 195. 0 万人，小学生均教育经费由 2020 年的 12 210. 0 元提高到 2035 年的 21 425. 2 元；相应的，小学教育经费支出需求预期由 2020 年的 11 780. 4 亿元增加到 2035 年的 13 272. 9 亿元。中方案下，小学教育经费支出需求将由 2020 年的 11 780. 4 亿元增加到 2035 年的 18 040. 7 亿元；高方案下，小学教育经费支出需求将由 2020 年的 11 780. 4 亿元增加到 2035 年的 22 808. 4 亿元。（见图 4. 33）

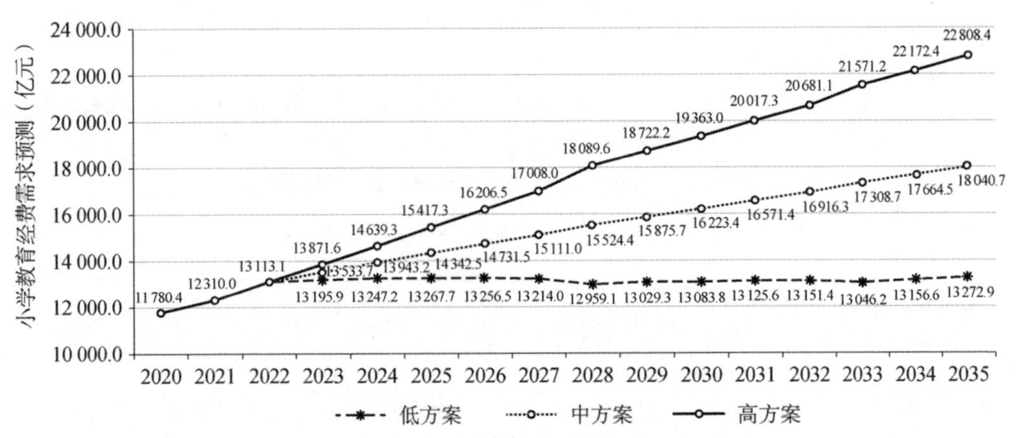

图 4.33　2020—2035 年小学教育经费需求预测

从初中教育经费支出需求来看，按照低方案假定的 2020—2025 年、2025—2030 年、2030—2035 年总和生育率的均值分别达到 1. 26、1. 19、1. 21，12—14 岁适龄人口规模将由 2020 年的 4 646. 5 万人降至 2035 年的 3 588. 8 万人，初中生均教育经费由 2020 年的 18 113. 6 元提高到 2035 年的 36 561. 5 元；相应的，初中教育经费支出需求预期由 2020 年的 8 416. 5 亿元增加到 2035 年的 13 121. 2 亿元。中方案下，初中教育经费支出需求将由 2020 年的 8 416. 5 亿元增加到 2035 年的 16 579. 0 亿元；高方案下，初中教育经费支出需求将由 2020 年的 8 416. 5 亿元增加到 2035 年的 20 036. 7 亿元。（见图 4. 34）

从高中教育经费支出需求来看，按照低方案假定的 2020—2025 年、2025—2030 年、2030—2035 年总和生育率的均值分别达到 1. 26、1. 19、1. 21，15—17 岁适龄人口规模将由 2020 年的 4 333. 5 万人降至 2035 年的 4 020. 2 万人，普通高中生均教育经费由 2020 年的 18 479. 5 元提高到 2035 年的 39 504. 2 元；相应的，高中教育经费支出需求预期由 2020 年的 8 008. 1 亿元增加到 2035 年的 15 881. 6 亿元。中方案下，高中教育经费支出需求将由 2020 年的 8 008. 1 亿元增加到 2035 年的 18 712. 9 亿元；高方案下，

高中教育经费支出需求将由2020年的8 008.1亿元增加到2035年的21 544.2亿元。(见图4.35)

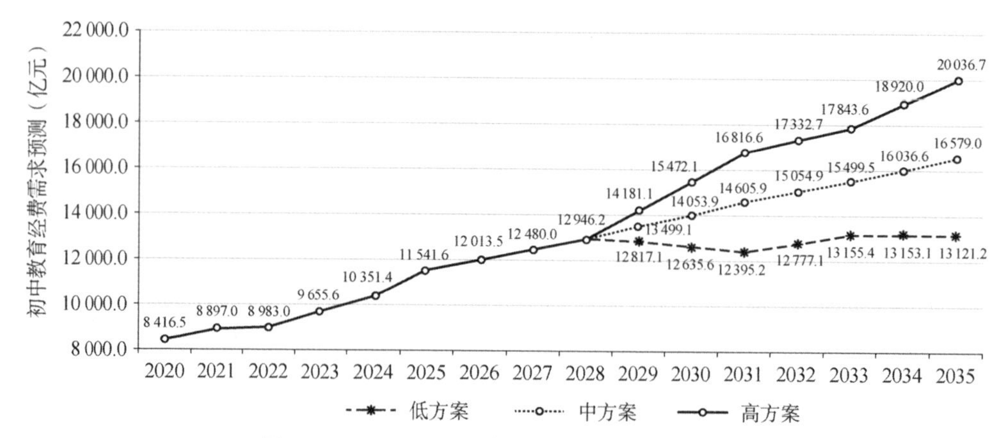

图4.34　2020—2035年初中教育经费需求预测

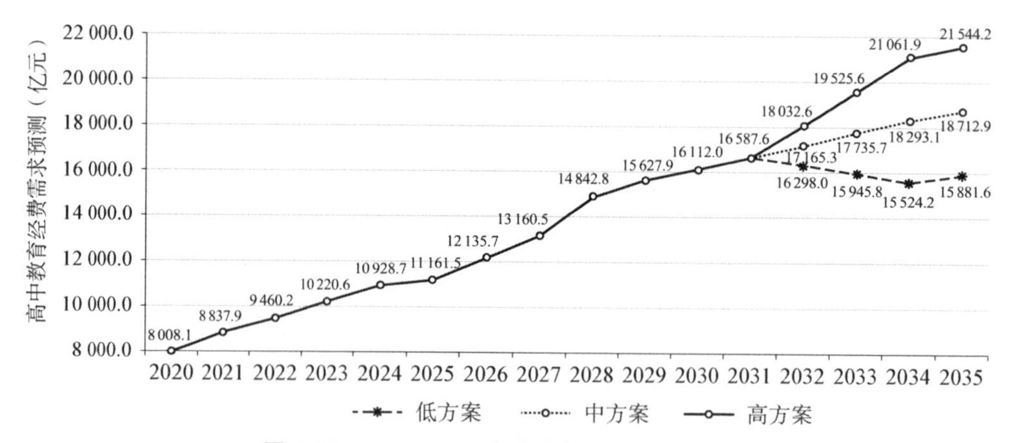

图4.35　2020—2035年高中教育经费需求预测

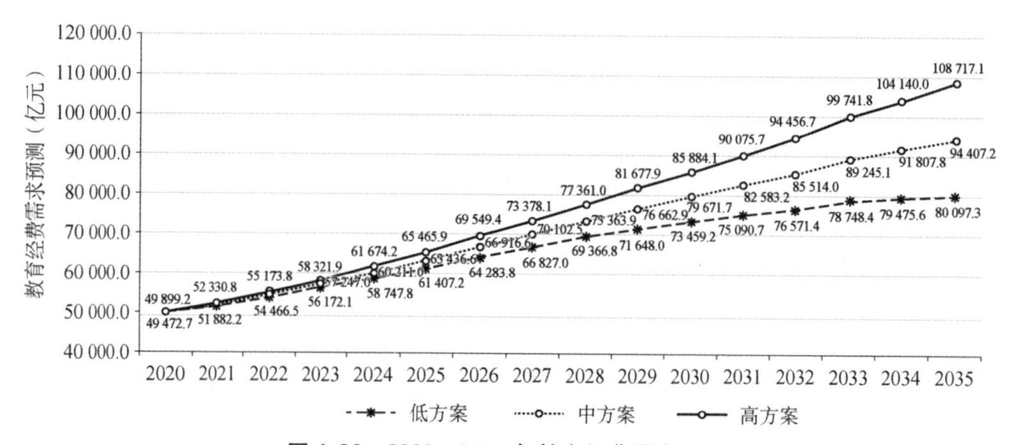

图4.36　2020—2035年教育经费需求预测

总体来看,按照低方案假定的 2020—2025 年、2025—2030 年、2030—2035 年总和生育率的均值分别达到 1.26、1.19、1.21,3—17 岁学龄人口规模将由 2020 年的 30 505.8 万人降至 2035 年的 25 317.8 万人;教育经费支出需求预期由 2020 年的 49 472.7 亿元增加到 2035 年的 80 097.3 亿元。中方案下,教育经费支出需求将由 2020 年的 49 685.9 亿元提高到 2035 年的 94 407.2 亿元;高方案下,教育经费支出需求将由 2020 年的 49 899.2 亿元增至 2035 年的 108 717.1 亿元。

我国教育经费特别是财政性教育经费支出水平和占 GDP 的比例,很大程度上不是完全由教育发展需求和财政供给能力决定的,宏观经济与人口环境等因素起着不可忽视的影响。因此,2020—2035 年期间教育经费的实际投入水平,可能与预测的有一定偏离。

基于上述分析,对 2020—2035 年期间完善教育财政投入机制提出以下建议:

第一,持续保障教育经费投入总量。研究表明,在经济继续增长的情况下,无论是从教育经费需求还是财政供给能力看,教育经费都需要继续增加投入。除在经济平稳发展的条件下,到 2035 年国家财政性教育经费占 GDP 的比例应达到 4.5%的水平,教育经费总投入占 GDP 的比例应达到 5.6%左右。

第二,不断优化教育经费支出结构。基于“十三五”期间我国中等教育和高等教育的学龄人口总体趋于下降,学前教育和小学阶段学龄人口增加的情况下,在教育经费层级配置上,可适当调节中等教育和高等教育经费支出比例,提高学前教育和小学教育生均经费支出比例。同时,在经费结构上,降低资本性支出比例,侧重提高人员经费支出比例,着力改善教师工资和福利待遇。

第二节 地区教育经费投入规模预测——以上海为个案

一、上海市基础教育学龄人口状况及分布特征

准确把握学龄人口状况及其长期变动趋势是教育发展规划制定与教育经费需求预测的基础,是处理教育与人口协调发展中的重要问题,也是直接关系到一个国家或地区未来一段时期内人力资本投资和教育改革发展的基本问题。

根据历年人口普查资料和《上海统计年鉴》数据资料显示,上海市学龄人口经历了多次重大变化。以下为不同历史时期上海市学龄人口规模及其变动情况的特点。

1. 学龄人口总体呈先上升后下降的变化趋势

在 1953 年第一次人口普查和 1964 年第二次人口普查中,上海市 14 岁及以下学

龄人口呈现出迅速上升的趋势，从204.89万人增至457.61万人，增加252.72万人，增长123.3%。而到20世纪90年代以后，尽管上海市常住人口总量持续增长，从“五普”时的1 640.77万人增加到2 301.92万人，但学龄人口却显现出下降的趋势。据《上海统计年鉴》数据显示，2004—2014年期间上海市在园幼儿、小学、初中和高中在校生总量以年均0.4%的增速增长。其间，学龄人口先是呈一种下降趋势，到2008年之后出现了新的转折，转而呈现出缓慢增长的态势。（见图4.37）

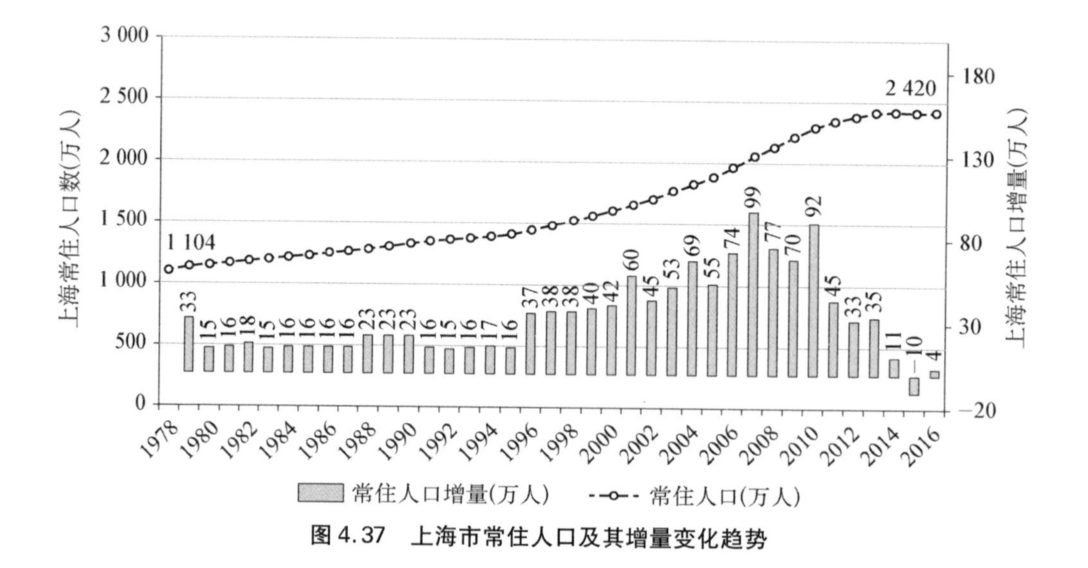

图4.37 上海市常住人口及其增量变化趋势

“六普”资料显示，2010年上海14岁及以下人口数为198.29万人，比“五普”时低出1.4%；14岁及以下人口占总人口的比重为8.6%，比“五普”时低3.7个百分点。这一现象与上海市总和生育率长期以来处于低水平有着密切关联。随着20世纪70年代末80年代初计划生育政策的实施，使14岁及以下学龄人口由80年代后期、90年代初的回升（从215.42万人增至243.18万人）转变为90年代以后的逐步回落（从201.09万人降至198.29万人）。

从各学段的学龄人口变动情况来看，2010年上海幼儿园学龄人口为45.32万人，比2000年增加13.73万人，增幅43.46%；小学学龄人口为72.12万人，较2000年增加8.14万人，增幅12.72%；初中学龄人口在2000—2010年期间降幅明显，2000年初中学龄人口为77.01万人，到2010年降至32.81万人，减少了44.20万人，降幅为57.39%。

2. 外来务工人员随迁子女数量激增是上海市学龄人口增长的重要来源

“六普”资料显示，2010年外来常住人口中14岁及以下人口为76.59万人，占全部

14 岁及以下人口的比重为 38.6%，比“五普”时增加 19.8 个百分点。外来常住人口中 0—6 岁学龄前儿童占全部学龄前儿童的比重为 41.7%，比“五普”时上升 10.3 个百分点；外来常住人口中 7—12 岁人口占全部小学适龄人口的比重为 37.6%，比“五普”时上升 23.1 个百分点（见表 4.5）。从常住人口的来源构成来看，1990—2013 年期间上海外来常住人口的增量持续高于户籍人口。由此可见，外来务工人员随迁子女的大量涌入是上海市学龄人口总量增加的重要来源，这无疑给上海市教育供给和资源承载力构成了新的挑战和压力。

表 4.5　上海市户籍学龄人口和外来学龄人口的变动情况

	“五普”（2000 年）			“六普”（2010 年）			差值	
	户籍人口（万人）	外来常住人口（万人）	外来人口占比（%）	户籍人口（万人）	外来常住人口（万人）	外来人口占比（%）	户籍人口（万人）	外来常住人口（万人）
幼儿园	21.79	9.81	31.04	25.40	19.92	43.95	3.61	10.11
小学	51.68	12.30	19.22	43.71	28.41	39.39	−7.97	16.11
初中	70.91	6.11	7.93	23.43	9.39	28.61	−47.48	3.28
合计	144.37	28.21	16.35	92.54	57.72	38.41	−51.83	29.51

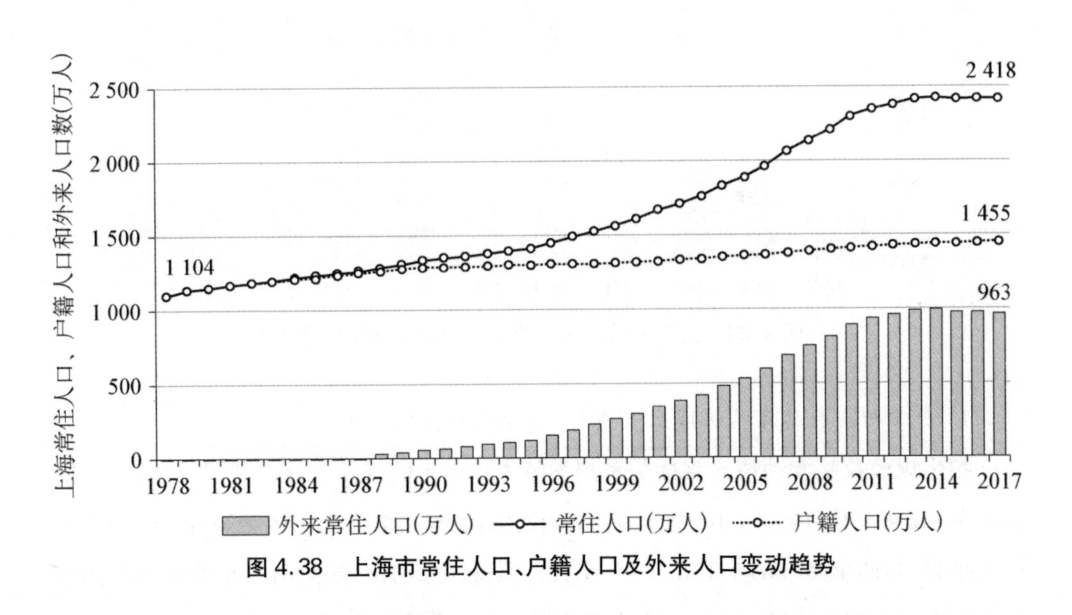

图 4.38　上海市常住人口、户籍人口及外来人口变动趋势

3. 学前教育在园幼儿数量总体趋于上升

根据《上海统计年鉴》数据显示，自 1995 年起，在园幼儿数量有一个缓慢下降过程，至2001年陷入低谷，从1995年的30.77万人降至2001年的23.40万人。此后，在园幼儿规模呈稳步上升趋势，2009年以后上升迅速，至2017年达到57.27万人，给上海学前教育带来了高峰压力。

数据表明，上海幼儿园在园幼儿数量总体呈上升趋势。2007—2017年期间，上海市幼儿园在园幼儿数以年均6.12%的速度增长。其间，幼儿数总体呈一种稳步增长态势，至2017年达到峰值，最高增速为2010年的13.14%，增速最低为2014年的0.38%。2017年，上海市幼儿园在园幼儿数为57.27万人，较2007年幼儿数的31.32万人，增加25.95万人，增长82.85%。尽管在2000年以来，上海市育龄妇女总和生育率始终在0.64—1.07之间的低位徘徊，但自2010年以后上海总和生育率开始缓慢上升，可以预见到的是，上海幼儿园在园幼儿数量总体上呈稳步增长的态势。（见图4.39）

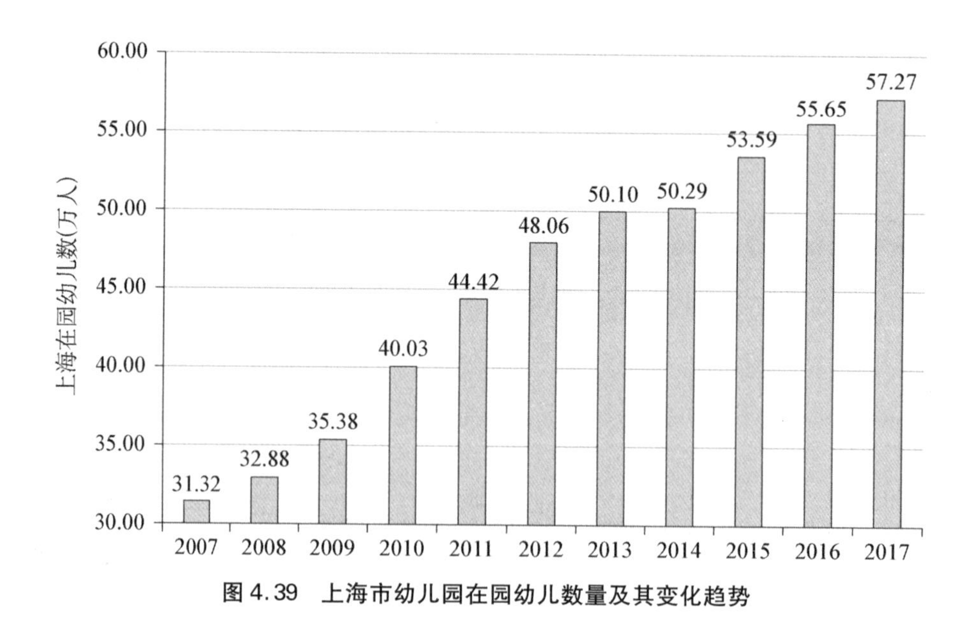

图4.39 上海市幼儿园在园幼儿数量及其变化趋势

4. 小学招生数总体呈缓慢上升态势，小学在校生数趋于下降

招生规模及其变动情况直接关系到学龄人口未来的规模及分布状况。从《上海统计年鉴》数据来看，1995年和2013年上海小学招生数相继出现了两个高峰，于2003年陷入低谷，与两个高峰的差值在5∶9左右。值得注意的是，学龄前儿童数和小学招生数之间有3年的时间差，2009—2017年期间在园幼儿规模持续扩大，由此可以初步判断，未来的几年时间内上海普通小学招生数将呈现缓慢上升态势。（见图4.40）

从长期变化趋势看，改革开放40多年来，上海小学在校生数总体呈先缓慢下降后

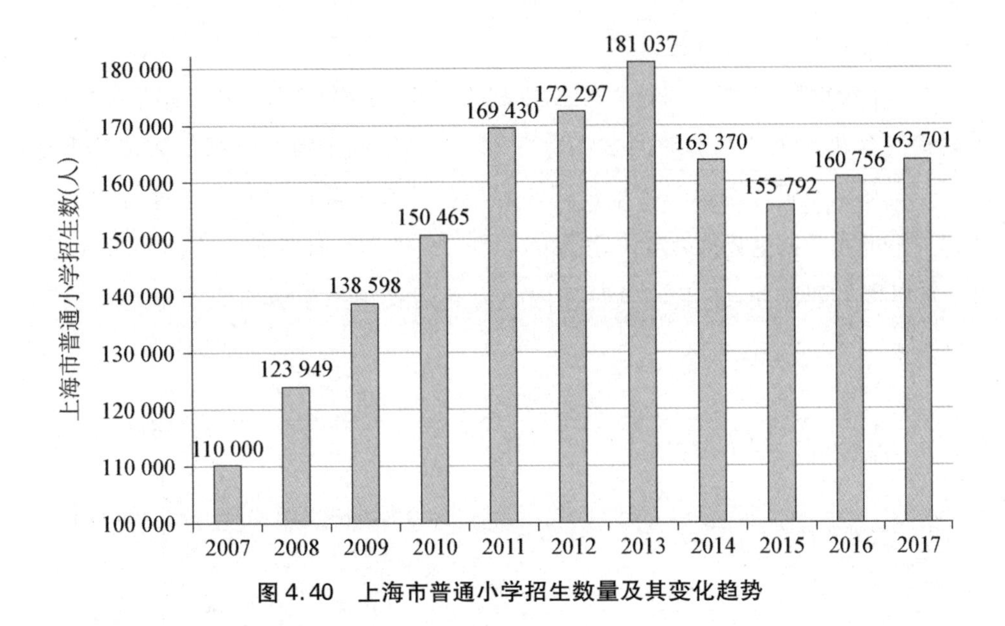

图 4.40　上海市普通小学招生数量及其变化趋势

上升再下降又再缓慢上升的态势。统计数据显示,1978—1982 年期间上海市小学在校生人数从 87.1 万人下降至 78.9 万人,降幅为 8.2 万人。此后,小学在校生数量连续 11 年呈现出一种上升态势,由 1983 年的 79.8 万人增至 1993 年的 116.7 万人,1993 年达到峰值。1993 年之后有了新的变化,转而呈一种下降趋势,至 2007 年降至 53.3 万人,其间降幅最大的年份是 2004 年(－11.1 万人)。2007—2014 年期间,上海小学在校生数缓慢回升,至 2014 年达到 80.30 万人。2015—2017 年,上海市小学在校生数从 79.9 万人降为 78.5 万人,降幅为 1.4 万人。(见图 4.41)

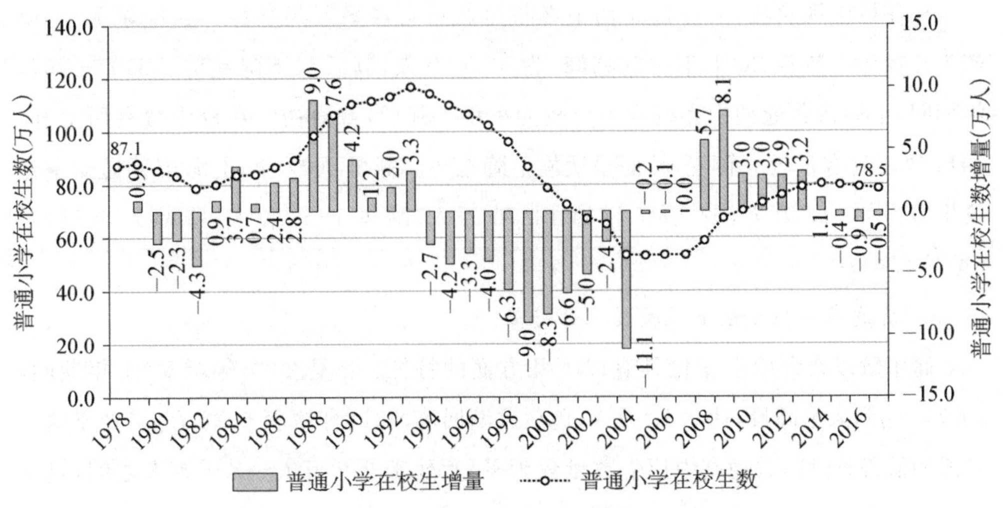

图 4.41　上海市普通小学在校生数量及其变化趋势

5. 初中招生数将有所起伏

由于上海市有“五四”学制与“六三”学制的交错，初中招生数与小学招生数曲线显示的状况存在5至6年的时间差。1995—2003年期间上海小学招生数持续下降，2000—2008年期间普通初中招生数同步经历了持续下降的过程。不过，在2007—2013年期间小学招生数持续增长，虽然2014年、2015年均有所下降，但此后又缓慢上升。可以预见到的是，未来一段时期内上海普通初中招生数将会有所起伏。（见图4.42）

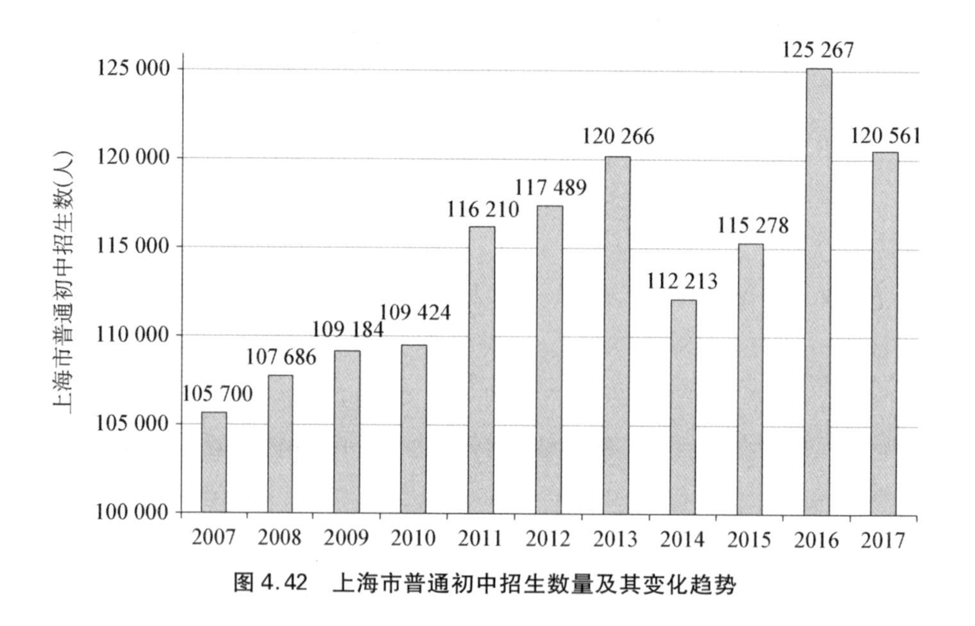

图4.42 上海市普通初中招生数量及其变化趋势

从在校生规模看，上海普通初中在校生数量总体呈下降趋势。数据显示，上海初中在校生人数在2001年达到高峰，为55.6万人，其后呈下降趋势。2007—2010年期间，上海市普通初中在校生人数较为平稳。其后，普通初中在校生数有所上升，2014年之后有了较大转变，转而呈缓慢下降态势。截至2017年，上海市普通初中在校生数为41.17万人，较2007年的42.70万人，减少1.53万人，降幅为3.58%。（见图4.43）

6. 普通高中招生数呈现缓慢上升趋势

高中阶段教育招生变化具有以下几方面的特征：一是2007年至2011年期间，2007年达到入学高峰，达6.15万人，此后逐渐回落，2011年降至5.22万人，处于这一阶段的低谷；此后，普通高中招生数量较为平稳，处于5.2万人～5.3万人之间，直至2017年达到5.33万人左右。（见图4.44）

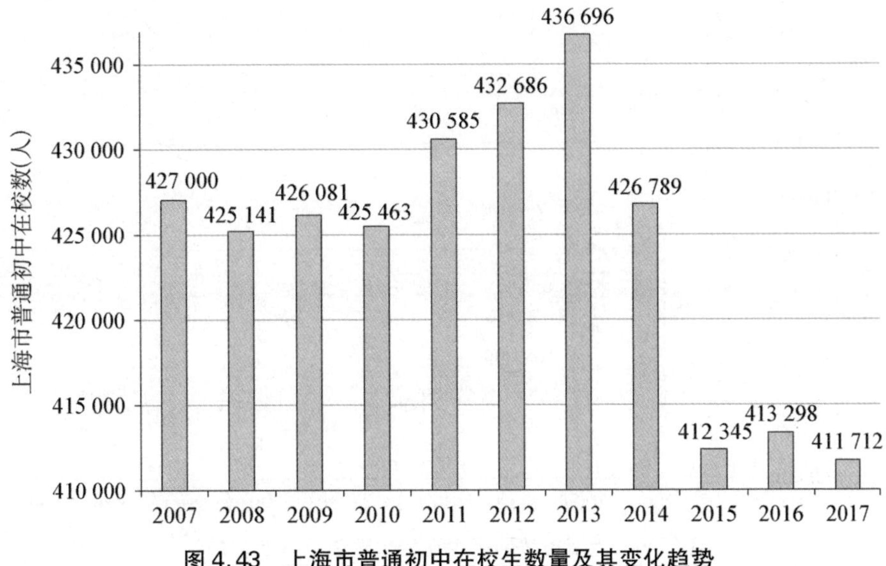

图4.43　上海市普通初中在校生数量及其变化趋势

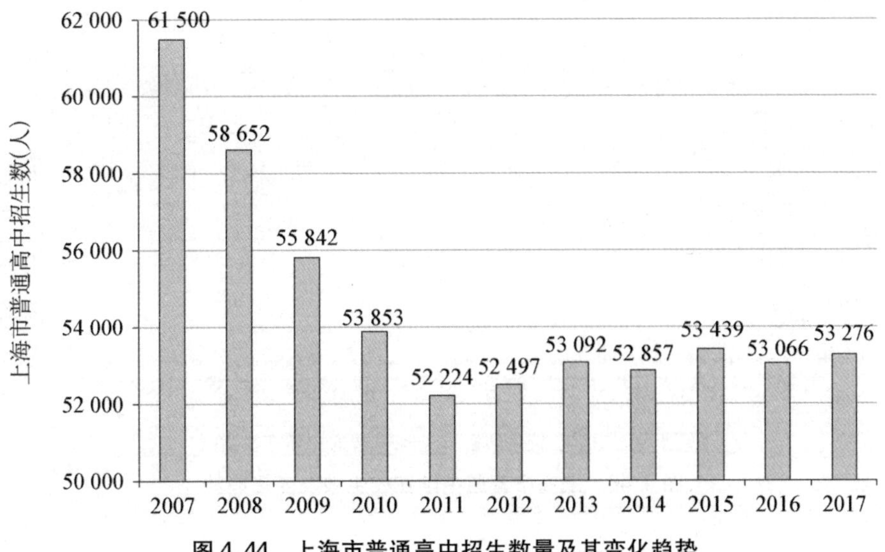

图4.44　上海市普通高中招生数量及其变化趋势

从在校生规模看,普通高中在校生人数总体上呈下降趋势。自2000年起,上海普通高中在校生人数缓慢上升,于2005年达到高峰,达到31.07万人。统计数据显示,2007—2013年期间,上海市普通高中在校生人数持续下滑。其间,2008年的降幅最为明显。2013年之后较为平稳,处于15.7万人~15.9万人之间。截至2017年,上海市普通高中在校生数为15.89万人,较2007年的22.90万人,减少7.01万人,降幅为30.6%。(见图4.45)

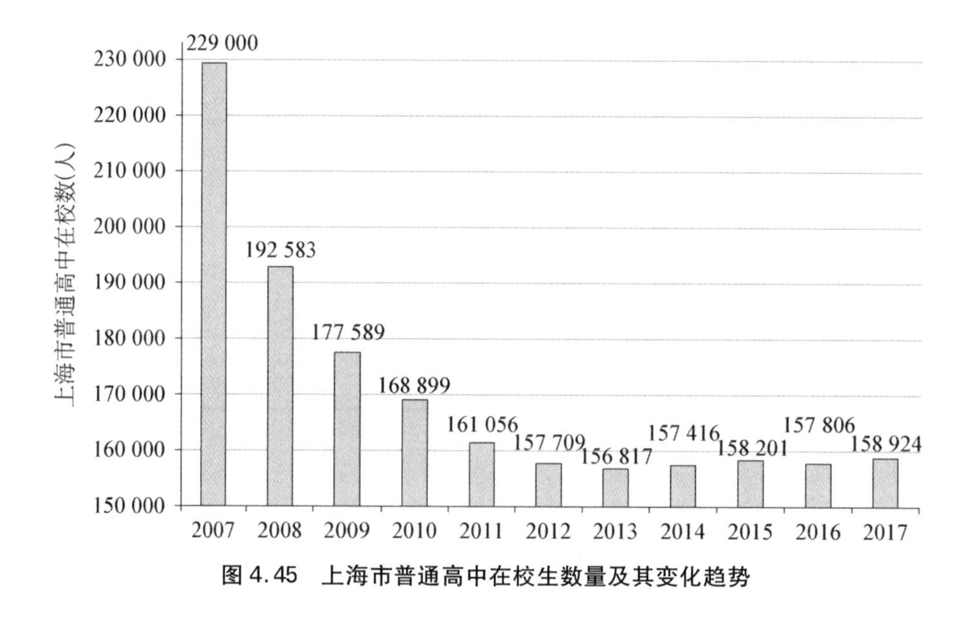

图4.45 上海市普通高中在校生数量及其变化趋势

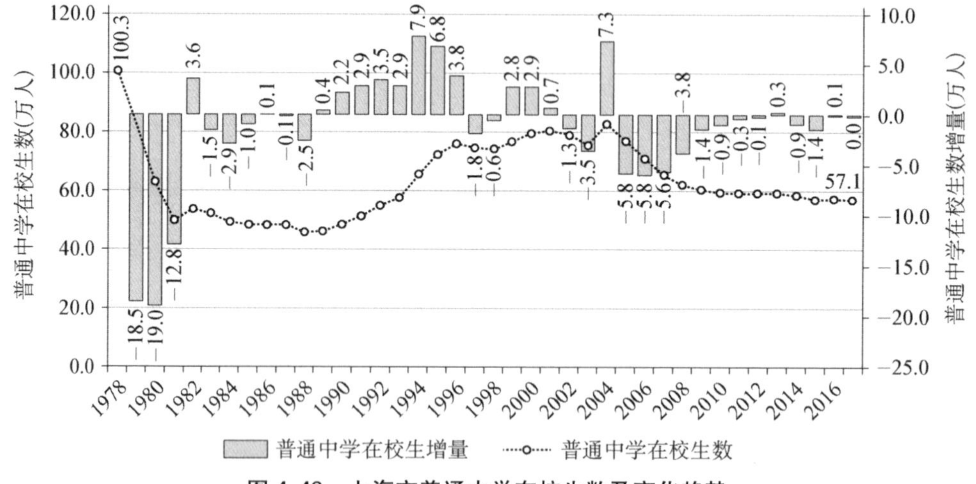

图4.46 上海市普通中学在校生数及变化趋势

从中等职业学校在校生规模来看，1978—2017年期间，中等职业学校在校生人数虽然有所起伏，但总体上处于上升其，2004年进入波峰，达到14.05万人。但2005年之后连续13年不断下降，直至2017年上海中等职业学校在校生人数仅为6.31万人。(见图4.47)

二、上海市学龄人口预测数据和方法

(一) 基础数据的选取与质量评估

1. 用于人口预测的基础数据来自上海市第六次人口普查资料，从中选取了分年

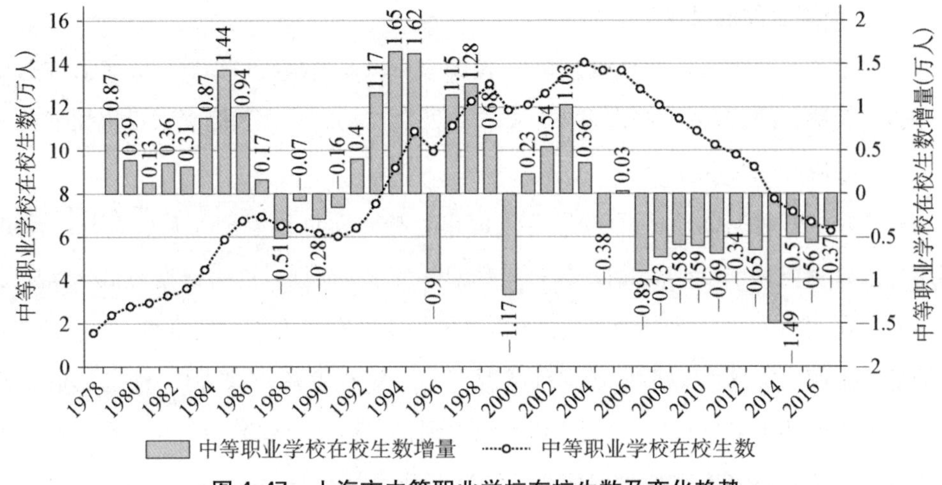

图 4.47　上海市中等职业学校在校生数及变化趋势

龄和性别人口数量、分性别人口预期寿命、分年龄和性别死亡率、分年龄育龄妇女生育率、总和生育率等数据用于学龄人口预测。

2. 对基础数据质量进行评估。通过惠普尔指数(Whipple's Index)、迈叶斯指数(Myers' Index)评估方法对基础数据质量进行评估。惠普尔指数、迈叶斯指数通常用于反映人口年龄分布均匀状况,是人口预测时评价基础数据质量常用的指标。一般而言,如果惠普尔指数小于 100,说明没有年龄堆积现象,但存在年龄回避现象;如果惠普尔指数取值范围在 100—110 之间,说明数据质量较好,无明显年龄偏好;如果惠普尔指数大于 110 但小于 130,说明数据质量可以接受,但存在年龄偏好;如果惠普尔指数大于 130,则说明数据质量不可接受,年龄偏好现象严重。另一数据质量评价指标是迈叶斯指数,其取值范围在 0—90 之间。若迈叶斯指数小于 5,说明人口数据质量较好,且越接近于 0,说明年龄堆积程度越小;若迈叶斯指数在 5—10 之间,说明人口数据质量可以接受;若迈叶斯指数大于 10,说明人口数据质量不可接受。从测评的结果来看,男性人口数和女性人口数的惠普尔指数小于 100、迈叶斯指数小于 5,表明本次普查数据不存在年龄堆积现象,数据质量基本可靠,可用于学龄人口预测。(见表 4.6)

表 4.6　基础数据质量评估表

数据指标	惠普尔指数	迈叶斯指数	数据质量评价
男性人口数	97.11	1.43	可用于预测
女性人口数	97.05	1.32	可用于预测

（二）预测参数的设置

人口预测参数主要包括总和生育率、预期寿命以及出生人口性别比。本研究运用国际人口预测系统，预测上海市未来学龄人口及其变动趋势。预测参数设定如下：

（1）总和生育率参数

根据“六普”数据统计显示，2010 年上海市育龄妇女总和生育率为 0.736 6。考虑到出生人口登记过程中存在瞒报、漏报等信息不完整的现象，这一数据要低于实际水平。不过在 2000—2010 年十年间，上海市育龄妇女总和生育率始终在 0.64～0.96 之间的低位徘徊。2010 年以后尽管这种状况有了一定程度的改善，但仍然远远低于国际上的世代更替水平(2.1)。由于生育政策得到很大程度的放宽，到 2035 年上升到世代更替水平 2.1，未来总和生育率将趋于缓慢上升。

（2）预期寿命参数

联合国相关研究表明，随着经济的不断发展和医疗水平进步，每个年龄段人口的寿命水平都在提高，并且预期寿命达到一定水平后将出现缓慢增长的趋势。当男性平均预期寿命超过 80 岁时，每五年增加半岁到一岁左右；同年龄段女性平均预期寿命每五年的增加值较男性而言要高一些，这是因为女性平均预期寿命相对更高。图 4.48 报告了 1978—2018 年上海市户籍人口的平均预期寿命，可以看出上海市户籍人口的预期寿命在过去 30 多年里有了明显上升，从 1978 年平均预期寿命 73.35 岁到 2018 年上升至 83.63 岁。

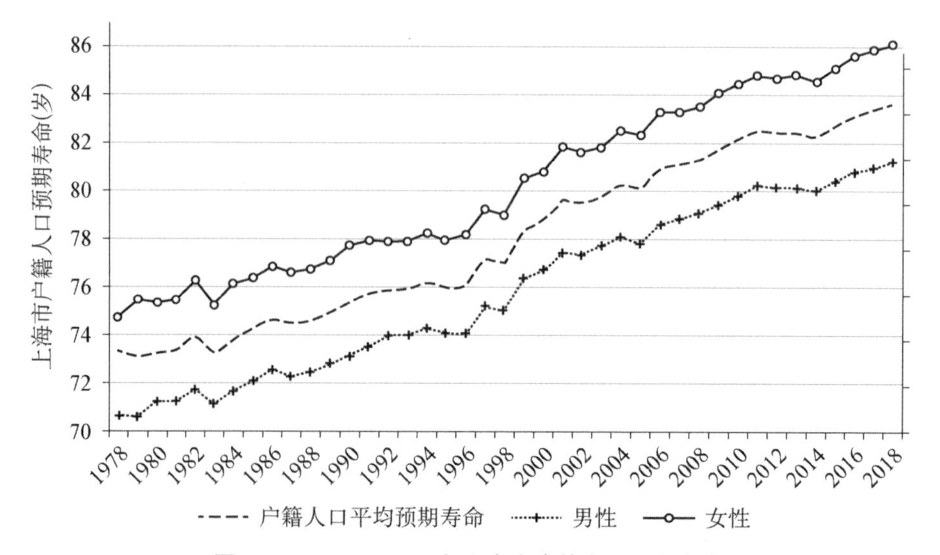

图 4.48　1978—2018 年上海市户籍人口预期寿命

注：数据来源于历年《上海统计年鉴》。

表 4.7 所示为联合国编制的不同年龄段、不同速度的预期寿命增长模型。各个阶段的分性别生命表的预期寿命等于前期预期寿命加上联合国编制的预期寿命增加值。

表 4.7　联合国人口司编制的预期寿命增长模型

目前预期寿命(岁)	预期寿命每 5 年增加值(岁)									
	非常快		较快		中速		较慢		非常慢	
	男性	女性	男性	女性	男性	女性	男性	女性	男性	女性
40.0—42.5	2.5	2.6	2.1	2.3	1.9	2.0	1.3	1.4	1.1	1.1
42.5—45.0	2.8	3.0	2.4	2.5	2.0	2.1	1.4	1.5	1.1	1.2
45.0—47.5	3.0	3.1	2.5	2.6	2.1	2.2	1.8	1.9	1.2	1.3
47.5—50.0	3.0	3.2	2.6	2.7	2.2	2.3	1.8	1.9	1.3	1.4
50.0—52.5	3.2	3.4	2.7	2.9	2.3	2.4	1.9	2.0	1.4	1.5
52.5—55.0	3.6	3.7	2.7	3.0	2.4	2.6	2.0	2.0	1.5	1.7
55.0—57.5	3.7	3.7	2.6	3.0	2.4	2.6	2.0	2.0	1.5	1.8
57.5—60.0	3.8	4.0	2.6	3.0	2.4	2.6	2.0	2.0	1.5	1.8
60.0—62.5	3.4	3.8	2.5	3.0	2.2	2.6	1.7	2.0	1.0	1.7
62.5—65.0	3.2	3.6	2.3	2.8	1.9	2.4	1.5	2.0	0.9	1.5
65.0—67.5	3.2	3.5	2.0	2.6	1.6	2.3	1.0	1.8	0.7	1.0
67.5—70.0	2.0	3.3	1.5	2.6	1.2	2.1	1.0	1.5	0.6	1.0
70.0—72.5	1.5	3.0	1.2	2.0	1.0	1.8	0.8	1.2	0.5	0.8
72.5—75.0	1.3	2.0	1.0	1.5	0.9	1.2	0.8	0.9	0.5	0.8
75.0—77.5	1.1	1.8	0.8	1.2	0.6	1.0	0.5	0.8	0.5	0.7
77.5—80.0	1.0	1.6	0.5	1.0	0.5	0.9	0.4	0.7	0.4	0.5
80.0—82.5	0.9	1.4	0.5	0.8	0.5	0.6	0.4	0.5	0.4	0.5
82.5—85.0	0.8	1.3	0.5	0.5	0.5	0.5	0.4	0.4	0.3	0.4
85.0—87.5	0.7	1.3	0.5	0.5	0.4	0.4	0.3	0.3	0.2	0.2
87.5—90.0	0.6	1.2	0.5	0.5	0.4	0.4	0.3	0.3	0.2	0.2
90.0—92.5	0.6	0.8	0.5	0.5	0.4	0.4	0.3	0.3	0.2	0.2

数据来源：United Nations. World Population Prospects：The 2004 Revision，Volume III：Analytical Report. New York：United Nations，2004，p. 125。

根据上海市“六普”资料显示，2010 年上海市男性预期寿命为 78.20 岁，女性预期寿命为 82.44 岁。根据《上海市老年人口和老龄事业监测统计调查制度》统计显示，截至 2017 年底，上海市男性预期寿命为 80.98 岁，女性预期寿命为 85.85 岁。基于联合国预期寿命预测模型，可以推测出未来上海市男性和女性平均预期寿命，结果见表4.8。考虑到上海市老龄化进程不断深化，预测寿命的增速明显加快，据此可以推测到2035年，上海市男性预期寿命为83.68岁，女性预期寿命为89.87岁。

表4.8　2020—2035年上海市人口预期寿命预测

年份	非常快		较快		中速		较慢		非常慢	
	男性（岁）	女性（岁）	男性（岁）	女性（岁）	男性（岁）	女性（岁）	男性（岁）	女性（岁）	男性（岁）	女性（岁）
2020	81.12	86.15	80.64	85.19	80.64	85.17	80.52	85.07	80.52	85.07
2021	81.30	86.41	80.74	85.29	80.74	85.25	80.60	85.13	80.60	85.11
2022	81.48	86.67	80.84	85.39	80.84	85.33	80.68	85.19	80.68	85.15
2023	81.66	86.93	80.94	85.49	80.94	85.41	80.76	85.25	80.76	85.19
2024	81.84	87.19	81.04	85.59	81.04	85.49	80.84	85.31	80.84	85.23
2025	82.02	87.45	81.14	85.69	81.14	85.57	80.92	85.37	80.92	85.27
2026	82.20	87.71	81.24	85.79	81.24	85.65	81.00	85.43	81.00	85.31
2027	82.38	87.95	81.34	85.89	81.34	85.73	81.08	85.49	81.08	85.35
2028	82.56	88.19	81.44	85.99	81.44	85.81	81.16	85.55	81.16	85.39
2029	82.72	88.43	81.54	86.09	81.54	85.89	81.24	85.61	81.24	85.43
2030	82.88	88.67	81.64	86.19	81.64	85.97	81.32	85.67	81.32	85.47
2031	83.04	88.91	81.74	86.29	81.74	86.05	81.40	85.73	81.40	85.51
2032	83.20	89.15	81.84	86.39	81.84	86.13	81.48	85.79	81.48	85.55
2033	83.36	89.39	81.94	86.49	81.94	86.21	81.56	85.85	81.56	85.59
2034	83.52	89.63	82.04	86.59	82.04	86.29	81.64	85.91	81.64	85.63
2035	83.68	89.87	82.14	86.69	82.14	86.37	81.72	85.97	81.72	85.67

(3) 出生人口性别比

根据上海市“六普”资料显示，2010年上海市常住人口性别比为106.18，比2000年“五普”时要高出0.5个百分点。到2013年，上海市出生人口性别比增至111.61，比政策目标值高出1.59个点。2014年，上海市出生人口性别比的政策目标值为109.7。而正常的出生人口性别比介于102—107之间。假设随着“生男生女都一样”的男女性别平等生育观念不断深入人心，未来上海市出生人口性别比应逐渐恢复正常范围。参照以上标准，本研究预测2035年上海市出生人口性别比为107，并且保持不变。

三、上海市学龄人口预测结果分析

（一）上海市 3—17 岁学前至高中阶段学龄人口变动趋势

根据上海市实施的“五四”学制和学龄人口数据统计口径，本研究将幼儿园、小学、初中和高中的学龄人口分别界定为 3—5 岁、6—10 岁、11—14 岁和 15—17 岁，对 2020—2035 年期间上海市各学段学龄人口进行预测。图 4.49 至图 4.53 呈现了未来一段时间上海市幼儿园至高中 3—17 岁人口数量及其变动趋势。

总的来看，幼儿园至高中 3—17 岁人口在 2020—2035 年间预期呈现先上升后下降的变化趋势。其间，如果上海户籍人口总和生育率保持在 1.5 的水平上，2020 年总的学龄人口为 278.8 万人，此后略有上升，直至 2028 年达到 317.9 万人，并以 2028 年为拐点，随后逐年下降，直至 2035 年降至 254.5 万人，比 2020 年减少 24.3 万人，下降 8.7%。从总体变化趋势看，上海市学龄人口总量预期呈现出先增后减的变化态势。（见图 4.49）

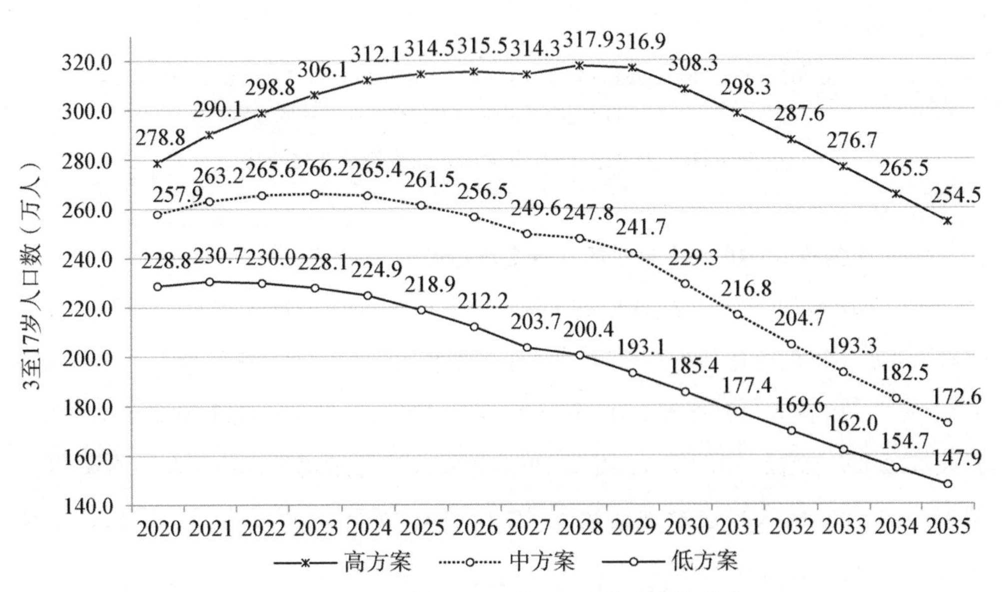

图 4.49　上海市 3—17 岁人口规模及变化趋势

注：图中所示“高方案”假定 2020—2035 年上海户籍人口总和生育率保持在 1.5 的水平上；“中方案”假定 2020—2035 年上海户籍人口总和生育率保持在 1.0 的水平上；“低方案”假定 2020—2035 年上海户籍人口总和生育率低于 1.0。下同。

（二）上海市 3—5 岁学前学龄人口变动趋势

从幼儿园学龄人口的变化情况来看，随着外来流动人口不断向上海中心地带迁移，加之“全面二孩”政策放开以后，其间“回声婴儿潮”现象在随后的 5 年时间内较为突出。以高方案分析，2020—2035 年期间，如果上海户籍人口总和生育率保持在 1.5

的水平上，上海 3—5 岁学龄人口预期呈现出下降的趋势，到 2035 年预期降至 39 万人。（见图 4.50）

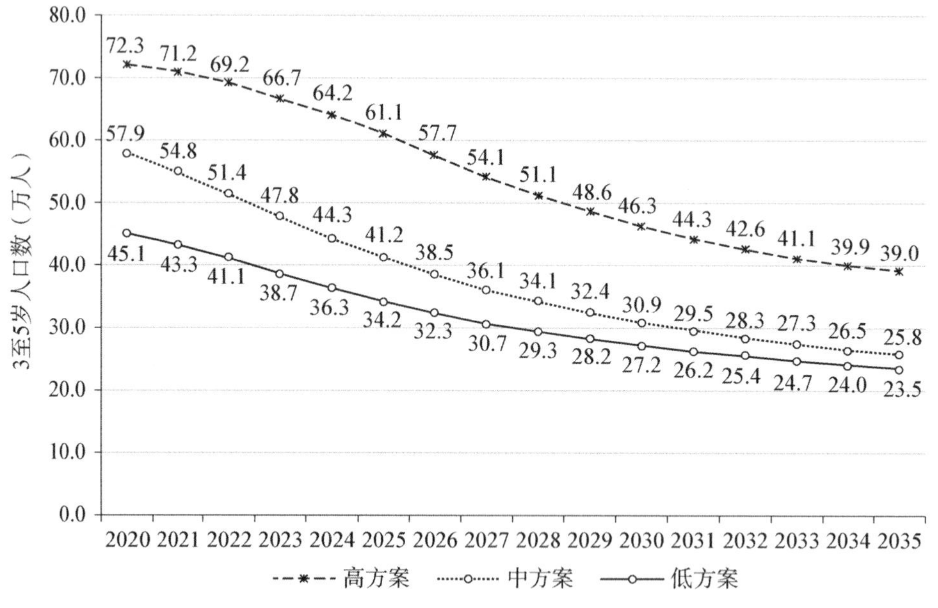

图 4.50 上海市 3—5 岁学龄人口规模及变化趋势

（三）上海市 6—10 岁小学学龄人口变动趋势

预测结果显示，2020—2035 年间上海市 6—10 岁小学学龄人口总量预期呈现先略有上升后下降的变化趋势。其间，如果上海户籍人口总和生育率保持在 1.5 的水平上，上海 6—10 岁人口将逐年上升，由 2020 年的 100.8 万人，增加到 2022 年的 120.7 万人，较 2020 年增加 19.9 万人；此后，小学学龄人口总量增长渐趋下降。直至 2035 年，上海小学学龄人口总量预期达到 74.1 万人，较 2020 年减少 46.7 万人，下降 26.5%。（见图 4.51）。

（四）上海市 11—14 岁初中学龄人口变动趋势

与小学学龄人口变化趋势相似，上海初中学龄人口总量在未来预期呈现先增长后下降的变动趋势。从图 4.52 可以看出，由于 2022 年以前的 11—14 岁适龄人口出生于 2020 年之前，其规模不受预测方案的影响，三种方案的预测结果保持一致。如果上海户籍人口总和生育率保持在 1.5 的水平上，上海初中学龄人口总量将于 2027 年到达波峰，峰值为 96.9 万人，较 2020 年的 66.4 万人增加 30.5 万人；此后，初中学龄人口总量趋于下降，直至 2035 年降至 74.7 万人。（见图 4.52）

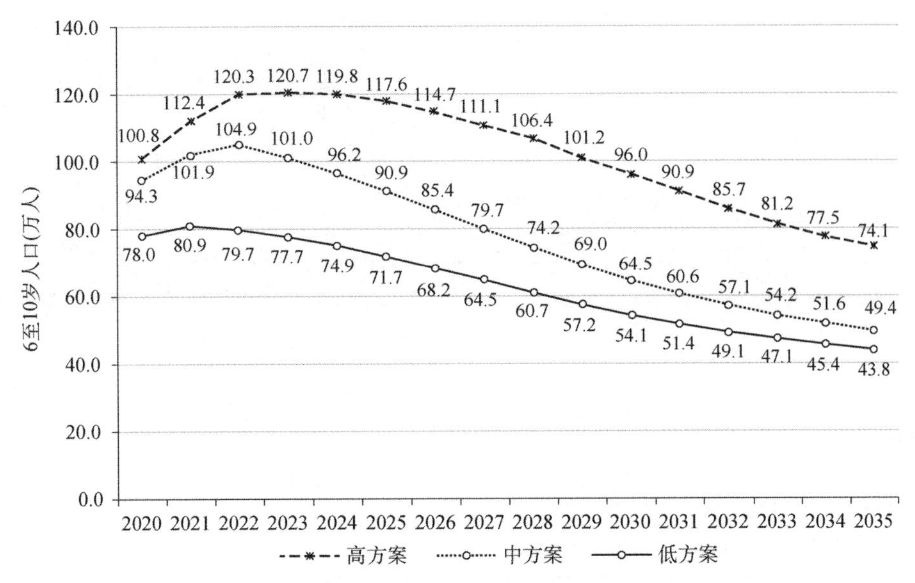

图 4.51　上海市 6—10 岁学龄人口规模及变化趋势

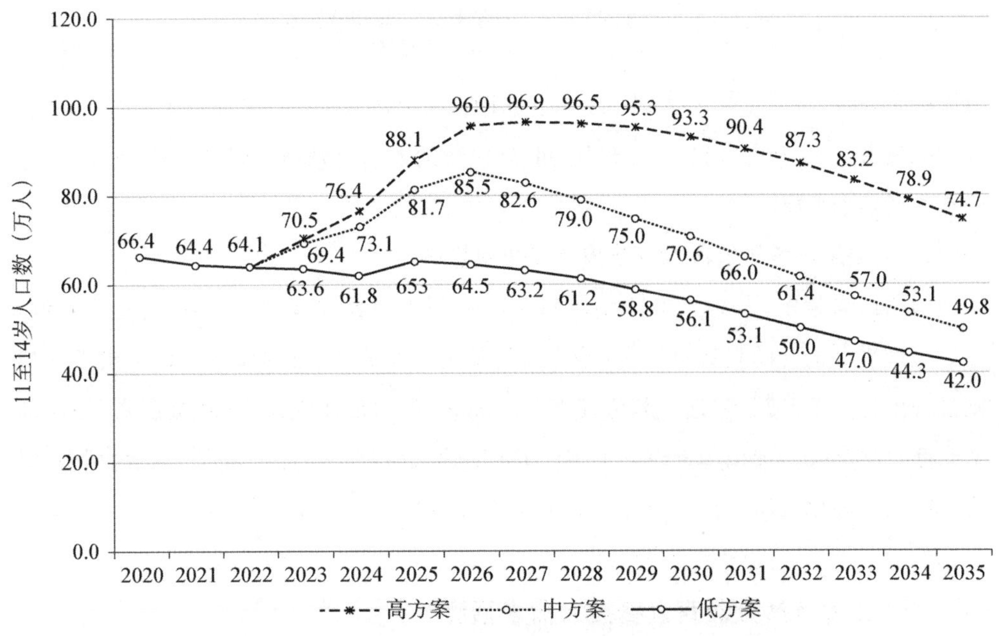

图 4.52　上海市 11—14 岁学龄人口规模及变化趋势

（五）上海市 15—17 岁高中阶段学龄人口变动趋势

与初中学龄人口的变化趋势不同，高中教育阶段学龄人口总量在 2020—2035 年期间呈现出先上升后下降又上升再下降的变化趋势。从图 4.53 可以看出，高中教育阶段学龄人口总量于 2035 年达到低谷，降为 21.35 万人。其间，“十三五”时期减少 2

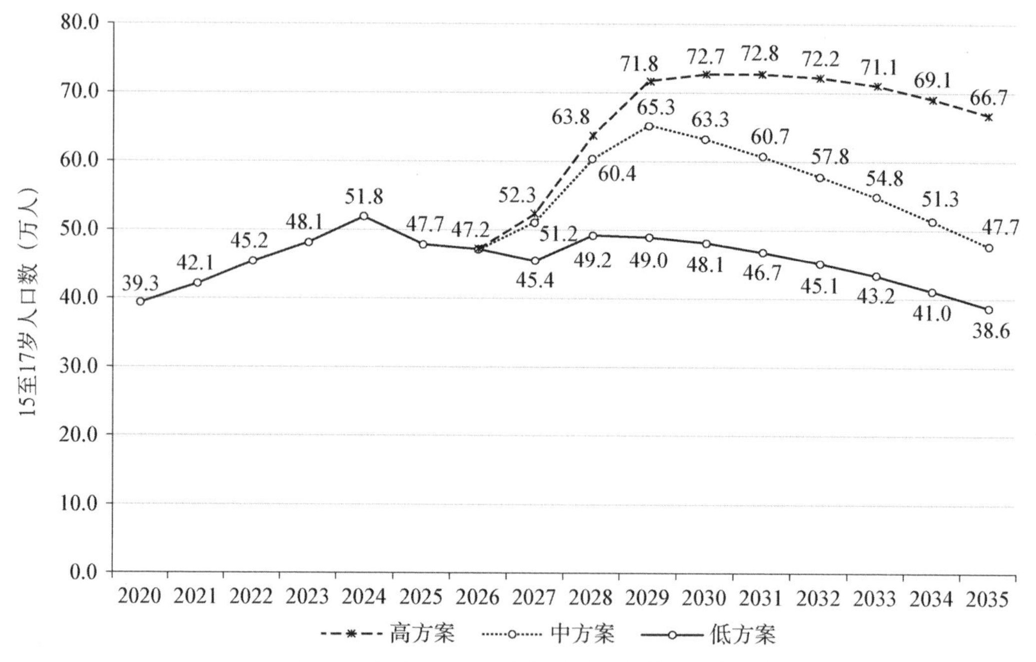

图 4.53 上海市 15—17 岁学龄人口规模及变化趋势

万人左右，年均下降 0.4 万人；到“十六五”时期，高中学龄人口总量减少 1.8 万人左右，年均减量为 0.36 万人。到“十七五”期间，高中学龄人口有减缓下降的趋势，至 2035 年左右逐渐趋于平稳。

（六）上海市各年龄段人口结构及其变动趋势

预测结果显示，2020—2035 年期间，0—14 岁人口比重在 2020 年前后达到峰值，之后呈现平缓上升的趋势；15—64 岁人口比重呈一种下降的趋势；65 岁以上老年人口则显现出稳步上升趋势，这一趋势使 2020—2035 年的常住人口年龄“金字塔”底部向上凸起，顶部变大，突出部分逐渐上移，2035 年的人口金字塔已变成了“冰激凌”型，成为典型的老龄化人口结构。（见图 4.54 和图 4.55）

四、上海市基础教育经费投入需求预测

教育经费投入特别是财政性教育经费，在很大程度上是由地方经济发展水平、人口规模、政府对教育的重视程度及努力程度等因素决定的。因此在预测和分析教育经费投入需求时，一方面需要将其放置在高速城市化、走向全面现代化背景下的上海城市社会变迁的宏观布景下进行考察，另一方面还需要重点观察学龄人口的变化（如“单独二孩”政策引起的适龄儿童数量波动）和生均教育经费基准提高后可能带来的影响。

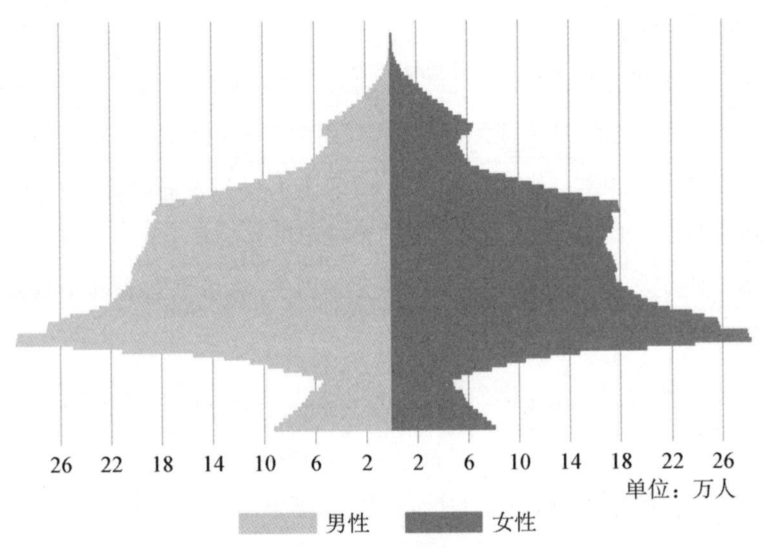

图 4.54　2010 年上海市人口普查各年龄段人口分布图

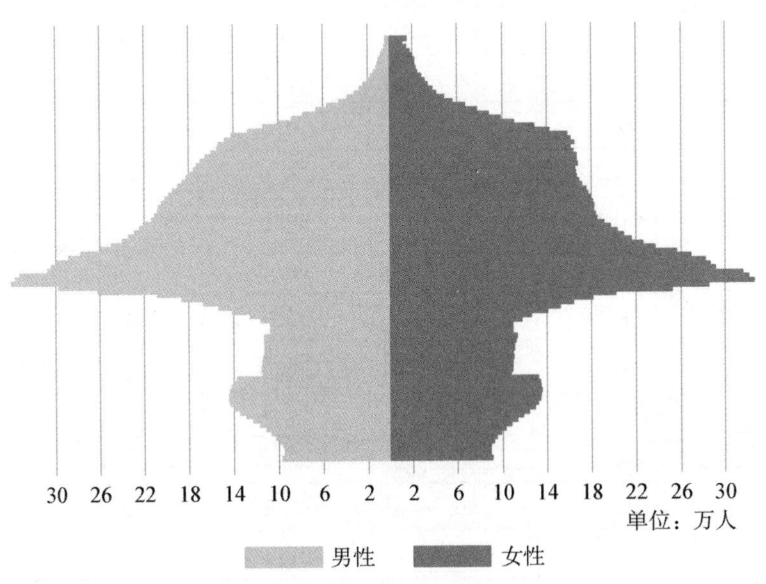

图 4.55　2035 年上海市各年龄段人口分布图

（一）生均教育经费指数预测

综观以往的文献，有关教育经费投入需求的预测方法，大致上可以分为以下两种：一是根据历史数据预测各级教育的生均经费指数，用之乘以学龄人口，即可预测到所需的经费投入总量；二是基于计量模型运用人均受教育年限的期望值与公共教育投资比例进行测算。其中，生均经费指数法的应用更加广泛。

1. 学龄人口预测

学龄人口是直接影响教育投入水平的主体。本书基于上海市"六普"数据资料，在综合考虑上海市人口结构及特征的基础上，利用国际人口预测系统对2020—2035年上海市学龄人口进行预测。PADIS-INT是由中国人口与发展研究中心开发的系统，它被广泛运用于人口预测研究中，其预测结果稳定可靠。基于人口生育状况的预测制定高、中、低三种方案，表4.9报告了上海市学前教育、义务教育和高中教育阶段学龄人口的预测结果。

表4.9 上海市各学段学龄人口预测

	学龄人口数(万人)				
	幼儿园	小学	初中	高中	合计
高方案:					
2020	72.3	100.8	66.4	39.3	278.8
2021	71.2	112.4	64.4	42.1	290.1
2022	69.2	120.3	64.1	45.2	298.8
2023	66.7	120.7	70.5	48.1	306.1
2024	64.2	119.8	76.4	51.8	312.1
2025	61.1	117.6	88.1	47.7	314.5
2026	57.7	114.7	96.0	47.2	315.5
2027	54.1	111.1	96.9	52.3	314.3
2028	51.1	106.4	96.5	63.8	317.9
2029	48.6	101.2	95.3	71.8	316.9
2030	46.3	96.0	93.3	72.7	308.3
2031	44.3	90.9	90.4	72.8	298.3
2032	42.6	85.7	87.3	72.2	287.6
2033	41.1	81.2	83.2	71.1	276.7
2034	39.9	77.5	78.9	69.1	265.5
2035	39.0	74.1	74.7	66.7	254.5
中方案:					
2020	57.9	94.3	66.4	39.3	257.9
2021	54.8	101.9	64.4	42.1	263.2
2022	51.4	104.9	64.1	45.2	265.6

（续表）

	学龄人口数（万人）				
	幼儿园	小学	初中	高中	合计
2023	47.8	101.0	69.4	48.1	266.2
2024	44.3	96.2	73.1	51.8	265.4
2025	41.2	90.9	81.7	47.7	261.5
2026	38.5	85.4	85.5	47.2	256.5
2027	36.1	79.7	82.6	51.2	249.6
2028	34.1	74.2	79.0	60.4	247.8
2029	32.4	69.0	75.0	65.3	241.7
2030	30.9	64.5	70.6	63.3	229.3
2031	29.5	60.6	66.0	60.7	216.8
2032	28.3	57.1	61.4	57.8	204.7
2033	27.3	54.2	57.0	54.8	193.3
2034	26.5	51.6	53.1	51.3	182.5
2035	25.8	49.4	49.8	47.7	172.6
低方案：					
2020	45.1	78.0	66.4	39.3	228.8
2021	43.3	80.9	64.4	42.1	230.7
2022	41.1	79.7	64.1	45.2	230.0
2023	38.7	77.7	63.6	48.1	228.1
2024	36.3	74.9	61.8	51.8	224.9
2025	34.2	71.7	65.3	47.7	218.9
2026	32.3	68.2	64.5	47.2	212.2
2027	30.7	64.5	63.2	45.4	203.7
2028	29.3	60.7	61.2	49.2	200.4
2029	28.2	57.2	58.8	49.0	193.1
2030	27.2	54.1	56.1	48.1	185.4
2031	26.2	51.4	53.1	46.7	177.4
2032	25.4	49.1	50.0	45.1	169.6
2033	24.7	47.1	47.0	43.2	162.0
2034	24.0	45.4	44.3	41.0	154.7
2035	23.5	43.8	42.0	38.6	147.9

注：表中的“高方案”假定 2020—2035 年上海户籍人口总和生育率保持在 1.5 的水平上；“中方案”假定 2020—2035 年上海户籍人口总和生育率保持在 1.0 的水平上；“低方案”假定 2020—2035 年上海户籍人口总和生育率低于 1.0。

2. 生均经费指数预测法

衡量教育经费投入需求最常用的方法是先计算出各级教育的生均经费支出标准，用之乘以学龄人口，即可得到所需增加的经费投入总量。合理的生均投入标准的确定，需要结合生均教育经费指数，即某级生均教育经费占人均国民生产总值的比例。其一般表达式为：

生均教育经费指数＝生均教育经费÷人均国民生产总值

在对2019年以前上海市各级教育实际的生均投入（包括幼儿园在园幼儿、小学、初中、职业学校、高中在校学生的人均实际支出）进行分析的基础上，结合教育发展目标的要求，按照“财政义务教育经费法定增长”的法定要求，测算出2020—2035年期间上海市人均生产总值和生均经费指数。

2014—2018年期间，上海市生产总值按可比价格计算分别比上年增长7.1%、7.0%、6.8%、6.9%和6.6%，年均增速6.9%。参考美国高盛投资公司对中国经济增长预测结果，即2021—2035年期间国民生产总值年均增速为6.0%，以2018年上海市生产总量（32 679.87亿元）为基数预测得到相应年份的生产总值，结合本研究相应年份上海市常住人口总量的预测值，则可以进一步计算得到各年份的人均地区生产总值。（见表4.10）

表4.10 上海市生产总值和人均生产总值预测

年份	上海市生产总值 （亿元）	常住人口 （万人）	人均生产总值 （元）
2018	32 679.87	2 423.78	134 982
2019	34 738.70	2 426.20	143 181
2020	36 823.02	2 428.63	151 621
2021	39 032.41	2 431.06	160 557
2022	41 374.35	2 433.49	170 021
2023	43 856.81	2 435.92	180 042
2024	46 488.22	2 438.36	190 654
2025	49 277.51	2 440.80	201 891
2026	52 234.16	2 443.24	213 791
2027	55 368.21	2 445.68	226 392
2028	58 690.31	2 448.13	239 736
2029	62 211.72	2 450.58	253 866
2030	65 944.43	2 453.03	268 829

（续表）

年份	上海市生产总值（亿元）	常住人口（万人）	人均生产总值（元）
2031	69 901.09	2 455.48	284 674
2032	74 095.16	2 457.93	301 453
2033	78 540.87	2 460.39	319 221
2034	83 253.32	2 462.85	338 036
2035	88 248.52	2 465.32	357 960

除了保证各级教育生均经费指数增长率不低于法定要求以外，上海市生均教育经费指数的确定，还应当与国际同类发展水平城市的生均教育经费指数进行比较，以确定其投入下限。如果达到国际同类城市平均水平，则认为预测结果是合理的；如果低于国际平均水平，则以国际平均水平指数为参照，调整生均经费预测值。

五、上海市基础教育经费投入规模预测

从国际比较视角来看，截至 2016 年，OECD 国家小学、初中和普通高中生均教育经费指数分别为 0.213、0.244 和 0.233。其中，美国分别为 0.212、0.229 和 0.253，日本分别为 0.220、0.258 和 0.291，而中国分别为 0.212、0.298 和 0.313。根据《关于 2018 年全国教育经费执行情况统计公告》数据资料，本研究测算出 2018 年上海市普通小学、普通初中生均教育经费指数分别为 0.208、0.322。相比较而言，幼儿园生均教育经费指数较低，约为 0.200；职业中学生均教育经费指数为 0.416，普通高中的生均教育经费指数较高，达到 0.417。本研究以 2018 年上海市各级教育的生均教育经费指数为基准进行估计，结合前面测算出来的上海市人均生产总值，可得到各级教育生均经费投入水平。（见表 4.11）

表 4.11　上海市基础教育生均教育经费预测

年份	幼儿园	小学	初中	普通高中	中等职业学校	普通高等学校
2018	26 984.46	28 044.14	43 477.80	56 313.87	56 146.03	42 004.41
2019	28 623.53	29 747.58	46 118.70	59 734.46	59 556.42	44 555.82
2020	30 310.79	31 501.09	48 837.23	63 255.58	63 067.05	47 182.22
2021	32 097.20	33 357.65	51 715.53	66 983.64	66 784.00	49 962.97
2022	33 989.16	35 323.92	54 763.89	70 931.98	70 720.57	52 908.03

（续表）

年份	幼儿园	小学	初中	普通高中	中等职业学校	普通高等学校
2023	35 992.47	37 405.90	57 991.66	75 112.69	74 888.83	56 026.42
2024	38 113.94	39 610.67	61 409.79	79 539.97	79 302.91	59 328.72
2025	40 360.34	41 945.29	65 029.24	84 228.00	83 976.96	62 825.51
2026	42 739.29	44 417.66	68 862.24	89 192.62	88 926.79	66 528.61
2027	45 258.37	47 035.67	72 921.03	94 449.70	94 168.20	70 449.86
2028	47 925.99	49 808.05	77 219.14	100 016.76	99 718.66	74 602.31
2029	50 750.74	52 743.73	81 770.42	105 911.73	105 596.07	78 999.36
2030	53 742.02	55 852.47	86 590.02	112 154.22	111 819.95	83 655.62
2031	56 909.62	59 144.46	91 693.70	118 764.68	118 410.71	88 586.36
2032	60 263.93	62 630.50	97 098.23	125 764.81	125 389.97	93 807.73
2033	63 815.96	66 322.02	102 821.32	133 177.53	132 780.61	99 336.87
2034	67 577.30	70 231.06	108 881.64	141 027.07	140 606.74	105 191.82
2035	71 560.34	74 370.51	115 299.18	149 339.27	148 894.17	111 391.88

注：根据《关于2018年全国教育经费执行情况统计公告》数据显示，2018年上海市幼儿园生均一般公共预算教育经费为26 984.46元，普通小学为28 044.14元，普通初中为43 477.80元，普通高中为56 313.87元，中等职业学校为56 146.03元，普通高等学校为42 004.41元，上海市人均生产总值为134 982元。

六、上海市基础教育经费支出需求预测

基于前面预测的各学段学龄人口与生均教育经费，即可得到各级教育需要的经费总投入，即根据预测的学龄人口规模和生均经费标准，可估算出2020—2035年期间上海市基础教育经费投入总量，并测算出基础教育发展所需的经费投入规模（见表4.12）。

表4.12 上海市基础教育经费支出需求预测

	教育经费支出需求预测(亿元)				
	幼儿园	小学	初中	高中	合计
高方案：					
2020	219.1	317.5	324.3	247.9	1 108.8
2021	228.5	374.9	333.0	281.2	1 217.6
2022	235.2	424.9	351.0	319.7	1 330.8

（续表）

	教育经费支出需求预测（亿元）				
	幼儿园	小学	初中	高中	合计
2023	240.1	451.5	408.8	360.2	1 460.6
2024	244.7	474.5	469.2	410.8	1 599.2
2025	246.6	493.3	572.9	400.6	1 713.4
2026	246.6	509.5	661.1	419.7	1 836.9
2027	244.8	522.6	706.6	492.5	1 966.5
2028	244.9	530.0	745.2	636.2	2 156.3
2029	246.6	533.8	779.3	758.2	2 317.9
2030	248.8	536.2	807.9	812.9	2 405.8
2031	252.1	537.6	828.9	862.0	2 480.6
2032	256.7	536.7	847.7	905.3	2 546.4
2033	262.3	538.5	855.5	944.1	2 600.4
2034	269.6	544.3	859.1	971.6	2 644.6
2035	279.1	551.1	861.3	993.1	2 684.6
中方案：					
2020	175.5	297.1	324.3	247.9	1 044.8
2021	175.9	339.9	333.0	281.2	1 130.0
2022	174.7	370.5	351.0	319.7	1 215.9
2023	172.0	377.8	402.5	360.2	1 312.5
2024	168.8	381.1	448.9	410.8	1 409.6
2025	166.3	381.3	531.3	400.6	1 479.5
2026	164.5	379.3	588.8	419.7	1 552.3
2027	163.4	374.9	602.3	482.1	1 622.7
2028	163.4	369.6	610.0	602.3	1 745.3
2029	164.4	363.9	613.3	689.5	1 831.1
2030	166.1	360.2	611.3	707.8	1 845.4
2031	167.9	358.4	605.2	718.8	1 850.3
2032	170.5	357.6	596.2	724.8	1 849.1
2033	174.2	359.5	586.1	727.6	1 847.4
2034	179.1	362.4	578.2	721.3	1 841.0

（续表）

	教育经费支出需求预测(亿元)				
	幼儿园	小学	初中	高中	合计
2035	184.6	367.4	574.2	710.2	1 836.4
低方案:					
2020	136.7	245.7	324.3	247.9	954.6
2021	139.0	269.9	333.0	281.2	1 023.1
2022	139.7	281.5	351.0	319.7	1 091.9
2023	139.3	290.6	368.8	360.2	1 158.9
2024	138.4	296.7	379.5	410.8	1 225.4
2025	138.0	300.7	424.6	400.6	1 263.9
2026	138.0	302.9	444.2	419.7	1 304.8
2027	138.9	303.4	460.9	427.5	1 330.7
2028	140.4	302.3	472.6	490.6	1 405.9
2029	143.1	301.7	480.8	517.4	1 443.0
2030	146.2	302.2	485.8	537.9	1 472.1
2031	149.1	304.0	486.9	553.0	1 493.0
2032	153.1	307.5	485.5	565.5	1 511.6
2033	157.6	312.4	483.3	573.6	1 526.9
2034	162.2	318.8	482.3	576.5	1 539.8
2035	168.2	325.7	484.3	574.7	1 552.9

2020—2035年期间，高、中、低三种方案预测得到上海市基础教育经费支出需求表现出较大差异。特别是受到学龄人口波动的影响，随着时间不断推移，三种方案预测得出上海市基础教育经费支出需求在一定时期内呈现较大起伏。

从幼儿园教育经费支出需求看，按照高方案假定的2020—2035年上海户籍人口总和生育率保持在1.5的水平上，上海市3—5岁适龄人口规模将由2020年的72.3万人降到2035年的39.0万人，幼儿园生均教育经费由2020年的26 984.46元提高到2035年的71 560.34元；相应地，幼儿园教育经费支出需求将从2020年的219.1亿元增加到2035年的279.1亿元。中方案下，上海市幼儿园教育经费支出需求预期由2020年的175.5亿元增至2035年的184.6亿元。低方案下，幼儿园教育经费支出需求将由2020年的136.7亿元增加到2035年的168.2亿元。（见图4.56）

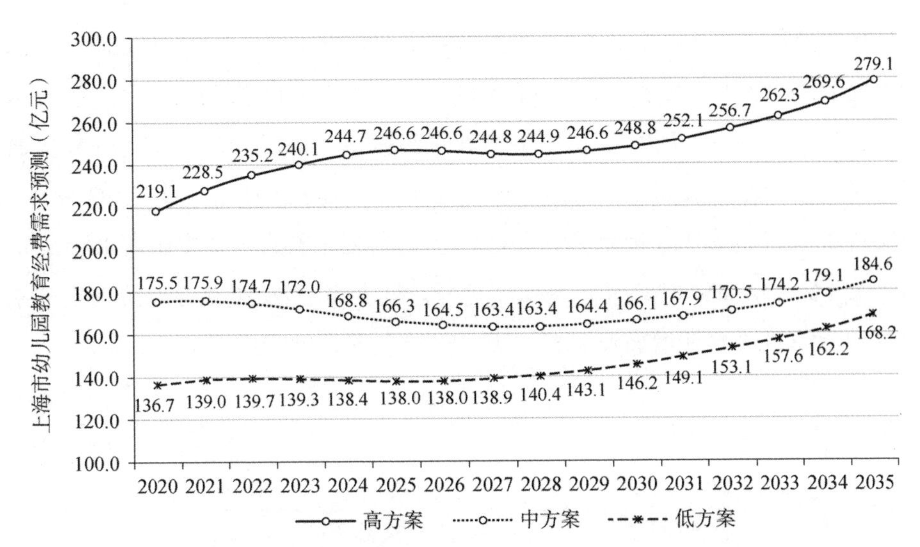

图 4.56 2020—2035 年上海市幼儿园教育经费支出需求预测

从小学教育经费支出需求看,依照高方案假定的 2020—2035 年上海户籍人口总和生育率保持在 1.5 的水平上,上海市 6—10 岁适龄人口规模将由 2020 年的 100.8 万人降至 2035 年的 74.1 万人,小学生均教育经费由 2020 年的 28 044.14 元提高到 2035 年的 74 370.51 元;相应地,小学教育经费支出需求预期由 2020 年的 317.5 亿元增加到 2035 年的 551.1 亿元。中方案下,上海市小学教育经费支出需求将由 2020 年的 297.1 亿元增加到 2035 年的 367.4 亿元。低方案下,小学教育经费支出需求将由 2020 年的 245.7 亿元增加到 2035 年的 325.7 亿元。(见图 4.57)

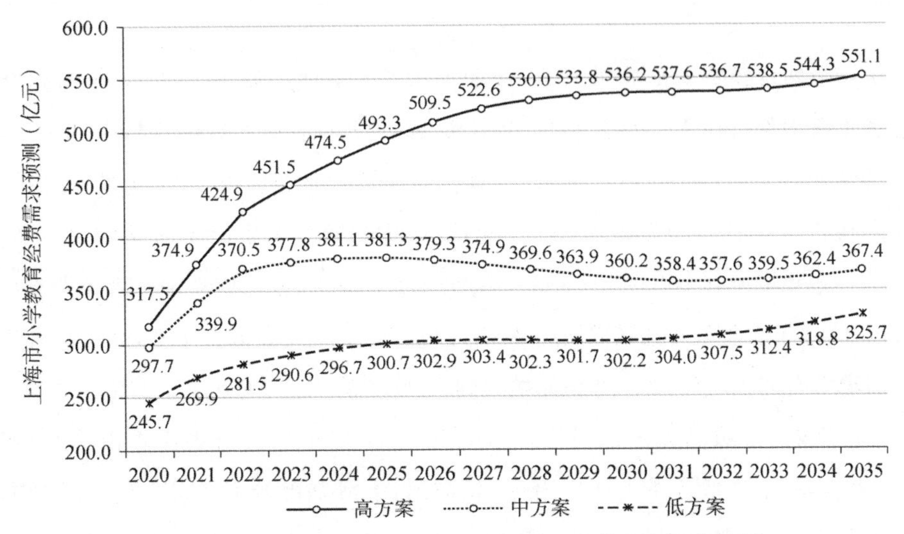

图 4.57 2020—2035 年上海市小学教育经费支出需求预测

从初中教育经费支出需求来看，按照高方案假定的2020—2035年上海户籍人口总和生育率保持在1.5的水平上，上海市11—14岁适龄人口规模将由2020年的66.4万人增至2035年的74.7万人，初中生均教育经费由2020年的43 477.80元提高到2035年的115 299.18元；相应地，初中教育经费支出需求预期由2020年的324.3亿元增加到2035年的861.3亿元。中方案下，上海市初中教育经费支出需求将由2020年的324.3亿元增加到2035年的574.2亿元。低方案下，初中教育经费支出需求将由2020年的324.3亿元增加到2035年的484.3亿元。（见图4.58）

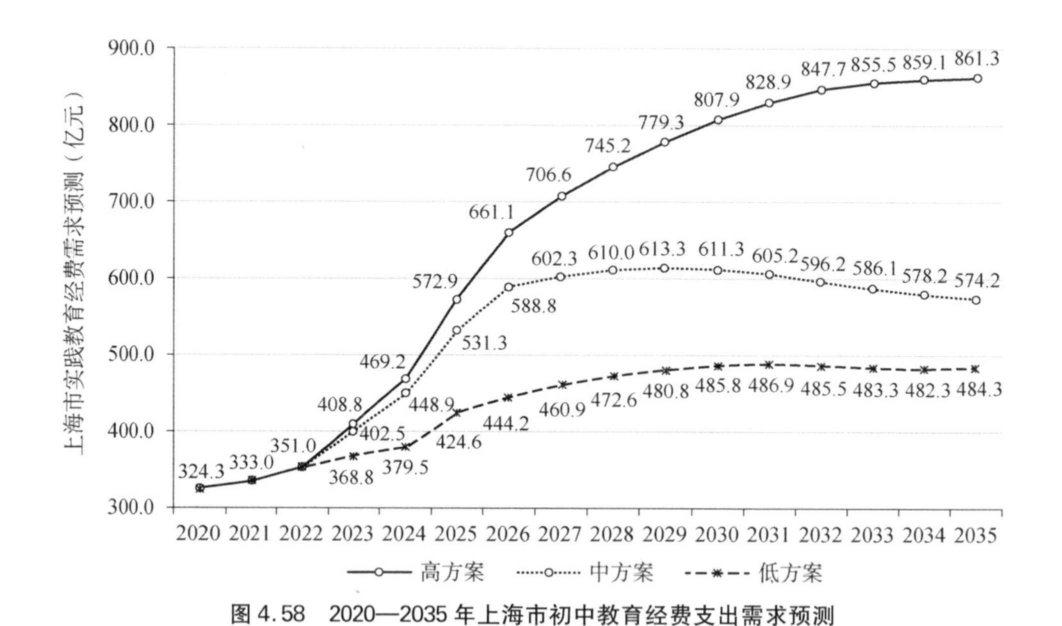

图4.58 2020—2035年上海市初中教育经费支出需求预测

从高中教育经费支出需求来看，按照高方案假定的2020—2035年上海户籍人口总和生育率保持在1.5的水平上，上海市15—17岁适龄人口规模将由2020年的39.3万人增至2035年的66.7万人，普通高中生均教育经费由2020年的56 313.87元提高到2035年的149 339.27元；相应地，高中教育经费支出需求预期由2020年的247.9亿元增加到2035年的993.1亿元。中方案下，上海市高中教育经费支出需求将由2020年的247.9亿元增加到2035年的710.2亿元。低方案下，高中教育经费支出需求将由2020年的247.9亿元增加到2035年的574.7亿元。（见图4.59）

总体来看，按照高方案的设定，上海市3—17岁学龄人口规模将由2020年的278.8万人降至2035年的254.5万人；相应地，上海基础教育经费支出需求预期由2020年的1 108.8亿元增加到2035年的2 684.6亿元。中方案下，上海市基础教育经

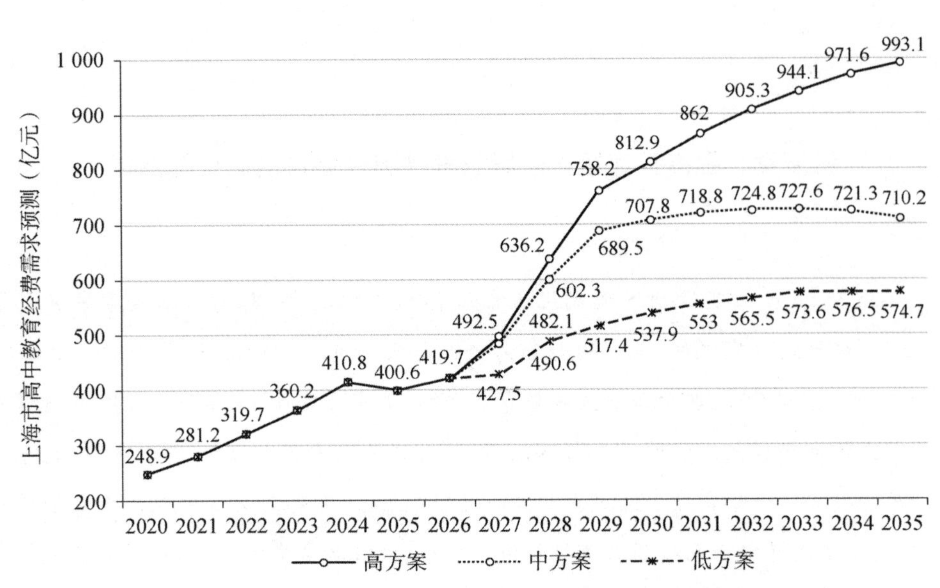

图 4.59　2020—2035 年上海市高中教育经费支出需求预测

费支出需求将由 2020 年的 1 044.8 亿元增加到 2035 年的 1 836.4 亿元。低方案下，上海基础教育经费支出需求将由 2020 年的 954.6 亿元增加到 2035 年的 1 552.9 亿元。为避免教育投入不足或投入冗余，教育政策制定者需要密切关注未来一段时期学龄人口的变化，以主动应对学龄人口变化带来的教育财政压力。

第五章　提高教育经费配置效率性和公平性的建议与展望

2035年，是全面实现教育现代化远景目标的深化之年，也是国家教育事业发展“十五五”规划的收官之年，是有划时代意义的非凡一年。面向2035年加快推进教育现代化，重点和难点就在于保证区域教育更平衡、更充分发展，重在解决人民日益增长的美好生活需要和教育发展不平衡不充分问题，这是保障育人为本、平衡发展、充分发展的根本要义。为切实缩小区域教育发展差距，应进一步推进教育治理体系和治理能力现代化，多措并举全面提高教育经费使用效率，保证教育资源公平分配，是实现教育领域“保基本、兜底线、补短板、提质量、促公平”的关键所在。

本章基于前文的实证分析提出了若干政策建议。笔者提出要应对人口变化带来的新挑战提前做好学前教育发展规划，充分重视2035年之前学前教育发展战略的“调整期”；在“低生育、高流动、非均衡”的人口发展新常态下，充分考虑各地区人口、教育与经济发展水平的差异性，建立和完善适应各地实际需要的教育经费总量与生均经费稳定增长机制；教育经费配置调整的重点由“以物为主”转向“以人为主”，完善和优化各级教育经费支出结构；优化人口与教育资源分布的空间格局，分地区、分阶段深入推进教育优质均衡发展。探索未来一段时期城乡、区域、校际和各类社会群体的教育经费支出需求，应是未来教育经费配置研究的重要方向。

第一节　面向2035教育经费使用研究的基本论断

基于第六次全国人口普查数据，使用PADIS－INT人口预测系统，研究发现，未来学龄人口规模对教育经费需求具有深远影响。受长期以来总和生育率偏低的制约，2020—2035年我国学龄人口规模总体呈波动下降趋势。根据联合国人口司预设的高方案，即2020—2025年、2025—2030年、2030—2035年我国总和生育率的均值分别达到2.06、2.19、2.21，那么，我国3—5岁学龄人口规模到2020年预期达到5 145.1万人，学龄前人口的“峰值”最早2022年到来，之后出现先下降后上升再下降的起伏，直至2035年降至5 114.2万人；而随着生均教育经费支出水平的稳步提高，学前教育经费支出需求预期从2020年的4 435.2亿元增至2035年的9 981.1亿元。中方案下，假如2020—2025年、2025—2030年、2030—2035年总和生育率的均值分别达到1.66、1.69、1.71，那么3—5岁学龄人口规模将由2020年的4 897.7万人，降至2035年的3 961.3万人，学前教育经费支出将由2020年的4 221.9亿元增加到2035年的7 731.1亿元。低方案下，假如2020—2025年、2025—2030年、2030—2035年总和生育率的均值分别为1.26、1.19、1.21，那么3—5岁学龄人口规模将由2020年的4 650.3万人，降至2035年的2 808.5万人，教育经费支出预期由2020年的4 008.6亿元增至2035年的5 481.1亿元。截至2018年，我国出生人口数量为1 523万人，比2017年减少了200万人，总和生育率约为1.52。据此可以推测，上述三种预测方案之中，中方案预测结果出现的可能性更大。

从小学教育经费需求看，按照高方案的假定，6—11岁适龄人口的"峰值"比学龄前人口"峰值"出现年份(2022年)后移6年，至2028年达到1.097亿人左右，之后渐趋下降，到2035年降至6 195.0万人，而小学的生均教育经费由2020年的12 210.0元提高到2035年的21 425.2元；相应地，小学教育经费支出需求将由2020年的11 780.4亿元增加到2035年的22 808.4亿元。中方案下，小学教育经费支出需求将由2020年的11 780.4亿元增加到2035年的18 040.7亿元。低方案下，小学教育经费支出需求预期由2020年的11 780.4亿元增加到2035年的13 272.9亿元。

从初中教育经费需求看，基于高方案的预测，12—14岁适龄人口的波动以2028年为拐点，初中学龄人口的"峰值"比小学学龄人口"峰值"出现年份后移3年，至2031年达到5 546.9万人，之后有所波动，直至2035年达到5 480.3万人。伴随着经济持续发展，初中的生均教育经费由2020年的18 113.6元提高到2035年的36 561.5元，相应地，初中教育经费支出需求将由2020年的8 416.5亿元增加到2035年的20 036.7亿元。中方案下，初中教育经费支出需求将由2020年的8 416.5亿元增加到2035年的16 579.0亿元。低方案下，初中教育经费支出需求预期由2020年的8 416.5亿元增加到2035年的13 121.2亿元。

从高中教育经费需求看，根据高方案的预测，15—17岁适龄人口的波动以2031年为拐点，高中学龄人口的"峰值"比初中学龄人口"峰值"出现年份后移3年，至2034年达到5 544.8万人，之后有所下降，至2035年达到5 453.6万人。与此同时，高中的生均教育经费由2020年的18 479.5元提高到2035年的39 504.2元，相应地，高中教育经费支出需求将由2020年的8 008.1亿元增加到2035年的21 544.2亿元。中方案下，高中教育经费支出需求将由2020年的8 008.1亿元增加到2035年的18 712.9亿元。低方案下,初中教育经费支出需求预期由2020年的8 008.1亿元增加到2035年的15 881.6亿元。

本书选取上海作为个案进行深入探查。基于上海市第六次人口普查数据,按照高方案假定的2020—2035年上海户籍人口总和生育率保持在1.5的水平上,那么,上海市3—17岁学龄人口规模预期由2020年的278.8万人降至2035年的254.5万人,上海基础教育经费支出需求将由2020年的1 108.8亿元增加到2035年的2 684.6亿元。中方案下,上海市基础教育经费支出需求将由2020年的1 044.8亿元提高到2035年的1 836.4亿元。低方案下,上海基础教育经费支出需求将由2020年的954.6亿元增至2035年的1 552.9亿元。

从国际比较视角看,当前我国国家财政性教育经费占国内生产总值的比例已接近中等偏上收入国家平均水平,但与高收入国家相比仍存在明显差距。截至2017年,我国财政性教育经费占国内生产总值的比重为4.14%。同期,中等偏下收入国家为3.63%,中等偏上收入国家为4.41%,高收入国家均值为5.16%。2012年之前,我国财政性教育经费虽然逐年不断提高,但由于国内生产总值以更快的速度增长,从而导致我国财政性教育经费占GDP的比重低于4%的水平线。从总的变化趋势看,随着经济体从中等偏上收入阶段向高收入阶段跨越,国家财政性教育经费占GDP比例也从4%逐步提高到5%。换言之,从中等偏上收入国家到高收入国家的成功转型,必然会经历国家财政性教育经费向上增长的过程。从经合组织国家平均值来看,生均高等教育经费支出占人均GDP的比重为41%,中小学校生均经费占人均GDP的比例处于22%～26%之间。相比于经济发达的经合组织国家,我国各级教育生均经费明显偏低。

从教育经费配置结构看,研究表明,各国各级教育经常性支出占公共财政教育经费的比例总体上处于80%以上,相应地,资本性支出比例处于20%以下。与之相比,我国高等教育经常性支出占公共教育支出的比例为73%,比经合组织国家平均值低16个百分点。中等教育阶段,各国公办学校人员经费占经常性支出的比例总体分布在70%～90%之间;而高等教育阶段,人员经费占经常性支出的比例处于60%～80%之间。我国高等学校人员经费占经常性支出的比例仅为35%,比经合组织国家平均值低32个百分点,说明我国教育经费使用过程中存在“重物轻人”倾向。与经合组织国家相比,我国高等学校在经费配置结构上资本性支出比例偏高,而经常性支出尤其是人员经费支出比例严重偏低,仅占经合组织平均值的一半左右。由于资本性支出尤其是项目支出比例偏高,严重挤压了人员经费的增长空间,以致我国教育教学人员经费比例偏低。国际经验证据表明，教师的高工资与学生的高学业表现呈正相关关系，工资保障及激励是吸引和留住优秀教师的必要条件和物质保障。人员经费过低不仅抑制了教育教学人员工作积极性的提高，更直接的影响是难以吸引到高层次人才，甚至导致优质人才严重流失。这种“重物轻人”的经费配置结构事实上偏离了以人为本的发展理念，以致我国教育投入机制“只见物不见人”的缺陷日益凸显。

从高等教育经费使用情况来看，研究发现，我国高等教育公共财政投入占 GDP 比例为 0.78%，比经合组织国家平均水平低 0.55 个百分点。相应的，我国高等教育私人投入占 GDP 的比例为 0.51%，虽然这一比例高于经合组织国家平均水平，但低于美国、日本、韩国、澳大利亚等发达国家。相对于经合组织国家而言，我国高等教育的公共投入比例较低。国际经验证据表明，发达国家之所以发达的关键就在于注重加大高等教育投资，重视培养高层次科技型人才，充分发挥高等教育的技术先导作用，牢牢掌握关键核心技术，从而占据世界前沿技术的高地。与之形成鲜明对比的是，欠发达国家由于缺乏高质量的人力资源而陷入了长期低水平发展的困境。研究进一步分析表明，各国高等学校生均研发支出占生均经费比例处于 4%～54%之间。就经合组织国家平均值而言，高校生均研发经费约占生均经费支出的 28%。对比不同经济发展水平国家可以发现，瑞典、挪威、芬兰、德国等生均研发经费较高的国家，其经济发展水平也较高；而智利、墨西哥等生均研发经费较低的国家，其经济发展水平相对偏低。国际经验证据显示，高等学校研发经费投入与国家经济发展水平呈正相关关系①。加大高校研发经费投入，是吸引、留住和激励专业技术人才投身教育科研事业的物质基础和重要保障。

第二节　促进教育经费配置效率性与公平性的政策建议

基于上述实证分析的结果，提出如下政策建议。

（一）为应对人口变化带来的新挑战提前做好学前教育发展规划，充分重视 2035 年之前学前教育发展战略的“调整期”

鉴于学龄前人口“峰值”最早到来，优化学前教育资源配置显得尤为重要。考虑到 2013 年以来生育政策变动所带来的“婴儿潮”冲击，2017—2020 年期间学前适龄人口有短暂增长。但是，在经历了生育政策调整带来学龄人口小幅度的增长之后，2020—

① OECD. Education at a Glance 2017：OECD Indicators［R］. Paris：OECD Publishing，2017.

2035 年期间学前适龄人口规模总体将进入下降区间。鉴于 2020—2035 年期间学前教育阶段适龄人口渐趋减少，学前教育发展将迎来资源配置的战略“调整期”。在保证学前教育经费充足的基础上，切实提高学前教育质量。近年来学前教育机构数量快速扩张，但与此同时带来了学前教育质量不高的隐忧。要满意广大群体对优质的学前教育资源需求，需要重点加大对学前教师教育与培训的投入力度，为促进学前教育高质量发展提供坚实的经费支持和人力保障。这就要求教育规划部门提前做好顶层设计，以应对人口变化引起的学前教育资源需求的波动。如果不做好前瞻性的学前教育规划，则很可能会在 2020—2035 年期间进入学前适龄人口调整期后错失“机会窗口”。

（二）在低生育、高流动、非均衡的人口发展新常态下，充分考虑各地区人口、教育与经济发展水平的差异性，建立和完善适应各地实际需要的教育经费总量与生均经费稳定增长机制

要适应人口规模和结构波动的新常态，国家和地方层面需要制定更具多元化、灵活性的教育资源优化配置战略。面向 2035，既要确保教育经费总投入持续增长，保证教育投入可持续性；同时要密切结合当前我国人口“低生育、高流动、非均衡”的总体特征，依据不同地区各级各类学龄人口峰值出现的时段，估测区域教育资源承载能力，建立适合各地发展实际需要的教育生均经费稳定增长机制。通过对教育资源统筹协调，侧重提高公共财政教育经费支出比例，确保教育经费投入总量和生均教育经费支出标准稳步提升，深入落实《教育法》规定的“三个增长”目标。在具体目标上，立足于我国从中等偏上收入国家向高收入国家跨越的时代背景，结合我国经济增速趋缓，加之财政性教育经费增长不断加快，可以预见到的是，只要维持财政性教育经费增长高于国内生产总值增长，未来我国财政性教育经费占 GDP 比例将逐步提高到与高收入国家均值 5%相接近的水平。当教育经费规模总量达到较高水平以后，政策关注重点应逐步转向教育经费配置结构与使用效率。

（三）教育经费配置调整的重点由“以物为主”转向“以人为主”，完善和优化各级教育经费支出结构，形成以经常性支出为主导、资本性支出为补充的教育投入机制，实现从以物为主投入向以人为主投入的转变

要改变我国教育经费使用过程中“重物轻人”的倾向，必须稳步提高经常性支出中的人员经费支出比例，适度放宽对人员经费使用的限制，扩大人员经费的支出范围和列支内容，提高人员经费占公共财政教育经费比例，逐步完善教师工资长效稳定增长机制。另一方面，要加大对各类教育领域专业技术人员与教师队伍建设的专项投入，有效整合各类专项人才计划的资金配置，提高专项资金的使用效率。通过调整和优化经常性支出与资本性支出结构比例，形成以经常性支出为主导、资本性支出为补充的教育投入机制，从而实现从“以物为主”投入向“以人为主”投入方式的转变，着力构筑人才高地，激发人才创造活力，推动实现从依赖“人口数量红利”向充分释放“人口质量红利”转变。

（四）优化人口与教育资源分布的空间格局，分地区、分阶段深入推进教育优质均衡发展，逐步缩小城乡、区域、学校及群体之间的教育差距

要加快促进教育高质量、均衡化发展，需要从根本上改变城乡二元结构，调整农村学校设点布局。既要充分考虑生育政策的调整对城乡学龄人口规模的直接影响，同时又不可忽视城市化进程中农村人口迁移与流动所带来的城乡学龄人口变动。因此，要准确把握生育政策调整后城乡人口波动的普遍规律与特殊规律，结合人口与教育资源分布特点向农村地区科学投入公共教育资源，使农村学校布局与变化中的学龄人口空间分布结构相适应。在区域层面，要进一步完善教育财政转移支付制度，缩小区域教育发展差距，破解区域教育资源分布不平衡的问题。在校际层面，应注重加强各级各类学校之间公共财政教育经费的公平分配，既要打造一流的优质学校，又要大力提升薄弱学校的质量①。结合财政体制改革总体进度，完善公平导向与效率导向并重的财政拨款机制，建立公平高效的教育经费使用与分配制度，统筹协调用好公共财政的“钱袋子”。

（五）注重增加高等教育研发投入，全面深入推进高等教育强国战略，为实现建设人力资源强国提供强大的人才支撑和智力保障

要实现我国向创新型国家转型的目标，应注重加大高等教育的研发投入，重点培养服务于经济社会发展的技术型人才，不断提高高层次专业技术人才比例，增强国家核心竞争力，为实现建设人力资源强国提供强大的人才支撑和智力支持。借鉴国际经验，结合当前我国国情和教情的实际情况，要实现从中等偏上收入国家向高收入国家的成功转型，必须重视加大教育尤其是高等教育的财政投入力度，加快推动我国高等教育普及化进程，全面深入推进高等教育强国战略，实现我国高等教育由大到强的跨越②，应是当前我国高等教育纵深改革发展的历史重任。

第三节 进一步研究的展望

本书的实证分析表明，我国人口发展进入“低生育、高流动、非均衡”的新常态，对

---

① OECD. PISA 2012 Results：What Makes Schools Successful（Volume IV）：Resources，Policies and Practices［R］. Paris：OECD Publishing，2013：42.

② 瞿振元. 我国高等教育由大向强的新步伐[J]. 中国高教研究，2016(1)：1－3.

当前和未来一段时期国家与地区教育资源配置具有深远的影响。在国家层面,"低生育、少子化、老龄化"的人口发展问题日益凸显;而在地方层面,城市化进程中显现出"高流动、高集聚、非均衡"的人口发展特点。未来一段时期我国"低生育、高流动、非均衡"的人口发展态势将基本保持,其构成了2020—2035年准确观测和探查中国教育改革与发展的宏观人口背景,决定着教育资源的供需关系与空间格局。在此背景下,如何基于未来学龄人口变动的预测,探究其对我国教育资源配置的影响机理,是极具现实意义的难题。

对于研究者而言,回应上述问题最主要的障碍来自于如何寻找到可靠的数据和证据。为此,本书依托PADIS-INT人口预测系统,基于第六次全国人口普查数据,综合考察了未来学龄人口变动背景下我国教育经费支出需求及其长期变动趋势。本书的研究力图以"保基本、兜底线、促公平、提质量"为准则,旨在提高教育经费使用效率,优化教育经费分配结构,以期为教育政策制定者合理地使用与分配教育资源提供有益的参考;同时也更加地希望,本书的研究成果能够为教育经济理论与实证研究提供有益补充,以及基于此唤起社会公众对教育经费配置问题的广泛关注,起到投砾引珠的正向影响作用。

需要指出的是,本书把更多的注意力转向了人口新常态下的教育发展宏观图景,而对于微观层面教育经费的细分使用及其投资策略未能综合考量。结合我国城乡、区域、学校和群体之间的异质性,探索未来一段时期城乡、区域、校际和各类社会群体的教育经费支出需求,应是未来教育经费配置研究的重要方向。

教育经费配置问题不仅关系到教育资源能否切实得到高效率使用,而且关系到教育资源是否得到公平分配,因此教育经费配置与教育发展的公平性和效率性息息相关。面向2035年加快推进教育强国建设,重点和难点在于保证区域教育更平衡、更充分发展,重在解决人民日益增长的美好生活需要和教育发展不均衡不充分问题,这是保障育人为本、平衡发展、充分发展的根本要义。要切实缩小区域、城乡、学校及群体之间的教育发展差距,多措并举实现教育领域"保基本、兜底线、补短板、提质量、促公平"。

一言蔽之,教育的持续稳定发展须臾离不开经济基础的支撑,没有良好经济基础支撑的教育就会成为无源之水、无本之木。构建充足、公平、高效率的教育经费保障机制,是保证教育系统稳健而有序运作最基础,也是最不容忽视的环节。道阻且长,愿与持续致力于推动中国教育发展的同仁们共勉之,是为结语。

参考文献

中文文献

[1] 鲍成中.后4%时代：我国教育经费的保障和使用[J].中国教育学刊,2012(9)：9—12.

[2] 曹淑江,张晶.教育投资内部分配比例影响因素研究——基于面板数据的实证分析[J].中国高教研究,2009(9)：26—28.

[3] 陈纯槿,郅庭瑾.教育财政投入能否有效降低教育结果不平等——基于中国教育追踪调查数据的分析[J].教育研究,2017(7)：68—78.

[4] 陈纯槿,郅庭瑾.世界主要国家教育经费投入规模与配置结构[J].中国高教研究,2017(11)：77—85.

[5] 陈国良，张振助.2020年上海教育发展及财政投入预测研究[J].教育发展研究，2009，29(1)：61-66.

[6] 陈晓宇.我国教育经费充足问题的回顾与展望[J].教育发展研究,2012(1)：24—29.

[7] 陈晓宇.我国教育经费结构：回顾与展望[J].教育与经济,2012(1)：21—28.

[8] 陈晓宇,董子静.大众化阶段高等教育的规模经济与范围经济[J].教育研究,2011(9)：14—21.

[9] 丁小浩.对中国高等院校不同家庭收入学生群体的调查报告[J].清华大学教育研究,2000(2)：102—108.

[10] 丁小浩.中国高等院校规模效益的实证研究[M].北京：教育科学出版社,2000.

[11] 杜鹏,顾昕.中国高等教育生均教育经费：低水平、慢增长、不均衡[J].中国高教研究,2016(5)：46—52.

[12] 杜育红,梁文艳.农村教育与农村经济发展：人力资本的视角[J].北京师范大学学报(社会科学版),2011(6)：70—78.

[13] 范先佐.我国学生资助制度的回顾与反思[J].华中师范大学学报(人文社科版),2010(6)：123—132.

[14] "改革完善中央高校经费投入机制研究"课题组.中央直属高校财政拨款模式的历史变迁与改革思路[J].华中师范大学学报(人文社科版),2014(6)：149—156.

[15] 国务院.国务院关于印发国家教育事业发展"十三五"规划的通知[Z].2017-01-10.

[16] 洪秀敏,马群."全面二孩"背景下学前教育资源配置的供需变化与挑战——以北京市为例[J].教育学报,2017(1)：116—128.

[17] 洪秀敏,马群."全面二孩"政策与北京市学前教育资源需求[J].北京师范大学学报(社会科学版),2017(1)：22—33.

[18] 洪秀敏,马群."全面二孩"政策后北京市学龄前人口变动趋势预测[J].首都师范大学学报(社会科学版),2018(2)：153—161.

[19] 胡瑞文，王红.2020年我国教育经费投入强度需求预测及实施方案构想[J].教育发展研究，2010，30(1)：1-7.

[20] 胡耀宗.不同类属高校财政差异分析[J].中国高教研究,2011(11)：17—20.

[21] 胡咏梅,杜育红.中国西部农村小学资源配置效率评估[J].教育与经济,2008(1)：1—6.

[22] 胡咏梅,杜育红.中国西部农村小学教育生产函数的实证研究[J].教育研究,2009(7)：58—67

[23] 胡咏梅,唐一鹏."后4%时代"的教育经费应投向何处？——基于跨国数据的实证研究[J].北京师范大学学报(社会科学版),2014(5)：13—24.

[24] 胡咏梅,薛海平.经济发展水平与高等教育规模的相关性研究[J].江苏高教,2004(2)：

23—26.
[25] 胡玉玲，申福广. 国际视野中的我国教育经费层级配置结构[J]. 教育发展研究，2013(5)：13—18.
[26] 教育部. 教育部关于2016年全国教育经费统计快报[Z]. 2017-05-03.
[27] 教育部，国家统计局，财政部. 教育部 国家统计局 财政部关于2017年全国教育经费执行情况统计公告[Z]. 2018-10-15.
[28] 教育部，国家发展改革委，财政部，人力资源社会保障部. 教育部等四部门关于印发《高中阶段教育普及攻坚计划(2017—2020年)》的通知[Z]. 2017-03-30.
[29] 教育部财务司，国家统计局社会科技和文化产业统计司. 中国教育经费统计年鉴(2016)[M]. 北京：中国统计出版社，2017.
[30] 教育部财务司，国家统计局社会科技和文化产业统计司. 中国教育经费统计年鉴(2017)[M]. 北京：中国统计出版社，2018.
[31] 教育部等四部门. 教育部等四部门关于实施第三期学前教育行动计划的意见[Z]. 2017-04-17.
[32] 教育部等七部门. 教育部等七部门关于印发《第二期特殊教育提升计划(2017—2020年)》的通知[Z]. 2017-07-18.
[33] 教育部发展规划司. 中国教育统计年鉴(2016)[M]. 北京：中国统计出版社，2017.
[34] 教育部发展规划司. 中国教育统计年鉴(2017)[M]. 北京：中国统计出版社，2018.
[35] 金东海，蔺海沣，安亚萍. "后4%时代"教育经费管理制度建设：挑战与超越——基于甘肃省定西市、临夏州和陇南市的调查[J]. 开放教育研究，2013(5)：63—70.
[36] 靳希斌. 教育经济学[M]. 北京：人民教育出版社，2004.
[37] 赖德胜. 教育、劳动力市场与收入分配[J]. 经济研究，1998(5)：43—50.
[38] 赖德胜. 教育、劳动力市场与创新型人才的涌现[J]. 教育研究，2011(9)：8—13.
[39] 李秉中. 我国教育经费支出的制度性短缺与改进路径[J]. 教育研究，2014(10)：41 47.
[40] 李春玲. 社会政治变迁与教育机会不平等——家庭背景及制度因素对教育获得的影响(1940—2000)[J]. 中国社会科学，2003(3)：86—98.
[41] 李春玲. 高等教育扩张与教育机会不平等——高校扩招的平等化效应考查[J]. 社会学研究，2010(3)：82—113.
[42] 李玲，黄宸，李汉东. "全面二孩"政策下城乡学前教育资源需求分析[J]. 教育研究，2018(4)：40—50.
[43] 厉以宁. 教育经济学研究[M]. 上海：上海人民出版社，1988.
[44] 栗玉香. 教育财政效率的内涵、测度指标及影响因素[J]. 教育研究，2010(3)：15—22.
[45] 梁文艳，杜育红，刘金娟. 人口变动与义务教育发展规划——基于"单独二孩"政策实施后义务教育适龄人口规模的预测[J]. 教育研究，2015(3)：25—34.
[46] 梁文艳，王玮玮，史艳敏. 人口政策调整后学前教育适龄人口变动趋势与教育需分析[J]. 全球教育展望，2014(9)：82—91.
[47] 刘小强，王德清，伍小兵. 学龄人口变动对教育均衡发展的影响[J]. 教育与经济，2011(3)：10—15.
[48] 刘泽云，袁连生. 公共教育投资比例国际比较研究[J]. 比较教育研究. 2007(2)：32—36.
[49] 孟兆敏，吴瑞君. 学龄人口变动与基础教育资源配置的协调性及原因探析——以上海为例[J]. 南方人口，2013(1)：52—60.
[50] 米红，郭书君. 未来十年我国高等教育经费投入状况的理论分析与实证研究[J]. 教育与经济，2005(1)：30—34.
[51] 庞文，尹海洁. 我国特殊教育经费投入的数据分析与讨论[J]. 中国特殊教育，2008(12)：13—17.
[52] 瞿振元. 我国高等教育由大向强的新步伐[J]. 中国高教研究，2016(1)：1—3.
[53] 王善迈. 公共财政框架下公共教育财政制度研究[M]. 北京：经济科学出版社，2012.
[54] 吴愈晓. 中国城乡居民的教育机会不平等及其演变(1978—2008)[J]. 中国社会科学，2013(3)：4—21.

[55] 武向荣.义务教育经费均衡现状调查与对策分析[J].教育研究,2013(7):46—53.
[56] 习近平.决胜全面建成小康社会　夺取新时代中国特色社会主义伟大胜利——习近平同志代表第十八届中央委员会向大会作的报告摘登[N].人民日报,2017-10-19.
[57] 熊琪,雷江华.我国特殊教育学校教育经费支出结构探析[J].中国特殊教育,2012(3):21—27.
[58] 薛海平,唐一鹏.我国普通高中教育经费投入:现状、问题与建议[J].教育学报,2016(4):89—101.
[59] 晏成步.高等教育公共支出的国际比较分析——兼议高等教育财政制度转型[J].中国高教研究,2017(5):76—81.
[60] 杨东平.高等教育入学机会:扩大之中的阶层差距[J].清华大学教育研究,2006(1):19—25.
[61] 杨顺光,李玲,张兵娟,殷新."全面二孩"政策与学前教育资源配置——基于未来20年适龄人口的预测[J].学前教育研究,2016(8):3—13.
[62] 杨文,王海民.我国财政性教育经费支出区域差异分析[J].财经问题研究,2014(5):79—84.
[63] 袁连生,崔邦焱.我国高等学校生均成本变动分析[J].教育研究,2004(6):23—27.
[64] 袁振国.学有所教——为制定《国家中长期教育改革和发展规划纲要》提供的六十条建议[J].教育研究,2009(3):3—25.
[65] 袁振国.实证研究是教育学走向科学的必要途径[J].华东师范大学学报(教育科学版),2017(3):4—17.
[66] 岳昌君.我国公共教育经费的供给与需求预测[J].北京大学教育评论,2008(2):152-166.
[67] 岳昌君.中国高等教育财政投入的国际比较研究[J].比较教育研究,2010(1):77—81.
[68] 岳昌君.高等教育经费供给与需求的国际比较研究[J].北京大学教育评论,2011(3):92—104.
[69] 岳昌君,丁小浩.教育投资比例的国际比较[J].教育研究,2003(5):58—63.
[70] 曾满超,丁小浩.效率、公平与充足:中国义务教育财政改革[M].北京:北京大学出版社,2010.
[71] 赵黎娜.高等教育财政政策的国际比较[J].华中师范大学学报(人文社会科学版),2009(5):135—140.
[72] 赵小红,王丽丽,王雁.特殊教育学校经费投入与支出状况分析及政策建议[J].中国特殊教育,2014(10):3—9.
[73] 中央教育科学研究所调研组,袁振国,等.缩小教育差距促进教育和谐发展[J].教育研究,2005(7):3—11.
[74] 周程.政府需要进一步加大高校科研经费投入[J].科学学研究,2013(10).1 450—1 452.

外文文献

[1] Bauer, P. C., & Riphahn, R. T. Timing of school tracking as a determinant of intergenerational transmission of education [J]. Economics Letters, 2006,91(1): 90-97.
[2] Baldwin, N., & Borrelli, S. A. Education and economic growth in the United States: cross-national applications for an intra-national path analysis [J]. Policy Sciences, 2008,41(3): 183-204.
[3] Behrman, J. R., & Rosenzweig, M. R. Does Increasing Women's Schooling Raise the Schooling of the Next Generation? [J]. The American Economic Review, 2005,92(1),323-334.
[4] Blanden, J., & Gregg, P. Family Income and Educational Attainment: A Review of Approaches and Evidence for Britain[J]. Oxford Review of Economic Policy,2004, 20(2): 245-263.
[5] Bourdieu, P., & Passeron, J. C. Theory, culture & society. Reproduction in

education, society and culture (2nd ed.) [M]. R. Nice, Trans.. Thousand Oaks, CA, US: Sage Publications, Inc, 1990.

[6] Breen, R., & Jonsson, J. O. Inequality of opportunity in comparative perspective: Recent research on educational attainment and social mobility [J]. Annual Review of Sociology, 2015, 31(1): 223 - 243.

[7] Carnoy, M., Froumin, I., Loyalka, P., & Tilak, J. B. The concept of public goods, the state, and higher education finance: A view from the BRICs [J]. Higher Education, 2014,68(3): 359 - 378.

[8] Chapman, B., & Sinning, M. Student loan reforms for German higher education: Financing tuition fees [J]. Education Economics, 2014,22(6): 569 - 588.

[9] Checchi, D., Fiorio, C. V., & Leonardi, M. Intergenerational Persistence in Educational Attainment in Italy [J]. Economics Letters, 2013,118(1): 229 - 232.

[10] Choi, K., & Shin, S. Population aging, economic growth, and the social transmission of human capital: An analysis with an overlapping generations model [J]. Economic Modelling, 2015,(50): 138 - 147.

[11] Chowdry, H., Dearden, L., Goodman, A., & Jin, W. The Distributional Impact of the 2012 - 13 Higher Education Funding Reforms in England [J]. Fiscal Studies, 2012,33(2): 211 - 236.

[12] De Broucker, P., & Underwood, K. Intergenerational education mobility: An international comparison with a focus on postsecondary education [J]. Education Quarterly Review, 1998,5(2): 30 - 51.

[13] Deng, Z., & Treiman, D. J. The impact of the cultural revolution on trends in educational attainment in the People's Republic of China [J]. American journal of sociology, 1997,103(2): 391 - 428.

[14] Dolton, P., Asplund, R., & Barth, E. Education and Inequality across Europe [M]. London: Edward Elgar, 2009.

[15] Ganzeboom, H. B., & Nieuwbeerta, P. Access to education in six Eastern European countries between 1940 and 1985. Results of a cross-national survey [J]. Communist and Post-communist Studies, 1999,32(4): 339 - 357.

[16] Gradstein, M., & Kaganovich, M. Aging population and education finance [J]. Journal of Public Economics, 2004,88(12): 2469 - 2485.

[17] Hanushek, E. A., Woessmann, L., & Zhang, L. General Education, Vocational Education, and Labor-Market Outcomes over the Life-Cycle [J]. Journal of Human Resources, 2017,52(1): 48 - 87.

[18] Holsinger, D. B. Education and the Occupational Attainment Process in Brazil [J]. Comparative Education Review, 1975,19(2): 267 - 275.

[19] Johnes, G., Johnes, J., & Thanassoulis, E. An Analysis of Costs in Institutions of Higher Education in England [J]. Studies in Higher Education, 2008, 33(5): 527 - 549.

[20] Johnstone, D. B. The economics and politics of cost sharing in higher education: comparative perspectives [J]. Economics of Education Review, 2004,23(4): 403 - 410.

[21] Kallison, J. M., & Cohen, P. A New Compact for Higher Education: Funding and Autonomy for Reform and Accountability [J]. Innovative Higher Education, 2010,35(1): 37 - 49.

[22] Konya, L. Exports and growth: Granger causality analysis on OECD countries with a panel data approach[J]. Economic Modelling, 2006, 23(6):978 - 992.

[23] Lutz, W., & Samir, K. C. Global Human Capital: Integrating Education and Population [J]. Science, 2011,333(6042): 587 - 592.

[24] Meyer, J. W., Tuma, N. B., & Zagorski, K. Education and occupational mobility:

a comparison of Polish and American men [J]. American Journal of Sociology, 1979, *84*(4): 978 - 986.

[25] OECD. PISA 2012 Results: What Makes Schools Successful (Volume IV): Resources, Policies and Practices [R]. Paris: OECD Publishing, 2013: 42.

[26] OECD. Education at a Glance 2017: OECD Indicators [R]. Paris: OECD publishing, 2017.

[27] OECD. Education at a Glance 2018: OECD Indicators [R]. Paris: OECD Publishing, 2018.

[28] Sato, H., & Shi, L. Class origin, family culture, and intergenerational correlation of education in rural China [R]. IZA Discussion Papers 2642, Institute of Labor Economics(IZA).

[29] Schoon, I. A Transgenerational Model of Status Attainment: the Potential Mediating Role of School Motivation and Education [J]. National Institute Economic Review, 2008,205(1): 72 - 82.

[30] Sewell, W. H., Haller, A. O., & Portes, A. The Educational and Early Occupational Attainment Process [J]. American Sociological Review, 1969,34(1): 82 - 92.

[31] Shavit, Y., & Blossfeld, H. Persistent inequality : Changing educational attainment in thirteen countries [J]. British Journal of Educational Studies, 1994,42(4).

[32] Tandberg, D. A. Politics, Interest Groups and State Funding of Public Higher Education [J]. Research in Higher Education, 2010,51(5): 416 - 450.

[33] Treiman, D. J., & Yip, K. B. Educational and occupational attainment in 21 countries [M]// Melvin L. Kohn(Ed.), Cross-National Research in Sociology (pp. 373 - 394). USA: Sage, 1989.

[34] Wang, D., & Fu, M. The Evaluation of Higher Education Expenditure Performance and Investment Mechanism Reform [J]. International Education Studies, 2009,2(1): 18 - 24.

[35] World Bank. World Bank Country and Lending Groups [EB/OL]. [2019 - 07 - 01]. https://datahelpdesk.worldbank.org/knowledgebase/articles/906519-world-bank-country-and-leading-groups.

[36] Wu, X. Economic transition, school expansion and educational inequality in China, 1990 - 2000 [J]. Research in Social Stratification and Mobility, 2010,28(1): 91 - 108.

[37] Wu, X. The Household Registration System and Rural-Urban Educational Inequality in Contemporary China [J]. Chinese sociological review, 2011,44(2): 31 - 51.

[38] Wu, Y. Cultural capital, the state, and educational inequality in China, 1949 - 1996 [J]. Sociological Perspectives, 2008,51(1): 201 - 227.

附　　录

附表 1　各国公共财政教育经费占公共财政支出比例

	初等教育	中等教育			高等教育	总体
		初中	高中	合计		
哥斯达黎加	12.06	7.52	3.82	11.34	8.14	31.54
新西兰	5.34	3.87	3.93	7.79	5.49	19.11
智利	5.94	2.11	4.04	6.15	5.37	17.46
巴西	5.01	4.49	3.60	8.08	4.19	17.28
墨西哥	6.41	3.38	3.00	6.38	4.24	17.04
哥伦比亚	5.62	4.07	1.35	5.42	3.59	14.64
中国	5.26	3.23	2.62	5.85	3.13	14.24
韩国	4.92	2.95	3.21	6.15	2.93	14.00
冰岛	5.20	2.39	2.71	5.11	3.43	13.86
瑞士	4.28	2.70	2.63	5.34	3.94	13.55
澳大利亚	4.63	2.79	1.66	4.45	4.20	13.54
爱尔兰	4.82	2.18	2.18	4.35	3.05	12.81
以色列	5.72	—	4.53	4.53	2.40	12.68
英国	4.36	1.97	2.93	4.90	3.16	12.43
挪威	3.67	1.74	2.81	4.54	4.01	12.29
拉脱维亚	4.33	2.03	2.48	4.52	3.18	12.21
加拿大	5.16	—	3.61		3.38	12.15
美国	3.96	2.15	2.25	4.39	3.51	11.91
土耳其	2.85	2.34	2.38	4.72	4.31	11.88
瑞典	3.55	1.67	2.45	4.12	3.79	11.55

（续表）

	初等教育	中等教育			高等教育	总体
		初中	高中	合计		
荷兰	2.69	2.63	2.29	4.92	3.62	11.23
经合组织均值	3.50	2.13	2.47	4.50	3.03	11.11
比利时	2.86	1.64	3.44	5.08	2.69	10.64
芬兰	2.51	1.98	2.68	4.65	3.31	10.48
爱沙尼亚	3.09	1.55	1.80	3.36	3.51	10.43
立陶宛	2.00	3.07	1.36	4.43	3.37	10.16
波兰	3.57	1.70	1.87	3.57	2.93	10.11
奥地利	1.77	2.33	1.93	4.27	3.49	9.57
欧盟均值	2.76	1.91	2.16	4.07	2.58	9.54
德国	1.42	2.70	1.90	4.59	2.85	9.22
葡萄牙	2.93	2.26	2.06	4.32	1.85	9.10
斯洛伐克	1.97	1.92	1.97	3.90	3.07	9.04
斯洛文尼亚	2.92	1.56	1.98	3.54	2.04	8.50
法国	2.00	2.16	2.04	4.19	2.20	8.43
西班牙	2.60	1.71	1.88	3.60	2.18	8.38
卢森堡	2.98	1.83	2.02	3.84	1.24	8.07
日本	2.90	1.72	1.70	3.41	1.66	7.98
捷克	1.84	2.10	2.03	4.14	1.85	7.85
俄罗斯	—	—	5.35	5.35	2.13	7.48
意大利	2.03	1.40	2.07	3.47	1.51	7.17
匈牙利	1.50	1.34	2.14	3.48	1.31	6.87
希腊	2.25	1.36	1.31	2.67	1.35	6.32

注：中国数据来源于《中国教育经费统计年鉴》，其他国家数据来源于 OECD(2018)①，以上顺序基于最后一列“总体”进行排列。“—”表示缺省。

① OECD. Education at a Glance 2018：OECD Indicators [R]. Paris：OECD publishing，2018.

附表2 各国公共财政教育经费占国内生产总值比例

	公共财政教育支出占GDP比例			公共财政支出占GDP比例
	基础教育	高等教育	合计	
挪威	4.81	2.33	7.14	58.08
哥斯达黎加	4.70	1.63	6.33	20.08
芬兰	4.09	1.89	5.99	57.14
冰岛	4.44	1.46	5.89	42.87
瑞典	3.85	1.88	5.73	49.63
比利时	4.28	1.45	5.73	53.84
新西兰	3.94	1.59	5.53	28.60
巴西	4.18	1.34	5.52	31.91
英国	3.89	1.33	5.21	42.36
荷兰	3.42	1.63	5.04	44.88
以色列	4.09	0.95	5.04	39.72
澳大利亚	3.37	1.52	4.89	36.10
奥地利	3.10	1.78	4.88	51.67
法国	3.53	1.25	4.78	56.67
瑞士	3.27	1.34	4.61	34.03
美国	3.22	1.35	4.57	38.34
经合组织均值	3.29	1.24	4.53	42.81
拉脱维亚	3.35	1.18	4.53	37.03
韩国	3.58	0.95	4.52	32.30
墨西哥	3.39	1.13	4.52	27.03
智利	3.10	1.38	4.47	25.60
加拿大	3.17	1.22	4.39	36.28
葡萄牙	3.49	0.89	4.39	48.28
欧盟均值	3.17	1.18	4.35	46.62
波兰	2.99	1.22	4.20	41.57

（续表）

	公共财政教育支出占 GDP 比例			公共财政支出占 GDP 比例
	基础教育	高等教育	合计	
哥伦比亚	3.17	1.03	4.20	28.69
爱沙尼亚	2.78	1.41	4.20	40.23
土耳其	2.61	1.48	4.09	34.42
斯洛伐克	2.70	1.39	4.09	45.36
斯洛文尼亚	3.08	0.98	4.06	47.74
德国	2.79	1.25	4.04	43.86
爱尔兰	2.82	0.88	3.70	28.84
西班牙	2.71	0.96	3.67	43.77
意大利	2.84	0.76	3.60	50.45
立陶宛	2.37	1.18	3.55	34.98
匈牙利	2.79	0.66	3.45	50.67
希腊	2.67	0.73	3.40	54.00
卢森堡	2.83	0.51	3.35	41.28
捷克	2.50	0.77	3.27	41.70
日本	2.48	0.65	3.13	39.37
俄罗斯	1.84	0.73	2.58	34.47

注：数据来源于 OECD(2018)，以上顺序基于“公共财政教育支出占 GDP 比例”进行排列。

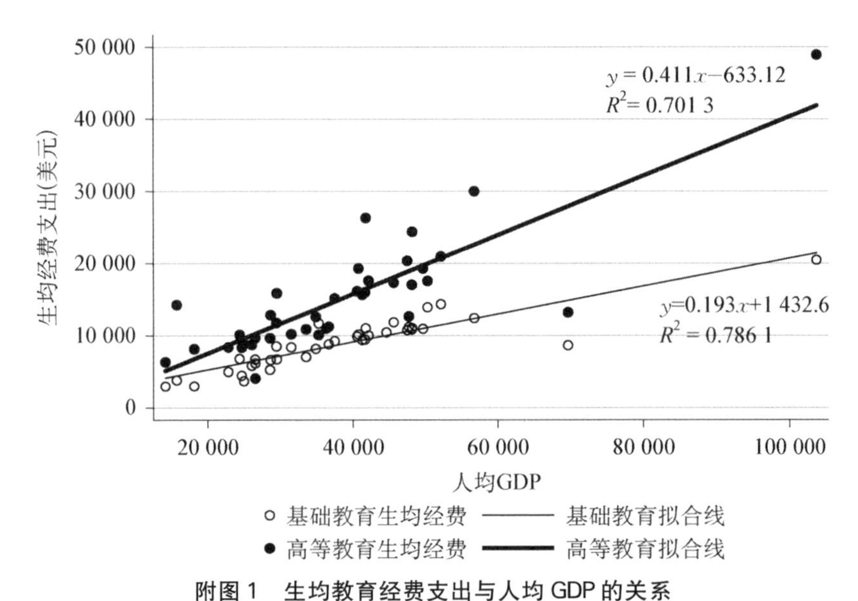

附图 1 生均教育经费支出与人均 GDP 的关系

注：数据来源于世界银行的经济合作与发展组织国家和地区数据。

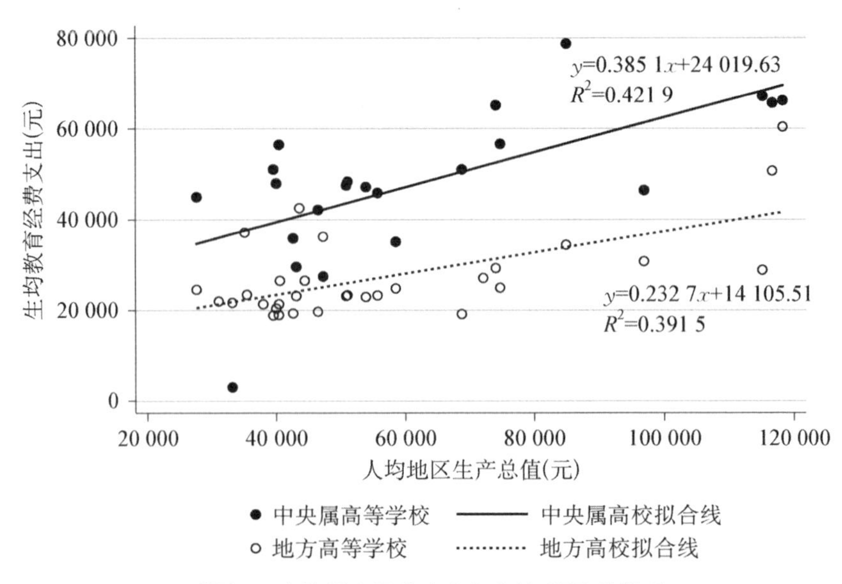

附图 2 生均教育经费支出与人均 GDP 的关系

注：生均教育经费支出数据来自《中国教育经费统计年鉴(2017)》，人均地区生产总值数据来自《中国统计年鉴(2017)》。